李鴻章の対日観

—「日清修好条規」を中心に —

白　春　岩著

成　文　堂

はしがき

本書は、二〇一三年七月に早稲田大学大学院社会科学研究科において博士（学術）の学位を取得した論文「近代日中関係史の起点—『日清修好条規』の締結と李鴻章」を改訂・加筆したものである。各章は既発表論文や研究会での報告書に基づいているが、その初出を左記に注記しておく。

第一章　「李鴻章の対日観—『日清修好条規』締結までの経緯を中心に—」『ソシオサイエンス』一八、早稲田大学社会科学研究科、二〇一二年

第二章　第一七回東アジア近代史学会研究大会報告（二〇一二年）

第三章　「一八七三年日使覲見同治帝的礼儀之争—李鴻章与副島種臣的外交交渉—」『南開日本研究』南開大学日本研究中心、二〇一一年

「馬里亜・老士号事件与『中日修好条規』」『曁南学報』（哲学社会科学版）、曁南大学、二〇一三年

第四章　「一八七四年の台湾出兵と清国の対応—『撫恤銀』問題を手がかりにして」『社学研論集』一七、早稲田大学社会科学研究科、二〇一一年

第五章　「李鴻章の『自強』思想—馮桂芬からの影響を中心にして—」『ソシオサイエンス』一九、早稲田大学社会科学研究科、二〇一三年

来日十年、留学生生活を送ってきた筆者はとうとう本書の出版で一つの決着をつけた。

本書を上梓することが出来たのは、これまで様々な方のご支援があったからこそである。まず、研究人生に導いて下さった指導教授である島善高先生（早稲田大学社会科学総合学術院・教授）にお礼を申し上げたい。島先生から崩し字の解読方法から歴史研究の作法まで一から授けて下さっただけではなく、留学生活の面倒を一方ならぬ暖かく見守って頂いた。また博士論文の副査でもある劉傑先生（早稲田大学社会科学総合学術院・教授）から歴史研究を客観的且つ多角度に分析する視点をご指導頂いた。劉ゼミにも快く参加させていただき、大きな刺激を頂いた。同じ副査である村田雄二郎先生（東京大学総合文化研究科・教授）から論文全体の構成から微細な点に至るまで貴重なご指摘を頂いたほか、研究と関連のある研究会が開催される際にお声をかけて頂いた。他の研究者と交流の場で大いに刺激を受けた。また、すでに退職されている佐々木揚先生（佐賀大学・教授、東アジア近代史学会副会長）とは学会で知り合い、清末の日中関係状況全般について種々ご教示下さった。なお、博論提出の際、木下恵太氏（早稲田大学大学史資料センター・非常勤嘱託）から論文構成や文法訂正まで多数のご指摘を頂き、本書出版にあたっては、雲藤等氏（早稲田大学エクステンションセンター・講師）の貴重なご教示を得た。改めて感謝申し上げたい。

そのほか、本書の付録部分にある貴重史料「陳欽墓誌銘」の所在や史料内容を丁寧に教えて頂いた凌金祚氏（原舟山市檔案局局長）、また早稲田大学図書館特別資料室、国立国会図書館憲政資料室、宮内庁書陵部、長崎文化歴史博物館、那覇市歴史博物館、中央研究院近代史研究所、国立公文書館で史料調査の際、大変便宜を図って頂いた方々にお礼を申し上げたい。

大学卒業後すぐに来日した筆者は、大変有意義で充実な留学生活を送ることができた。今日まで辿り着くことが出来たのは、多くの方々のご厚情があったからである。早稲田大学の修士課程に入学する前、武蔵野大学で一年間の修士課程を経た。その際、堀井惠子先生（武蔵野大学大学院言語文化研究科・教授）、山本證先生（武蔵野大学名誉教授）から丁寧なご指導を頂いた。この場を借りてお礼申し上げたい。また、修士論文執筆の際、笹原宏之先生（早稲田大学社会科学総合学術院・教授）、内藤明先生（早稲田大学社会科学総合学術院・教授）からご指摘、ご鞭撻を頂いた。そして同門の先輩、後輩たちから激励を頂き、筆者にとって心強い存在である。深く感謝したい。

最後に、厳しい学術研究書出版事情にも関わらず、本書を公刊できたのは、平成二七年度科研費（研究成果公開促進費）による出版助成を得たからである。また、公刊を快諾して頂いた成文堂の阿部耕一社長と同編集部の篠崎雄彦氏に深く感謝申し上げたい。

辛抱強く見守ってくれた家族に本書を捧げたい。

二〇一五年四月

白　春　岩

目次

凡例

一、本論での日時の表記は西暦を基本とするが、必要に応じて、日本関係の事項の場合は日本の年号と旧暦を、清国関係の事項の場合は清国の年号と旧暦をそれぞれ括弧内に補記する。
一、本論中に引用した日本語資料については、適宜に新字体に変換し、句読点をつけた。
一、本論中に引用した中国語原資料については、日本語通用の漢字に統一した上、筆者による訳文を先に示し、原文を後に示した。その原文には（　）を付した。なお、訳文の（　）は筆者が補ったものである。
一、参考文献は日本語、中国語、その他の言語の順に分類し、五十音順で配列した。

序章

近代日中関係史を研究するには二つのキーワードを抜きにしては語ることができない。一つはその発端である「日清修好条規」であり、もう一つはキーパーソンの「李鴻章」である。

一八七一年九月一三日（明治四年七月二九日）、日清両国の間にはじめての条約――「日清修好条規」――が締結された。この条約は日清戦争勃発に至るまで、日清関係の法的枠組を設定したものである。調印した双方の代表は、日本側は大蔵卿伊達宗城、清国側は直隷総督北洋大臣李鴻章であった。欧米諸国から不平等条約が強要されていた時代において、日清両国が対等な条規を締結したことは、特別な意義を持っている。[1]それと同時に、この条約が近代日中外交の発端とも言われている。[2]

李鴻章は一八七〇年に直隷総督北洋大臣の職に就いた後、その最晩年まで、中国の近代外交及び洋務運動に深く関わっていた人物である。「東洋のビスマルク」とも評価される。[3]一方で、後に「売国奴」とも言われていた李は、波瀾万丈、毀誉褒貶相半ばする人生を送っていた。本書はキーパーソンである「李鴻章」と「日清修好条規」を中心に考察することで、近代日中関係史を新たな視点で捉えることを目的とする。

一　本書の課題

先行研究により「日清修好条規」及び李鴻章に関しては、すでに多方面から考察されている。しかし、以下の三点をめぐり、いまだ検討する余地があるように思われる。

第一に、「日清修好条規」締結に対する李鴻章の考えについて、以下の二つの見解が対立している。

その一つとして、李鴻章は日本との連携を意図していたという「日本連携」「聯日」論がある。例えば、布和（二〇〇三）は、「李鴻章の場合は、曾国藩と違って、日本を清国洋務運動のモデルとして見ていたので、積極的な日本連携論を唱えていた」と指摘している。[4] また薄培林（二〇〇六）は、「李鴻章・陳欽らの積極的な『聯日』論によって、日中の間に最初の近代国際法に基づいた条約『日清修好条規』が締結された」と分析している。[5]

一方、李鴻章は日本連携論を積極的に唱えていなかった、具体的には「防日」「脅威」「牽制」論を唱えたと主張する研究もある。例えば、鳴野雅之（一九九九）は、「修好条規締結の背景となった当事者の認識については、『防日侵略』と『聯日制西』の二つが挙げられ、前者については主として李鴻章が、後者については陳欽が有していた」[6]と指摘し、佐々木揚（二〇〇〇）は、「この時期の李鴻章の日本論は、日本は『自強』に努めておりそれが中国に対する脅威となるかもしれぬ、また日本は朝鮮侵略を企てる恐れがある、といった一八六〇年代からの日本論の直接の延長線上にあるもの」と認識している。[7] 谷渕茂樹（二〇〇一）は、「陳欽以外の人物に日本との同盟を積極的に唱えた者がいないこと、また陳自身も日本が清朝を援助するとは考えていない」と、日本との同盟を主張したのは陳欽だけであると主張し、[8] 岡本隆司（二〇一一）は、「李鴻章は西洋に対抗する『外援』として、日本を役立てようとした。

それには、日本を西洋から引き離したうえで、清朝と『連合』しなければならない。清朝側にとって、日清の『連合』はあくまで『西洋人を制する』手段であった」と述べている。[9] 呉文星（一九七八）も同様の意見を述べている。[10] また、李啓彰（二〇〇八）は、「最近の研究では李鴻章の主張や陳欽の構想を過大視し、この時期の清側の対日政策を『聯日』路線と位置づけているが、締約交渉に関する清側の政策決定過程から見れば、それは必ずしも実情に一致しているものとは言えない」と『聯日』路線に疑問を抱いている。[11]

第二に、「日清修好条規」とその周辺事件との連続性について。

先行研究では、「日清修好条規」締結だけを検討するものが多い。周辺の事件――千歳丸上海来航（一八六二年）、健順丸上海来航（一八六四年）、マリア・ルス号事件（一八七二年）、外務卿副島種臣の清国派遣（一八七三年）、台湾出兵（一八七四年）――との関連性に関する研究は、十分とはいいがたい。例えば、マリア・ルス号事件は時期的に「日清修好条規」締結と批准書交換との間に発生し、日本側はペルー船を裁判にかけた際、清国との関係をも念頭に置いていたに違いない。条約が発効した翌年、日本は台湾出兵を行い、日清両国の間に緊張が高まっていた。一方、台湾出兵の口実を得たのは、前年（一八七三年）にあった外務卿副島種臣の清国派遣である。一見、友好的な環境にありながら実際には危機が潜んでいたのである。このように、条約締結の周辺に発生した日清両国間の事件をも考察の対象とすると、その中に修好条規との関連を見出すことができる。李鴻章の外交政策を分析する際、単独の歴史事件だけではなく、前後の関連事件をも分析する必要性があるように考える。

第三に、李鴻章のブレーンたちが李に与えた影響について。

李の対日認識の成り立ちを考えるには、単に彼の外交経験を考察するだけでは不十分と思われる。彼の周辺にいたブレーンたちの動きや考え方をも配慮する必要がある。この点に関しては、従来十分に検討されていない。

以上のような問題意識に基づき、筆者は次の三点の課題を本書で明らかにしたい。

①、李鴻章はどのような対日観を持ち、明治初期の日中関係にどのように臨んだのか。

②、李鴻章の対日認識はどのような経緯で形成されたのか。

③、李鴻章の対日認識は近代日中関係及び清国側の洋務運動にどのような影響を及ぼしたのか。

本研究は、一八六〇年代に李鴻章が江蘇巡撫になり、上海に着任して以降、一八七四年の台湾出兵までの関連事件を研究対象と設定した。この期間を研究対象にした理由は次のとおりである。

まず、先行研究では李鴻章の対日観を分析する際、一八七〇年代を念頭において分析するものが多かった。しかし、一八七〇年代及びその後の李鴻章を分析するためには、その前段階である幕末の通商交渉（日本船の上海来航）から分析しなければならないと思われる。

つぎに、この期間に発生した一連の事件は「日清修好条規」の締結と緊密かつ直接に関連していると推測される。したがって、「日清修好条規」を考察するにはこれらの諸事件およびその関連性をも検討する必要があると考える。

さらに、近代日中関係史の発端と李鴻章の対日認識・対日政策を明らかにすることにより、その後の日清関係・日中関係を解釈する上で、何らかの手がかりを得ることができるものと考えられる。

二　研究現状の概観

「日清修好条規」について、これまでどのように研究されてきたのかを概観してみたい。

日本においては、「日清修好条規」に関する先行研究は、おおむね以下のジャンルに区分できる。

1、条約締結の経緯及び内容の検討[12]
2、日本の対清政策及び清国側の対日認識[13]
3、国際関係（アジア関係）への影響[14]

以下、それぞれのジャンルについて簡単に述べておこう。

1　条約締結の経緯、内容の検討について

田保橋潔（一九三三）は、戦前において『籌弁夷務始末』や『李文忠公全集』などの史料を参考にし、条約交渉や締結の各段階を分析した先駆的研究を発表した。その後、戦後においては、坂野正高（一九六七）は、「日清修好条規」締結時における清国側の積極的な姿勢に注目しており、三浦徹明（一九七九）は、「日清修好条規」の締結経緯を述べた上、その意義を「近代日中関係史の起点」と語る一方、「不幸な日中関係史への起点」でもあると指摘している。[15]浅古弘（一九八七）は、「日清修好条規」締結における領事裁判権が整備される過程を追いながら、日中間の裁判制度（観審制度）を考察しており、[16]徐越庭（一九九四）は、「日清修好条規」の名称に「条約」ではなく「条規」を使用した真意は、「有来無往」の片務的不平等な先例と区別することにあると指摘している。[17]また「日清修好条規」の作成過程について、森田吉彦（二〇〇九）は、図1のように総括している。[18]それに対し、李啓彰（二〇〇八）は、『晩清洋務運動事類匯鈔』の史料を利用し、その中から李鴻章が自ら起草した条文を発見し、条約締結の経緯を図2のようにより詳細に解明した。

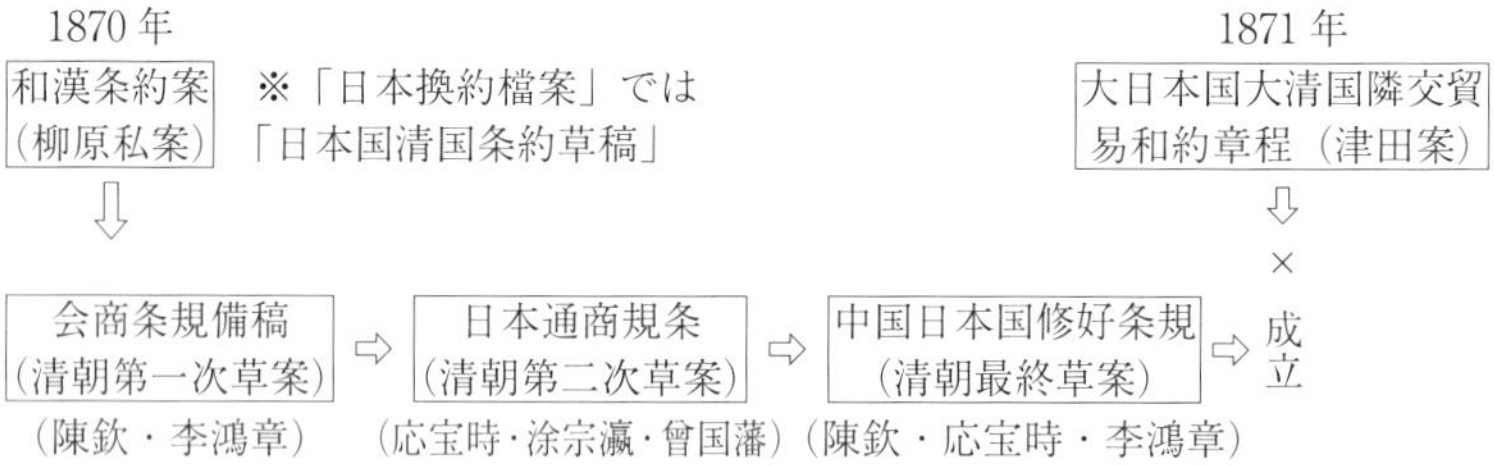

森田吉彦「日清関係の転換と日清修好条規」53頁を引用、岡本隆司・川島真編（2009）『中国近代外交の胎動』東京大学出版会より

図 1　「日清修好条規」締結経緯（その1）

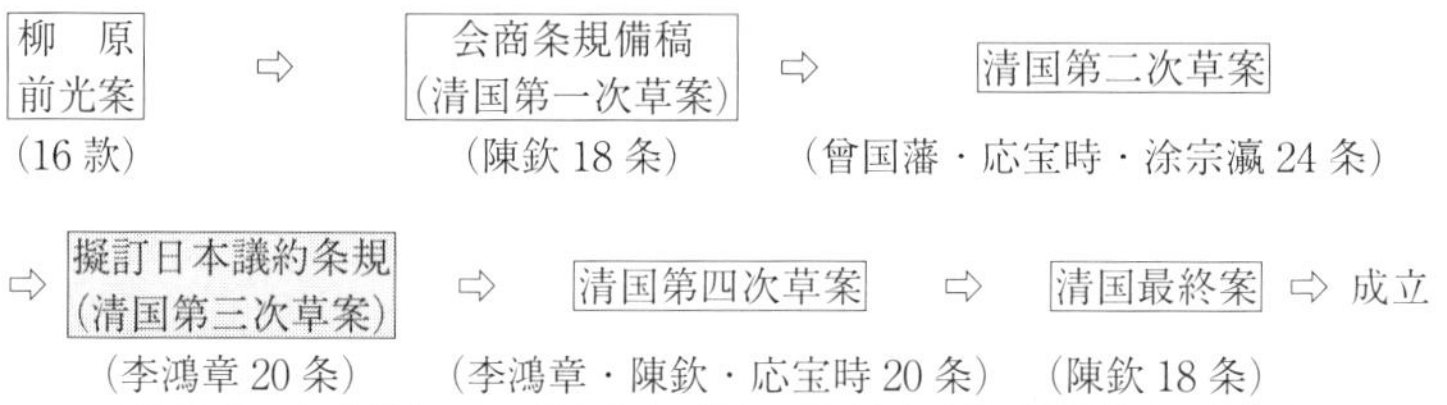

李啓彰（2008）を参考にし、筆者作成、新たに付け加えた箇所を網掛けで表示する

図 2　「日清修好条規」締結経緯（その2）

2　日本の対清政策及び清国側の対日認識について

まず、日本側の対清政策に関し、藤村道生（一九六六）は、『大日本外交文書』などの文献を利用し、日本政府の交渉要求について、征韓論を抑えるため、「中国と比肩対等の地位を獲得し、前近代アジアにおける日本の国際的地位の向上により、朝鮮を圧服する名分を獲得する」[19]という目的があったことを指摘する。そして当時日本の対東アジア政策は、「小中華主義」から「小西洋主義」へと変身していたことを述べている[20]。森田吉彦（二〇〇二）は、ほぼ定説となった藤村道生説に疑問を投げ掛け、①一八七〇年の柳原前光らの予備交渉は朝鮮問題打開のための対清交渉ではない、②一八七一年の本交渉の際、「小中華主義」から「小西洋主義」への転換は起こっていない、③一八七〇年から七二年までの日本の意図は、対清優越を実現するものではなく、対清友好を深めることを求めた、と指摘している[21]。安井達弥（一九七七）は、条約締結時の日本の意図が「日清提携論」に立ったものではなく、「脱亜論」に立脚したものであると述べている。

一方、清国側の対日認識に関し、佐々木揚（一九八四）は、条約締結前の段階から分析をしている。具体的には一八六〇年代、一部の清国官人が洋務運動を提唱し、日本が推進している西洋技術導入の努力を取り上げたこと、このような認識が後日、条約締結の是非を議論した際、その判断の基礎とされたこと、を指摘している。また先述した鳴野雅之（一九九九）、谷渕茂樹（二〇〇一）、布和（二〇〇三）、薄培林（二〇〇六）らによる李鴻章の対日認識の分析もある。

3　国際関係（アジア関係）への影響について

前掲藤村道生（一九六六）は、「日清修好条規」が「前近代的東アジアの国際秩序を内部から破壊する役割を演じた」と述べている。[22] 鳴野雅之（一九九九）は、「日清修好条規」締結前後の清朝の条約――以前に北京条約（一八六〇年）があり、以後にペルーとの条約（一八七四年）、ブラジルとの条約（一八八一年）があった――を対比しながら、清国側が「日清修好条規」を従来の天津条約（一八五八年）体制を修正しようとするモデルの一つとして取り上げることができると述べている。[23]

一方、中国側においては、蒋廷黻（一九三三）は、一八七〇年から一八九四年までの日清関係を分析し、日清戦争に至るまでの一段階として「日清修好条規」を紹介している。[24] 呉文星は、論文「中日修好条約初探」で条約交渉の背景から締結に至るまで、一通りの史料により事実関係を紹介し、分析を加えた。[25] 王芸生（一九七九）は、締結の経緯と条文内容を紹介し、締結した条約には西洋列強から強いられた不平等条約と同じような内容（領事裁判権や協定関税率等）があり、一見、平等条約のように見えるが、実際はそうではないと指摘している。[26] 王璽（一九八一）は、中央研究院近代史研究所に所蔵されている「日本換約檔」を利用し、清国側の対応、とりわけ李鴻章の果たした役割を明らかにしている[27]。

近年においても、「日清修好条規」に関する論文が多数発表されている。これらの研究論文は、以下のように分類し、まとめることができよう。

第一、日本側の条約締結の目的について。これは、①吉田松陰の「開国策」思想の継承、②「万里の波濤を開拓し、国威を四方に宣布[28]」という明治維新後日本の国策、③朝鮮との関連、という三点にまとめられる。こうした研究には、例えば曲暁璠（一九九一）、馬鉦（一九九九）、房国風（二〇一〇）が挙げられる[29]。また、劉岳兵（二〇一二）は条約締結前後の関連事件を分析し、日本側の条約交渉を「計略的な『修好』」だと指摘している[30]。

第二、条約の平等性と締結の意義について。この点については意見が対立している。すなわち、①締結後の日中関係を見れば、この条約はその後の中国侵略に対して法律拘束力が大きくなかった[31]。②この条約があったが故に、中国侵略はある程度防止された[32]、という二つの意見である。

第三、条約締結の日中朝三国に与えた影響について。房国風は、論文「対一八七一年中日立約実質及其影響的解析」で、「日清修好条規」の締結は、「近代における中朝日三国にはなはだ消極的な影響をもたらした。日本の侵略の深刻化に伴い、その消極的な影響がより一層明らかに現われた」（対於近代中朝日三国産生了重大的消極影響。特別是随着日本対中朝両国侵略的逐歩深入、這種消極影響就愈加明顕）と、その消極的な一面を述べた[33]。宋慧娟は、論文「近代日本打開朝鮮国門的戦略歩驟探析」で、「日本が両国対等の名義を取得し、朝鮮侵略の道を開いた」（日本達到了「争取日清両国的平等」的重要目的、為入侵朝鮮鋪平了道路）と、条約締結が日本の朝鮮侵略における一段階になったと認識している[34]。

第四、李鴻章の対応について。積極的な対応を評価する研究も出てきている。李鴻章の対日政策について、欧陽躍峰・李玉珍（一九九八）は、条約交渉前にすでに存在していた中国侵略の意図が、平等条約の締結により台無しになったと考察したことから、李鴻章の対応、政策を高く評価した[35]。また、付玉旺（二〇〇二）は、「日清修好条規」の意義を評価すると同時に、李の「夷を以て夷を制する」（以夷制夷）という政策が、中国古代の「連衡」論理と「西洋均勢」思想とを統合した産物であると認識している[36]。

以上、「日清修好条規」及びこの時期の李鴻章の外交政策に関する先行研究を概観した。

三　本書の概要

本研究は、五章に分けて論述する構成となっており、「日清修好条規」の締結を主題としながら、その前後の関連事件をも検討する。以下、各章の問題意識と考察の内容を紹介したい。

第一章では、「日清修好条規」締結前の李鴻章を分析する。李鴻章の考えを考察する際、一八七〇年代を念頭において分析する研究が多かった[37]。しかし、一八七〇年代及びその後の李鴻章の対日観を分析するためには、一八六〇年代における日本船の上海来航から分析しなければならない。すなわち、千歳丸（一八六二年）、健順丸（一八六四年）が上海に現れたときの李鴻章を考察する必要があると考える。幕末の日本船来航に関する研究はいくつか存在するが[38]、これらの研究は主に交渉のプロセスを追跡したものであり、李鴻章の行動及びその態度に関する研究は十分とはいいがたい。例えば、佐々木揚（二〇〇〇）は、「中国においては、これら日本の開国後最初の対中使節団派遣が官僚や知識人に特段の影響を及ぼした形跡はない」と述べている[39]。しかし、実際には、曾国藩や李鴻章などの官僚による日本船来航についての意見は史料中に散見され、しかもこれらの官僚たちが後に条規を締結する際、大きな役割を果たしたのである。本章では李鴻章の太平天国軍鎮圧の経験から生み出された西洋の軍事力に対する認識を検

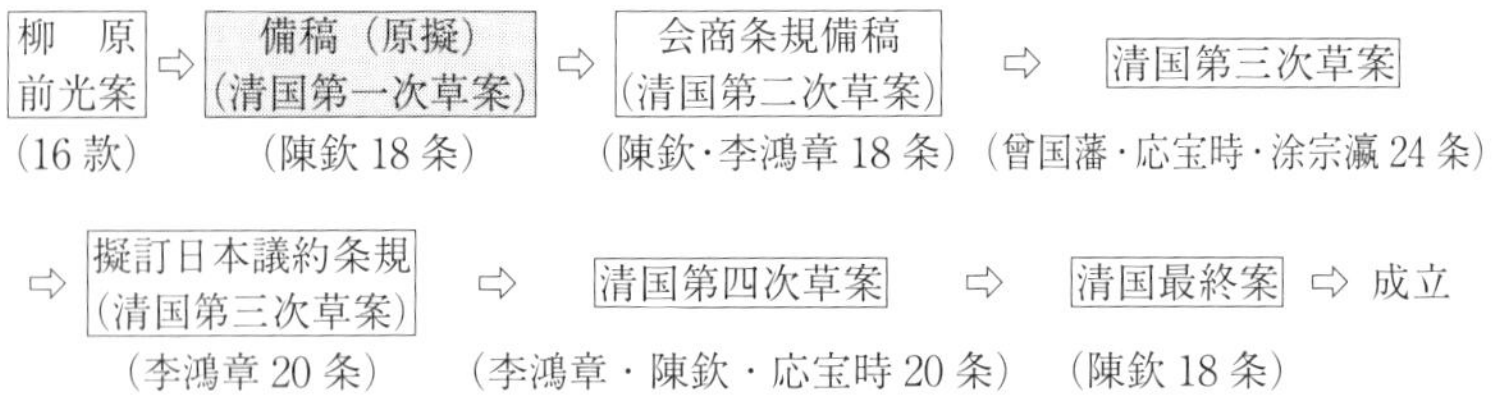

新しく付け加えた箇所を網掛けで表示する

図3　「日清修好条規」締結経緯（その3）

討しながら、一八七〇年に入る前の李鴻章の対日認識を分析する。

第二章では、「日清修好条規」締結時における李鴻章の役割と対日認識を分析する。前掲した図1、図2は条約締結の経緯をほぼ解明しているが、それに対し、筆者は「備稿（原擬）」という史料を付け加え、条規作成の過程をより細部まで整理した。結論から述べれば、条約草案の作成を図3のようにまとめることができる。

第三章では、マリア・ルス号事件（一八七二年）及び外務卿副島種臣の清国派遣（一八七三年）を対象にし、李鴻章の対日観を考察する。

マリア・ルス号事件に関する先行研究は、主に法律や人権の面を中心に論じている。[40]しかし、いずれの研究もマリア・ルス号事件の当事者である清国に対する分析が不十分である。マリア・ルス号事件と日清関係を中心テーマとする研究も稀である。この事件が日中両国の近代外交の中で、どのように位置づけるべきかについては十分に検討されていない。一方、管見の限りでは、中国側でのマリア・ルス号事件を対象とする先行研究は非常に少ない[41]。しかも使節陳福勲は日本でどのように接待されたのか、マリア・ルス号事件は「日清修好条規」批准書の交換にどのような影響を与えたのか、に関してはほとんど論じられていない。

マリア・ルス号事件が発生した翌年の一八七三年、副島種臣は特命全権大使として「日清修好条規」批准書の交換及び同治帝への謁見のため、北京に到着した。彼は華夷秩序の象徴であった三跪九叩の礼を拒否し、清朝皇帝に拱手の礼を施すだけだった。従って、日本側の研究では従来、副島の対清外交に重点を置き、彼はいかに「国権外交」を実現させたのかを論じている。[42]他の使節に先駆け、一人で皇帝に謁見することが何故副島にだけ可能であったのか、先行研究では副島個人の漢学の素養及びマリア・ルス号事件の影響がその原因であると述べている。[43]ただし、どのように影響したのかに関しては、十分に分析されていない。一方、中国側の研究では、副島に対し批判的な見方が多く、清国側はいかに副島に屈服したのかという過程が注目されているのみである。[44]本章ではこれらの問題意識を抱えながら、李鴻章の動向をも検討したい。

第四章では、台湾出兵時（一八七四年）の李鴻章を分析する。先行研究は、主に日本側の史料を利用し、台湾出兵と琉球問題との関係、[45]日本における派兵の位置づけ、[46]清国側の動向[47]について考察を行っている。しかし、中国側の史料を利用する研究はまだ十分とはいい難い。本章では「撫恤銀」をめぐる交渉を手がかりにし、李鴻章の対応について検討を試みる。清国側は結局日本側に総額五〇万両《テール》（当時の日本円にして七七万円）を支払った。[48]清国側は終始、賠償金に反対する態度を持ち続けていた。しかし、外交の難局を乗り切るために、李鴻章は率先して「撫恤」案を提言したのである。李の提案がいかに総理衙門に受け入れられ、さらに五〇万両という形で落着したのかに関しては、いまだ検討する余地があるように考えられる。他方、台湾出兵は国交を樹立したばかりの日清両国に対し、どのような影響を与えたのか。近代日中外交の中における台湾出兵の位置づけを再認識したい。

第五章では、李鴻章の対日政策の形成、とりわけブレーンからの影響を考察する。先行研究では李の外交政策及びその対日観の成り立ちを考える際、彼の外交経験を重視してきた観がある。しかし、彼の周辺にいたブレーンたちの動きや考え方をも配慮する必要があると思われる。この点に関しては、従来十分論じられることがなかった。[49]王承仁・劉鉄君は『李鴻章思想体系研究』で「曾国藩は李鴻章の成長過程において、その思想に一番大きな影響を与えた」（在李鴻章成長過程中、対他思想影響最大的、莫過於曾国藩）と、曾国藩の影響を指摘している。[50]ただし、ほかの人物の影響は僅かに触れるにとどまり、詳しく論じていない。そのほか、白雪松・李秋生は論文「李鴻章幕友対其洋務思想的影響」で馮桂芬、郭嵩燾、薛福成を取り上げ、彼らが李の洋務思想に与えた影響を分析している。[51]特に郭嵩燾の外交理論を「情」「勢」「理」（「西洋の状況を把握すること」「敵の強さと自分の弱さを認めること」「冷静に条約、条理に基づいて外国問題を処理すること」）と総括し、これらが李鴻章の「戦争を避け、平和を追求する」（避戦主和）という思想に影響を与えていると指摘している。しかし、これらの人物は李鴻章の対日認識の形成にも一定の影響を及ぼしたのであり、この点については両研究のいずれも十分に把握しているとはいえない。そのほか、坂野正高と岡本隆司は李のブレーンの中の代表人物である馬建忠を取り上げて、詳細に論じている。[52]そこで、本章では本論の研究対象と設定した期間に、李のブレーンとなった人物である馮桂芬、郭嵩燾、丁日昌を取り上げ、彼らの唱えた思想が李鴻章に及ぼした影響について、分析を試みたい。

（1）　例えば、信夫清三郎（一九四二）は「日華条約は、日本としては安政条約以来、中国としては鴉片戦争以来、それぞれ締結した最初の平等条約であった。それは絶対的平等であった。しかしながら、その絶対的平等は、欧米列国の市場として規定された国家同志としてのものであった。最恵国条款は否定され、治外法権は相互にみとめられている。そして、関税率は、欧米列強から強要されたままの相場で協定された」と指摘している。『近代日本外交史』中央公論社、三三二頁。

（2）　例えば、王璽（一九八一）『李鴻章与中日訂約』（中央研究院近代史研究所、五頁）、王芸生（一九七九）『六十年来中国与日本』第一巻（生活・読書・新知三聯書店、二九頁）、戚其章（二〇〇一）『国際法視角下的甲午戦争』（人民出版社、八八頁）などが挙げられる。

（3）　梁啓超『李鴻章伝』一〇七頁、梁啓超は李の没後二ヵ月、『李鴻章伝』を完成させた。これは一番早く完成した李鴻章の伝記であり、その時期の梁啓超の代表作でもある。この著書は一九三五年に上海新民叢報社から出版され、一九八七年に久保書店から『李鴻章―清末政治家悲劇の生涯』と題して日本で出版された（張美慧訳）。なお本論は二〇〇〇年に百花文芸出版社が出版された『李鴻章伝』を参考にした。

（4）布和（二〇〇三）「李鴻章と日清修好条規の成立―一八七〇年代初めの清国対日政策の再検討」『桜花学園大学人文学部研究紀要』五、桜花学園大学、二〇九頁。

（5）薄培林（二〇〇六）「東アジア国際秩序の変容における対日新関係の模索―日清修好条規交渉時の清朝官僚の『聯日』論」『法政研究』七二（四）、九州大学、一〇二五―一〇二六頁。

（6）鳴野雅之（一九九九）「清朝官人の対日認識―日清修好条規草案の検討から」『史流』三八、北海道教育大学史学会、五四頁。

（7）佐々木揚（二〇〇〇）『清末中国における日本観と西洋観』東京大学出版会、三三頁。また重松保明（一九九五）は、李鴻章にとって日本の自強が清国に対する脅威になるという認識の上に立って、「日本の脅威を未然に防ぐためにも条約締結の必要があった」と指摘している。「李鴻章の対日観―同治時代を中心として」『人文論究』四五（二）、関西学院大学、四〇頁。

（8）谷渕茂樹（二〇〇一）「日清修好条規の清朝側草案よりみた対日政策」『史学研究』二三一、広島史学研究会、五二頁。

（9）岡本隆司（二〇一一）『李鴻章―東アジアの近代』岩波新書、一一〇頁。

（10）呉文星（一九七八）「中日修好条約初探」『大陸雑誌』五七（一）台北、大陸雑誌社。

（11）李啓彰（二〇〇八）「近代日中外交の黎明―日清修好条規の締結過程から見る」東京大学博士論文、甲第二四〇二三号、二二五頁。

（12）田保橋潔（一九三三）「日支新関係の成立―幕末維新期に於ける―」（一）、（二）『史学雑誌』四四（二）、（三）史学会、藤村道生（一九六六）「明治維新外交の旧国際関係への対応―日清修好条規の成立をめぐって―」『名古屋大学文学部研究論集』四一、名古屋大学文学部、坂野正高（一九六七）「同治年間（一八六二―一八七四年）の条約論議」『東洋文化』四二、東京大学東洋文化研究所、長井純市（一九八七）「日清修好条規締結交渉と柳原前光」『日本歴史』四七五、日本歴史学会、徐越庭（一九九四）「『日清修好条規』の成立」（一）、（二）『大阪市立大学法学雑誌』四〇（二）、（三）大阪市立大学法学会、徐興慶（一九九七）「明治初期における日中外交関係の一考察―長崎県立図書館所蔵の『日・清往復外交書翰文』を中心に―」『歴史研究者交流事業（招聘）研究成果報告書集』（上）交流協会日台交流センター、二〇〇三年、李啓彰（二〇〇六）「日清修好条規成立過程の再検討―明治五年柳原前光の清国派遣問題を中心に―」『史学雑誌』一一五（七）公益財団法人史学会山川出版社、前掲李啓彰（二〇〇八）、森田吉彦（二〇〇九）「日清関係の転換と日清修好条規」『中国近代外交の胎動』岡本隆司・川島真編、東京大学出版会。

(13) 藤村道生（一九六七）「明治初年におけるアジア政策の修正と中国—日清修好条規草案の検討—」『名古屋大学文学部研究論集』四四、名古屋大学文学部、安井達弥（一九七七）「『日清修好条規』締結の外交過程」『学習院大学法学部研究年報』一二、学習院大学法学会、佐々木揚（一九八四）「同治年間における清朝官人の対日観について—日清修好条規締結に至る時期を中心として」『佐賀大学教育学部研究論文集』三二（二）（一）佐賀大学教育学部、前掲鳴野雅之（一九九九）、谷渕茂樹（二〇〇〇）「清末外交史から見た日清修好条規の研究」『史学研究』二二九、広島史学研究会、前掲谷渕茂樹（二〇〇一）、前掲布和（二〇〇三）、森田吉彦（二〇〇四）「幕末維新期の対清政策と日清修好条規—日本・中華帝国・西洋国際社会の三角関係と東アジア秩序の二重性—一八六二-一八七一年—」『国際政治』一三九、日本国際政治学会、前掲薄培林（二〇〇六）。

(14) 前掲藤村道生（一九六七）、伊藤一彦（一九九六）「近代における東アジア三国関係の再構築—日清修好条規締結交渉を中心に—」『宇都宮大学国際学部研究論集』創刊号、宇都宮大学、前掲鳴野雅之（一九九九）、森田吉彦（二〇〇二）「日清修好条規締結交渉における日本の意図—一八七〇-一八七二年—藤村道生説へのいくつかの批判」『現代中国研究』一一、中国現代史研究会。

(15) 三浦徹明（一九七九）「日中修好通商条約考—近代日中非友好関係史の原点として—」『海外事情』二七（一）、拓殖大学海外事情研究所。

(16) 浅古弘（一九八七）「日清修好条規に於ける観審の成立」『東洋法史の探求』（島田正郎博士頌寿記念論集）汲古書院。

(17) 先例と区別する具体的な事項は以下の三点に分けられている。①両国間の商民による盛んな相互往来を前提とし、互いに相当権力を持つ官員（理事官）を相手国に駐留させ、自国の商民を「支配」する、②これらの理事官を指導するために「秉権大臣」の派遣が必要である、③両国官員が対等の儀礼をもって交際すること。前掲徐越庭（一九九四）（二）三八八-三八九頁を参照。

(18) また坂野正高（一九七〇）『近代中国外交史研究』（岩波書店、二四五頁）も同じく経緯を述べている。両者とも前掲藤村道生（一九六七）より、清国側の草案作成過程を詳しく述べている。

(19) 前掲藤村道生（一九六六）四三頁。

(20) 前掲藤村道生（一九六七）二五頁。

(21) 前掲森田吉彦（二〇〇二）。

(22) 前掲藤村道生（一九六六）三一頁。

(23) 前掲鳴野雅之（一九九九）五五頁。

(24) 蔣廷黻（一九三三）*Sino-Japanese Diplomatic Relations, 1870-1894*, Chinese Social and Political Science Review, XVII。

(25)　前掲呉文星（一九七八）。
(26)　前掲王芸生（一九七九）四四頁。
(27)　前掲王璽（一九八一）。
(28)　『大日本外交文書』第一巻、第一冊、五五七頁。
(29)　曲曉璠（一九九一）「李鴻章与一八七一年中日首次締約交渉」『社会科学輯刊』一九九一年一期、馬鈺（一九九九）「中日第一個条約簽訂始末」『文史精華』一九九九年六期、房国鳳（二〇一〇）「対一八七一年中日立約実質及其影響的解析」『延辺教育学院学報』二〇一〇年六期。
(30)　劉岳兵（二〇一二）『近代以来日本的中国観』第三巻（一八四〇-一八九五）、揚棟梁主編、江蘇人民出版社。
(31)　王魁喜（一九八一）「近代中日関係的開端―従一八七一年『中日修好条規』談起」『東北師大学報』一九八一年一期、前掲馬鈺（一九九九）。
(32)　前掲曲暁璠（一九九一）、劉世華（一九九七）「李鴻章与『中日修好条規』的簽訂」『社会科学戦線』一九九七年一期。
(33)　前掲房国風（二〇一〇）一四頁。
(34)　宋慧娟（二〇一〇）「近代日本打開朝鮮国門的戦略歩驟探析」『吉林省教育学院学報』二〇一〇年九期、九六頁。
(35)　欧陽躍峰・李玉珍（一九九八）「李鴻章与近代唯一的平等条約」『安徽師大学報』哲学社会科学版、一九九八年二期。
(36)　付玉旺（二〇〇二）「中日一八七一年立約述評」『西南交通大学学報』社会科学版、二〇〇二年四期。
(37)　例えば、趙軍（二〇〇一）「李鴻章と近代中国対日政策の決定―一八七〇年代を中心にして」『千葉商大紀要』三八（四）千葉商科大学国府台学会、前掲布和（二〇〇三）、前掲薄培林（二〇〇六）などが挙げられる。
(38)　佐藤三郎（一九七二）「文久二年に於ける幕府貿易船千歳丸の上海派遣について―近代日中交渉史上の一齣として」『山形大学紀要人文科学』七（三）山形大学、平岩昭三（一九八六）『遊清五録』とその周辺―幕府交易船千歳丸の上海渡航をめぐって」『日本大学芸術学部紀要』一六、日本大学芸術学部、春名徹（一九八七）「一八六二年幕府千歳丸の上海派遣」『日本前近代の国家と対外関係』吉川弘文館、王暁秋（一九八九）「幕末日本人怎様看中国―一八六二年『千歳丸』上海之行研究」『日本学』第一輯、北京大学日本研究中心、馮天瑜（二〇〇一）『「千歳丸」上海行―日本人一八六二年的中国観察』商務印書館、横山宏章（二〇〇二）「文久二年幕府派遣『千歳丸』随員の中国観―長崎発中国行の第一号は上海で何をみたか」『県立長崎シーボルト大学国際情報学部紀要』三、国際情報学部紀要委員会、川島真（二〇〇三）「江戸末期の対中使節への新視角―総理衙門檔案からの問い」『中国研究月報』五七

（五）、一般社団法人中国研究所、閻立（二〇〇八）「清朝同治年間における幕末期日本の位置づけ―幕府の上海派遣を中心として」『大阪経大論集』五九（二）、大阪経大学会、などが挙げられる。

(39) 前掲佐々木揚（二〇〇〇）一一頁。

(40) 例えば大山梓（一九七七）「マリア・ルース号事件と裁判手続」『政経論叢』二六（五）、広島大学、笠原英彦（一九九六）「マリア・ルス号事件の再検討―外務省『委任』と仲裁裁判」『法学研究』六九（一二）、慶応義塾大学法学研究会、森田朋子（二〇〇五）『開国と治外法権―領事裁判制度の運用とマリア・ルス号事件』吉川弘文館、山口忠士（二〇〇五）「明治新政府と『人権問題』―ハワイ出稼人召還、日本人小児買取とマリア・ルス号事件」『日本大学大学院総合社会情報研究科紀要』五、日本大学大学院総合社会情報研究科、などの研究があげられる。

(41) 王士皓（二〇〇九）「瑪也西号船事件及其国際影響」（『史学月刊』二〇〇九年五期）はマリア・ルス号事件とその後の苦力売買との関係を論じており、日中関係に関しては触れていない。胡連成（二〇〇四）「一八七二年馬里亜老士号事件研究―近代中日関係史上的一件往事」（『曁南学報』人文科学与社会科学版、二〇〇四年六期）、王鉄軍（二〇〇六）「瑪利亜・路斯号事件与中日関係」（『日本研究』、二〇〇六年二期）はマリア・ルス号事件がその後の日中関係に与えた影響に少し言及しているが、未だ十分とは言いがたい。前掲劉岳兵（二〇一二）は日本政府がマリア・ルス号事件の処理を通して、「名声」を勝ち取るだけではなく、台湾及び琉球問題の処置を計画する時間を稼いだと指摘している。

(42) 例えば、石井孝（一九八二）『明治初期の日本と東アジア』有隣堂、安養寺信俊（二〇〇五）「明治六年の対清交渉にみる『副島外交』の検討」『岡山大学大学院文化科学研究科紀要』二〇、岡山大学大学院文化科学研究科、毛利敏彦（一九九五）「副島種臣の対清外交」『大阪市立大学法学雑誌』四一（四）、大阪市立大学、同（二〇〇二）『明治維新政治外交史研究』吉川弘文館、などが挙げられる。

(43) ドナルド・キーン（二〇〇一）は『明治天皇』（上）の中で次のように述べている。「副島は、清国大使として極めて適任であったと言わなければならない。副島は明治政府随一の能筆だったし、漢詩を作ることにかけて副島の右に出る者はいなかった。これらの素養は、副島が中国の歴史、哲学、慣習に通暁していたことと相まって、清国役人と交渉する上で大いに役立つはずだった。また副島の大使としての任務にとって、マリア・ルーズ号事件で奴隷待遇を受けていた清国民労働者二百三十二人を解放した副島の行為に対して、清国政府が感謝の意を表明していることも利するところがあった」（新潮社、三五七頁）前掲森田朋子（二〇〇五）も次のように指摘している。「副島の謁見成功には李鴻章の援助があり、李鴻章の援助を引き出した大きな理由としてマリア・ルス号事件の成功をあげることができるだろう」（一三六頁）、また、丸山幹治（一九三六）は『副島種臣伯』の中で「そのマリヤルズ事件が、後に清国に使した先生に絶大なる外交的成功を収めしめる種となる」と語っている（大日社、一八七頁）、吉澤誠一郎（二〇一〇）は「清朝と日本政府とのやりとりは、翌年の副島種臣の訪清を円滑にしたものと考えておいてよいだろう。副島が天津で李鴻章に会ったときも、李鴻章はマリア・ルス号の一件での善処に謝意を示している」と指摘している。（『清朝と近代世界―一九世紀』岩波新書、一三九頁）。

(44)　杜継東（一九九〇）「外国人観見清帝的礼儀之争」『歴史教学』一九九〇年七期、秦国経（一九九二）「清代外国使臣観見礼節」『故宮博物院院刊』一九九二年二期、宗成康（一九九二）「近代外国使節観見清帝問題交渉述論」『歴史教学』一九九二年一〇期、汪林茂（二〇〇〇）「中外関係史上的重要突破和転折―一八七三年外使向清帝面逓国書交渉事件簡論」『史学集刊』二〇〇〇年三期、王開璽（一九九四）「従清代中外関係中的『礼儀之争』看中国半殖民地化的歴史軌跡」『北京師範大学学報』社会科学版、一九九四年二期、同（二〇〇三）「同治朝観見礼儀的解決及現実的思考」『中州学刊』二〇〇三年五期、李静（二〇〇五）「従跪拝到鞠躬―清代中外交往的礼儀沖突」『文史雑誌』二〇〇五年一期、李理・趙国輝（二〇〇七）「李仙得与日本第一次侵台」『近代史研究』二〇〇七年三期、曹雯（二〇〇八）「日本公使観見同治帝与近代早期的中日交渉」『江蘇社会科学』二〇〇八年六期。

(45)　波平恒男（二〇〇九）「『琉球処分』再考―琉球藩王冊封と台湾出兵問題」『政策科学・国際関係論集』一一、琉球大学法文学部、西敦子（二〇〇八）「台湾出兵にみる琉球政策の転換点」『史論』六一、東京女子大学史学研究室、後藤新（二〇〇七）「台湾出兵と琉球処分―琉球藩の内務省移管を中心として」『法学政治学論究』七二、慶応義塾大学大学院法学研究科、などが挙げられる。

(46)　例えば、毛利敏彦（一九九六）『台湾出兵―大日本帝国の開幕劇』中央公論社、纐纈厚（二〇〇五）「台湾出兵の位置と帝国日本の成立―万国公法秩序への算入と日本軍国主義化の起点」『植民地文化研究』四、植民地文化研究会、などが挙げられる。

(47)　薄培林（二〇〇八）「『北京専約』の締結と清末の『聯日』外交」『アジア文化交流研究』三、関西大学アジア文化交流研究センター。

(48)　前掲毛利敏彦（二〇〇二）は「台湾出兵の事後処理において清朝が犯した最大の外交的失敗は、いかに小額とはいえ金銭を提供したことによって、結果的に日本の出兵理由を是認したものと国際的にみなされたことであった」と清国側の外交的失敗を指摘している（一八三頁）。

(49)　陳敏（二〇〇七）は「李鴻章の外交知識とシンクタンク」（論文「清朝末の中国外交と李鴻章」の第五節）において、李のブレーンたちを紹介したが、ブレーンたちがいかに李の認識に影響を与えたのかに関しては、分析していない（『立命館国際研究』二〇（一）、立命館大学国際関係学会）。
(50) 王承仁・劉鉄君（一九九八）『李鴻章思想体系研究』武漢大学出版社、六一頁。
(51) 白雪松・李秋生（二〇一〇）「李鴻章幕友対其洋務思想的影響」『廊坊師範学院学報』社会科学版、二〇一〇年四期。
(52) 坂野正高（一九八五）『中国近代化と馬建忠』東京大学出版会、岡本隆司（二〇〇七）『馬建忠の中国近代』京都大学学術出版会。

第一章　李鴻章の対日観の芽生え

はじめに

本章の第一節では、幕末期における通商交渉の過程（①一八六二年の千歳丸の来航、②一八六四年の健順丸の来航、③一八六八年の長崎奉行の書翰）を分析し、史料から清国側の反応、とりわけ李鴻章の意見を検討してみたい。

また、「日清修好条規」が締結されるまでの期間、李鴻章は太平天国鎮圧と天津教案の処理にも携わっていた。これらの経験は彼の対日認識に大きな影響をもたらしたと考えられる。そこで、これらの経験から、李がどのような対日認識を持つに至ったのかに関して第二、三節で考察する。

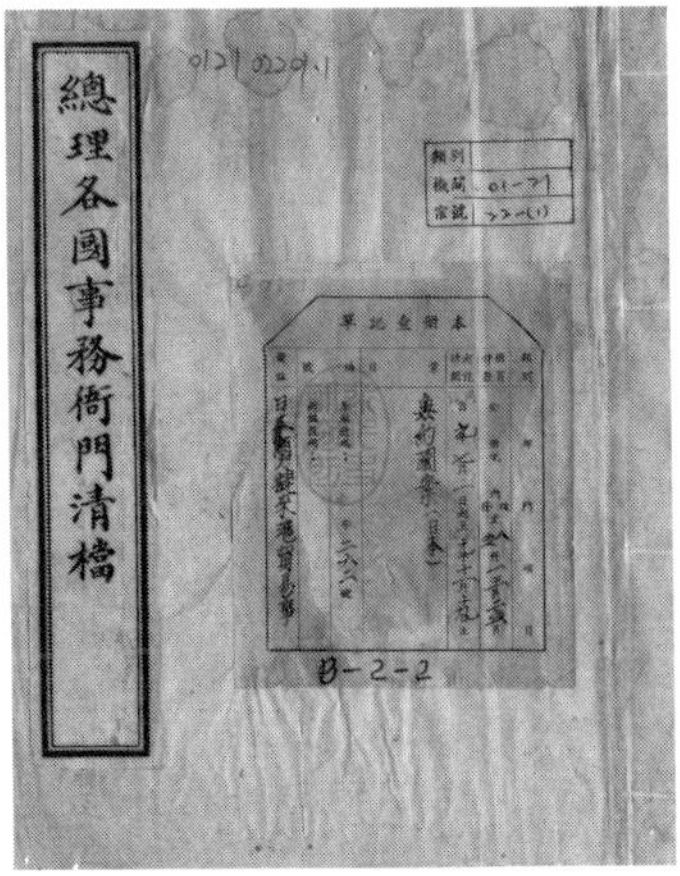

総理各国事務衙門清檔
中央研究院近代史研究所所蔵

中央研究院近代史研究所檔案館（台北市）所蔵の「総理各国事務衙門清檔」には「日清修好条規」が締結される前の通商交渉の記録が

含まれている。川島真（二〇〇三）、黄栄光（二〇〇三）、閻立（二〇〇八）がこの史料を利用しているが[1]、これらの先行研究では李鴻章の対日観を分析する作業を行っていない。一八七〇年代及びその後の李鴻章の対日観を分析するためには、一八六〇年代における日本船の上海来航から分析しなければならない。そこで、本章では、まずこの史料を参考にし、事実経過を確認しながら、「日清修好条規」締結前の李鴻章の対日認識について考察する。

一　幕末の通商交渉

徳川幕府の末期、清国との通商を求めて、日本から千歳丸、健順丸を上海に派遣した。その後、長崎奉行より上海道台（蘇松太道、江海関道ともいう）に直接に書翰を差し出し、通商の打診を行った。

当時の上海の通商状況について簡単に触れておくと、清国はアヘン戦争で敗れた結果、一八四二年に「南京条約」を締結し、上海を開港した。当時の上海では諸外国を概ね、「有約通商国」、「無約通商国」、「無約無通商国」と分けていた。「有約通商国」はイギリス、アメリカ、フランス、ロシア、ポルトガル、プロシャ、ベルギーだけで、「無約通商国」はデンマーク、オランダ、イタリア、スペインなど九ヵ国である[2]。日本は「無約無通商国」に属している。

千歳丸の来航

千歳丸は長崎奉行の命令を受け、六七人（日本人五一人、イギリス人一五人、オランダ人一人）の乗組員とともに、一八六二年六月三日（同治元年五月七日）に上海の港に現れた。一行は八月一日まで上海に滞在していた。イギリス人を船長とし、オランダ、イギリス、日本の三ヶ国の国旗を掲げていた。一八五四年の開国以来、初めての中国派遣であった。

千歳丸が上海に到来した際、李鴻章は江蘇巡撫を担当し、上海の軍務などに携わっていた。李は太平天国軍の鎮圧に忙殺されており、そのかわりに上海道台呉煦が日本船への対応に当たったのである。呉は随時に日本との交渉状況を五口通商大臣薛煥[3]、江蘇巡撫李鴻章及び総理各国事務衙門（総理衙門、総署、訳署ともいう）に報告していた。

一八六二年六月五日（同治元年五月九日）、上海駐在のオランダ領事クロース（哥老司　Kroes）は、日本国の「頭目」根立助七郎、沼間平六郎など八人を上海道台呉煦のもとに連れていった。クロースの報告によると、この一行は海鼠、フカヒレ、昆布、鮑などの荷物を商品として持ってきた。日本は清国との通商関係がなかったため、今回の貨物はオランダの貨物として処理し、上海での貿易の可能性を探るという目的であった。呉煦は、日本人商人が清国にきて、貿易をしたことはこれまでなかったが、彼らが遠隔地から来たことを思うと、拒絶するのは忍びないと考え、さらに、「天朝は遠人を懐柔する」（天朝懐柔遠人[4]）という思想から、ひとまずオランダの荷物として、売り出させた。呉煦は日本人に対し、「言葉遣いは頗る恭順である」（情詞頗為恭順）と、好印象をもっていた[5]。この事は、清国側の伝統的対外観・対日観を反映したものとして注目に値する。また日清双方は共に一五世紀から一七世紀の朱印船貿易時代の発想から抜けきれていなかったことが窺われる。

呉煦は六月二一日（五月二五日）、自ら日本人の滞在先に赴いた。日本人側は、「上海では長毛（太平天国軍）がいるため、貨物の売れ行きがよくない。さらに気候風土に慣れないため、三人が死んでしまった。残った貨物を完売したら直ちに帰国する」（因上海有長毛環擾、不能暢銷、均甚虧耗、且伊等遠来異地、不服水土、商人已病斃三人、現俟余貨銷完立即返棹）

と陳述した。呉はこの販売不調の様子から、「再び来るのを阻止することができるかもしれない」（或可杜其再至）と判断した。[6]

呉煦はこの旨を五口通商大臣薛煥に報告した。薛煥は七月三〇日（七月四日）、総理衙門への書翰で次のように自らの態度を表した。日本は通商国ではない。さらにオランダは「無約通商国」であり、敢えて日本国を通商に連れてきた。「もし、今回の通商を認めたならば、何もかも引き受けるという弊害を招く恐れがある。将来、各国が次々とこれを真似する恐れがあり、収拾がつかなくなる」（此端一開、恐啓包攬之弊、将来各国紛紛效尤、何所底止）と警戒感を抱いた。[7]薛煥は五箇所の通商管理を担当しているので、呉より視野が広く、上海だけではなく、ほかの開港地をも配慮しながら、慎重に対応した。

薛煥の書翰を受け取った総理衙門は、薛のやり方を「表面では寛容的態度を示し、裏では制限を設けており、処置は極めて適切である」（顕以示優容而隠以存限制、弁理極為合宜）[8]と評価した。さらに、薛煥に、上海道台呉煦とともに各国の通商船を綿密に取り調べ、今回の日本船のようなケースを二度と出さないようにと指示をした。

一方、上海にいた日本の商人は販売がうまくいかないため、再び呉を訪ねた。彼らは上海に二ヵ月も滞在していたが、商品の販売は目標の半分にも達しておらず、すでに帰国を決めていた。さらに、日本の商人は上海における西洋の「無約通商国」と同様に、領事官を置くことが可能かどうか、呉の意見を探った。これに対し、呉は、日本は通商国ではないので、日本側の要求を受け入れなかった。

しかし、呉は薛煥と李鴻章への書翰では、「日本の頭目の話しは頗る真摯である。また、その真意を仔細に観察したが、ただ上海での通商を求めるだけであり、悪意のある別の目的はもっていない」（該頭目情辞頗為誠摯、復加体察其意、但求上海一口通商、亦無狡詐別情）と述べている。[9]呉は、西洋の「無約通商国」と同様に日本を取り扱ってよいかどうか、薛煥と李鴻章に指示を求めた。

呉は日本との通商に対し、実は積極的であった。日本人の前ではその通商要求を拒否したが、通商大臣と江蘇巡撫への書翰では、日本人の要求を受け入れてもよいと表明していたことは注目に値する。

日本からの通商要求に対し、江蘇巡撫李鴻章は八月二八日（八月四日）に五口通商大臣薛煥と共に書翰を総理衙門に差し出した。(10) この書翰には通商に対する具体的な意見を示さず、前掲した呉の報告を同封し、総理衙門の意見を打診した。

総理衙門は九月一日（八月八日）に薛煥と李鴻章にそれぞれ返事をしたが、明確な指示はせず、彼ら二人に具体的な処理方法を報告するようにと命令した。

しかし、日本側は通商に関する何らかの目処がついた場合は、オランダ領事クロースに伝えて欲しいと言い残し、帰国してしまった。このため、千歳丸の来航に際しては、結局、清国側が具体的な方案を日本側に示すことはなかったのである。

一〇月二一日（閏八月二八日）、五口通商大臣薛煥と江蘇巡撫李鴻章は連名で総理衙門に書翰を差し出した。書翰の中では、まず上海道台の呉の意見を紹介している。呉は、「日本は通商を熱望し、非常に真摯である。もし彼らを拒絶したならば、来航者を慕い寄らせるという天朝の徳を宣布することができない」（該国企慕通商、意甚誠摯、若必拒而不納、似不足宣布聖朝懐柔之徳意）と表明した。(11) 一方、薛と李の意見は、「まず、（今回の通商要求に対して）それを拒絶する。もし日本がさらに公使を派遣してきたならば、その際に再度勘案・検討を加える」（先以堅詞拒、復如該国果有公使前来再行酌量弁理）というものであった。(12) この時点では、李鴻章はまだ日本との通商に賛成する姿勢を見せていなかった。

一八六三年一月八日（同治元年一一月一九日）、薛煥と李鴻章は、再び総理衙門へ書翰を差し出し、現任上海道台黄芳の意見を伝えた。黄芳は日本を西洋の「無約通商国」になぞらえ、上海での通商を認めさせようと考えていたが、李は依然として鮮明な態度を示さず、黄の見解を利用して総理衙門の意見を探ったのである[13]。

以上の通り、千歳丸の来航に際しては、上海道台の呉煦と後任の黄芳は日本側との通商を認めようとする動きを示した。それにもかかわらず、李鴻章は通商に対する姿勢を明示しなかった。つまり、この時点の李鴻章は日本との通商に対し、積極的ではなかったことが窺われるのである。

健順丸の来航

一八六四年三月一六日（同治三年二月九日）、健順丸が日本人約五〇人を乗せ、兵庫を出航した。一行は三月二八日（二月二一日）に上海に到着した。

一八六四年四月八日（同治三年三月三日）にイギリス人通訳マイヤーズ（梅輝立　W. F. Mayers）は日本人五名を連れて、上海道台を訪問した。当時の上海道台は黄芳から応宝時（代理）に代わっていた。

健順丸で来日した彼らは、日本の商人に依頼され、海藻、海鼠、緞子などを持ってきたが、帰国日が迫っており、上陸しない旨を申し出た。応宝時は彼らに対し「非常に礼儀正しい」（執礼極恭）[14]という印象を持った。さらに税務官のイギリス人トーマス（狄妥瑪 Dick Thomas）に日本の名義で入港手続をするようにと伝えた。

応宝時はこの状況を上海通商大臣に報告し、上海通商大臣は、「（日本側には）とりたてて野心があるわけではない。すすんで（交易の）承諾を与え、寛容的態度を示すべきである」（尚無別情、自可俯準以示体恤之意）と意見を述べた[15]。また報告書の中で応は、一七八一（乾隆四六）年に戸部が出した条例を引用したが、その条例には日本商船の関税記録を載せており、日本との通商の前例が存在していたことが分かる。[16]応は、日本との通商の事実は西洋との通商以前に、すでに存在していたと指摘し、「日本編号報関」（日本の名義で通関手続きをする）と対応をした。

しかし、健順丸で来航した日本人は当座の貨物販売だけを要求し、通商を継続する可能性については明言しなかった。このような状況に対し、総理衙門は短期間内に貨物を販売させた上、帰国させよと指示した。[17]健順丸は五月一四日（四月九日）に上海を出港して帰国した。

清国側が日本の名義で入港手続をしたことに対し、閻立（二〇〇八）は、「日本は通商の正式化への道を開いた」と指摘し、[18]川島真（二〇〇三）は、「数代にわたる上海道台の動きが日本の突破口を開いていった」と評価している。[19]このように評価されている交渉について、あまり言及されてはいないが、実際には、李鴻章はこの交渉において、大切な役割を果たしていた。一八六四年四月五日（同治三年二月二九日）に李は応宝時に次のように指示した。

日本に対しては、ただ港内での貿易のみを認める。旧来の規則に照らして、番号をつけて日本の貨物を入港させよ。もし日本が領事官を設置したいと求めてきた場合は、必ず総理衙門へ上申し、その審理を待つようにせよ。（日本僅止入口貿易、自可援照旧章、準其編号進口、若欲設立領事、必須詳咨総理衙門核準[20]）

書翰の日付から見ると、李の指示は、日本人一行が応宝時を訪れる四月八日よりも早かったことが分かる。応は李鴻章からの指示を受け、日本の名義で入港手続をさせた。つまり、李は日本商人の意図を認識し、「貿易を認める」という方針を示したのである。

ちなみに、前掲した史料（注⒂史料）で応に「日本の通商要求を認める」と指示した上海通商大臣とは、李鴻章のことである。一八六三年二月一三日（同治元年一二月二六日）、朝廷は五口通商大臣薛煥を上京させ、李に五口通商大臣

（また上海通商大臣とも称する）を兼任させていた経緯がある。閻立（二〇〇八）は、「上海道台のこのやり方（日本の番号で手続させたこと――引用者注）に対して、五口通商大臣および総理衙門は指摘していなかった」と主張しているが[21]、明らかに李鴻章がすでに五口通商大臣に就任していた経緯を見落としたのである。先行研究では、健順丸が大きな成果を得たと認めると同時に、上海道台の役割を大きく見ているが[22]、実際には上海通商大臣を担当していた李鴻章の指示があった。その点を見落としてはならないだろう。

それでは、千歳丸が上海に到着した際、李は日本との通商に積極的ではなかったと前述したが、何故、李は健順丸に対しては方針を一変したのか。これに関しては、本章第二節に譲ることにしたい。

長崎奉行の通商要求

一八六八年三月二六日（同治七年三月三日）に上海通商大臣曾国藩[23]は総理衙門に、上海道台応宝時から報告された案件を上申した。応の報告とは、二月一七日（正月二四日）に受領した長崎奉行からの通商要求（査証、学術伝習を含む）の書翰のことである。この書翰はイギリス領事より清国にもたらされたものである。

応宝時は曾国藩への書翰で、「もし今度の日本の要求を拒否した場合、日本は必ずスペイン、イタリア、デンマークのように、西洋各国を仲介者として、中国と和約を結ぶことを請うであろう。したがって、むしろ、上海道台から暫時に日本商人の通商を許し、その上で、制約する章程を結んで、中国朝廷の寛大な恩恵を示すほうがよい」（若此時堅拒不允、彼必藉西洋諸酋請与中国另立和約、如日斯巴尼亜、意大利及丹布各国之前事、計不如由道暫允日本商人憑照進口、另与議立箱制章程、以示中国朝廷寛大之恩）と提案した[24]。応はスペイン、イタリア、デンマークの例に鑑み、ひとまず日本との通商を許し、また後日、制約するために条約を締結することを曾国藩に提案したのである。

曾国藩は応宝時の意見を参照し、総理衙門への書翰には、日本の通商要求に対し、「その請求を許可すべきである」（可以允許其請）、「入港は阻止しない」（不阻其進口）と提案した。[25]

これに対し、総理衙門は、「もし上海だけで貿易させ、長江や他港に侵入させないという条件であれば、先例が存在するので、入港を阻止する必要はない」（若僅止在上海一処貿易、並不擅入長江覬覦別口、既有成案在先、自不必阻其進口）と指示した。[26]さらに、「ただし、今後もし上海に長く滞在することを望むようであれば、その弊害は防がなければならない」（惟日後若欲久居該処、其流弊正不可不防）と警戒感を示した。[27]総理衙門は、「表には懐柔の意を示し、裏ではその覬覦を杜絶する」（明則示以懐柔、隠以杜其覬覦）という方針を決めていた。[28]つまり、総理衙門は曾国藩の通商意見に賛成する態度を表明しながら、日本の上海貿易の範囲を逸脱するような企てを阻止しようとした。

四月六日（三月一四日）、応は先の長崎奉行からの書翰に対し、返事を出した。しかし、日本国内ではすでに明治政府が江戸幕府に取って代わっており、応の返書に対する長崎奉行からの反応はなかった。

その後、応宝時は総理衙門の指示を受け、通商に関する下準備を始め、中国人商人を訪ねて、日本側の定めた貿易章程（一〇ヶ条）の内容を入手した。[29]こうして、清国側は日本の通商要求に積極的に取り組むようになった。

以上、幕末における日中間の代表的な通商交渉の事例を述べてきた。この三回の交渉の要点は次のようにまとめることができよう。

第一に、上海道台（呉煦・黄芳・応宝時）は比較的に開明的で、上海での日本の通商貿易を認めようとする動きを示した。特に応宝時が日本の貨物を正式に日本の貨物として取り扱い、日本の編号で入港手続きをさせたのは画期的な進歩であったといえる。

第二に、李鴻章は一八六四年に「日本編号」で入港させよと応宝時に指示した。この点は注目すべきであろう。李はこの時、すでに日本との貿易を許可しようと考えていた。

第三に、一八六八年に上海通商大臣を担当した曾国藩は、日本との通商交渉が順調に行われるように尽力した。ただし、曾国藩と総理衙門は日本との通商問題を処理したときには、すでに日本への警戒感も持ち始めていた。

第四に、応宝時は、「日本商人の権限を制約する章程を結ぶ」ことを主張した。一八六〇年代、両国の間には通商、条約の芽生えが見られたのである。これらは「日清修好条規」が締結されるまでの前段階として、大きな意味を持っているといえよう。

二　太平天国軍の鎮圧

先述したように、日本は一八六二年に千歳丸、一八六四年に健順丸を清国に派遣し、上海での貿易を試みた。さらに一八六八年には長崎奉行が通商要求の書翰を送致している。李は一八六二年に上海に着任し、江蘇巡撫に任命され、上海の実務を担当した。しかし、この時点で李は、日本の通商交渉に対しては積極的ではなかった。ところが、一八六四年に健順丸が上海に到着した際には、李は「日本編号」で登録させるという積極的な行動をとった。李の態度はなぜ転回したのか。李はどのような思惑をもっていたのか。本節では、李鴻章の経歴を考察し、その経験から、李の考えが変化した経緯を明らかにしたい。

西洋技術との出会いと自強認識

李は一八五三（咸豊三）年、咸豊帝から太平天国の討伐を命じられ、安徽省に戻った。[30]この勅命は、李鴻章の運命を変えた。当時の不穏な国内情勢がなければ、李鴻章は引き続き文人官僚の道を歩み続けたのであろう。[31]陳敏（二〇一〇）は、アヘン戦争が起きてから一三年が経っていたが、李鴻章の西洋に関する言動は見当たらない、李は西洋を重要視していなかったと指摘している。[32]李は太平天国を討伐するという経験を通して、文人から武人に転換したと言っても過言ではない。

一八六二年四月一三日（同治元年三月一五日）、江蘇巡撫として上海に到着して早々、李鴻章は曾国藩に書翰を差し出し、「最も難しいのは夷務（対外関係）である」（最難者夷務）と嘆いた。その理由として、李は次のように述べている。上海道台呉煦と前任の蘇松糧道楊昉は「媚び諂い過ぎ」（過趨卑諂）であり、逆に江蘇巡撫薛煥は、「道義を堅持した」（尚持大体）が、列強とは齟齬が多くなり、「西洋人も信服しなかった」（夷亦不親附）。列強との関係に関しては、呉煦と列強とは「しっかり交誼を保っていて、従う者が多い」（交固而附者尤多）という。さらに、呉は列強の力を借りて、太平天国軍を鎮圧するのに積極的である、ともいう。[33]この時から李は本格的な「洋務」に接し始めたのであろう。具体的に、李は呉、楊のように西洋人に卑屈な態度を取るのではなく、ある程度西洋人とは距離を置きつつ、太平天国軍の反乱を鎮圧するため、彼らを利用しようとしたのである。

一八六二年四月三〇日（同治元年四月二日）、李は曾国藩に西洋の軍事力が強大であることを説いた。「（常勝軍の）銃と大砲が一斉に発せられると、向かうところすべてを打ち破っている。その『落地開花炸弾』（榴弾砲）は、本当に見

表 1　李鴻章の略歴（1860 年代）

年代		関連事項
1862 年	同治元年	江蘇巡撫、淮軍を率い、上海に駐在
1863 年	同治 2 年	五口通商大臣（上海通商大臣）を兼任
1865 年	同治 4 年	両江総督
1866 年	同治 5 年	欽差大臣に任命され、捻軍を鎮圧
1867 年	同治 6 年	湖広総督
1870 年	同治 9 年	直隷総督北洋大臣

竇宗一『李鴻章年（日）譜―近代中国血涙史実紀要』（友聯書報発行公司、1968）を参照

事な技術である」（槍炮並発、所当輒靡、其落地開花炸弾真神技也）と。[34]李は西洋の強大な軍事力に接し、驚異の目を見張ったのである。

また、李は上海に着任して程なく、次のように述べている。「折にふれて西欧人が接近してくる。別に私（鴻章）から先に親しくしているわけではない」（時来親近、非鴻章肯先親之也）。[35]これは一八六二年五月二九日（同治元年五月二日）に李が曾国藩へ宛てた書翰の一節である。この書翰で、李は、「外においては平和を求め、内においては自強を求める」（求外敦和好、内要自強）とも述べている。外国とは良好な環境を築き、国内では「自強」を求めるという李鴻章の思想が徐々に現れてきたのである。

① 常勝軍の利用

「江蘇巡撫」を命じられた李が上海に到着する前、上海ではすでにウォード[36]が洋槍隊の力を借り、常勝軍と称して、太平天国軍と戦っていた。従って、外国の軍事力を利用し太平天国を鎮圧したのは、李が最初ではないが、常勝軍の制御については、李の右に出る者はいなかった。以下、李がいかに常勝軍を利用し、また、どのようにして彼らを解散したのかについて概観したい。

李は上海に駐在している西洋列強に対し「洋夷を利用して中華を改革する。夷人の首領たちとの垣根を取り払い、彼らより自強の術を求めるつもりである」（用

夷変夏、図与蕃酋無為町畦而求自強之術）との方針を示した[37]。洋槍隊との接触により、李は徐々に視野を広げ、西洋の軍事力に目を向けたのである。

一八六二年九月八日（同治元年八月一五日）、李鴻章は曾国藩への書翰で「ウォードは戦闘において、実に勇敢である。（常勝軍は）西洋の優れた兵器をすべて装備している。私は最近、（ウォードと）渡りがつくように全精力を注いでいる。一人の心をつかみ、それにより各国と友好関係を築こうと思っている。彼は我々のために、海外の製鉄職人に頼み、爆弾の製造を承諾した。さらに、銃砲購入の代行も承諾してくれた。もし、一、二の案件がうまく捗れば、軍事と通商の大局において、ともにいささかの利益があろう」（華爾打仗実系奮勇、洋人利器、彼尽有之。鴻章近以全神籠絡、欲結一人之心、以聯各国之好。渠允為我請外国鉄匠製炸彈、代購洋槍、若得一両件好処、於軍事及通商大局皆有小益）と述べた[38]。李は西洋各国と友好的な環境を築こうとしていた。さらに、進んで西洋の技術を学び、それにより中国の軍事、通商に利益をもたらすこともできると李は考えていた。

一八六二年九月一七日（同治元年八月二四日）、李鴻章は曾国荃（曾国藩の実弟）への書翰で、常勝軍の強さに言及している。「太平天国軍は劈山砲を持っておらず、もっぱら西洋銃を使っている。毎回戦うとき、必ず数千丁を持って突撃し、その勇猛さには抵抗することができない。そこで、上海の我が軍営にそれぞれ西洋銃を訓練する小隊を増やし、すでに千丁の西洋銃を持たせた。敵と戦うとき、先に劈山砲で援護の砲撃をさせ、後に西洋銃を使い、隊を前進させる。こうして、我が軍は連戦勝利している」（蘇賊無劈山炮、専恃洋槍、毎進隊必有数千桿衝撃、猛不可当。已令上海各営添練洋槍小隊、敵軍已共有千桿、遇賊交鋒、先以劈山炮護洋槍隊而行、屡獲幸勝）と、李はうまく常勝軍を駆使し、西洋式兵器を実戦で存分に活用したのである[39]。

② 常勝軍の解散

西洋の軍事技術に強い関心を持っていた李は、常勝軍のリーダーであるウォードの戦死をきっかけに、一転して常勝軍を解散しようとした。それは何故なのであろうか。

第一に、軍事費の節約がその直接の原因であった。上海の財政は苦しく、常勝軍は多大な軍事費を費やしていたからである。[40] それゆえ、李は、「常勝軍をできるだけ縮小する」（力裁常勝軍）と決心し、節約した軍事費で「他の軍隊を養成する」（以餉他軍）ことを考えていた。[41]

第二に、李が常勝軍の勢力が強すぎて、指揮がうまく行われないと考えたことにあった。李は一八六三年一月二九日（同治元年一二月一〇日）の上奏文では、「（常勝軍は）日増しに驕りたかぶり、御しがたくなってきた」（日益驕蹇、漸成尾大不掉之勢）と憂慮していた。[42]

しかし、常勝軍の解散は順調には進まなかった。一八六三年二月二日（同治元年一二月一五日）に李鴻章は曾国藩に書翰を差し出し、その中で再び常勝軍を解散する意向を表明した。その理由を次のように述べている。

> 常勝軍は戦果をあげているが、頼みは僅かの大砲に過ぎない。ジェームズ・ホープとウォードなどが寄せ集めたものであり、また武勇についても、決して精強とはいえない。常熟（地名）から降伏して来た賊は、続々と上海に救いを求めている。（常勝軍に頼るのではなく）もし我々に西洋の軍隊何百名か、大砲何門かがあれば、賊は必ず包囲を解いて、逃げていくであろう。賊でも大砲の威力を怖がっているからである。私は邪教を信じて自分の利益を求めることは決してしないが、ただ、中国の兵器が西洋よりはるかに劣っていることを深く恥じている。日々将と兵を戒め、謙虚な気持を持って耐え忍び、西洋人の秘密の技術をいくつかでも学び取り、軍が強化されて一層戦えるようになることを期待している。
> （蓋常勝軍粗立戦功、僅頼幾件炮火、何伯、華爾等拼湊而成、其勇並非精強也。常熟投誠之賊、陸続来滬求救、但求撥洋兵数百、炸

炮数尊、賊必解囲而去、是賊亦徒震於炸炮之名也。鴻章亦豈敢崇信邪教求利益於我、唯深以中国軍器遠遜外洋為恥、日戒諭将士、虚心忍辱、学得西人一二秘法、期有増益而能戦之[43]

常勝軍を利用するのは便宜的方法に過ぎないという李の考えが読み取れよう。結局、一八六三年二月一一日（同治元年一二月二四日）に李は総理衙門へ書翰を差し出し、常勝軍を整理しようとする決意を示した[44]。ついで、一八六三年四月二一日（同治二年三月四日）に李鴻章は羅惇衍（号椒生、戸部官員）に書翰を差し出し、心のうちを次のように披瀝した。

長江での通商を始めて以来、中国の利権は、これを西洋人が操り、弊害が続出している。しかし、現在の我々の力では、これを禁じ阻止することができない。英、仏の軍隊は反乱鎮圧を助け、少しは役に立ったが、将来は非常に警戒すべきである。ただ願うのは太平天国の乱を速やかに平らげ、我が軍隊を発展させることだけである。数百年来の軍隊の悪習を徹底的に改め、我々が自強することさえできれば、西洋諸国は勝手な野心を持たないであろう。逆にそうできなければ、後の憂いは想像もつかないものになる。（長江通商以来、中国利権操之外夷、弊端百出、無可禁阻。英法於江浙助剿、小有補益、将来甚為可慮、但望速平太平軍、講求戎政、痛改数百年営伍陋習、使我能自強、則彼尚不致妄生覬覦、否則後患、将不可思議也）[45]

李は西洋の軍事力に対する懸念を漏らした。目下、西洋の軍隊は優れた兵器を使い、太平天国を鎮圧する際に役に立っているが、長い目で見ると逆に危険であり、今のうちに、自強して後患の根を絶つべきである、と彼は考えていた。

その後、一八六三年一一月八日（同治二年九月二七日）、李は同僚徐寿蘅侍郎に書翰を差し出し、「目前の患いは農民反乱にあるが、永久の患いは西洋にある」（目前之患在内寇、長久之患在西人）と西洋諸国に強い警戒感を抱いた[46]。一方、常勝軍は一八六四年五月、李の努力によりついに解散となった。

李鴻章は常勝軍を利用し、太平天国軍と戦った。李はこの経験からどのような西洋に対する認識を持ち始めたのか。

第一に、太平天国の乱を鎮圧する際、西洋の軍事力に接し、それに関心を示した。

第二に、強大な西洋の軍事力に感服した李は、その技術を学びたいと強く思った。これが洋務運動の動因とも言えよう。

第三に、洋務に携わるには、暫くの間（自強ができるまで）は「平和」な環境が必要であると李は意識した。李は早急に太平天国の乱を鎮圧し、洋務運動のために、良好な環境を作り上げようと考えた。

第四に、常勝軍を利用し、太平天国軍と戦っている最中、李は西洋諸国の圧力に憂慮の念を抱きはじめた。そして、ついに常勝軍を解散することになった。

李の洋務思想は太平天国を鎮圧する最中、とくに西洋の軍事技術に触れた経験によって生まれたのである。李は西洋各国と親交を結び、西洋の先進的な技術を取り入れようと考えた。さらに、李は「自強」という思想を抱くようになった。李がこのような考えに至ったとき、本章第一節で詳述した通り、隣国の日本が通商を求めにきたのである。

一八六〇年代の李鴻章と対日観の芽生え

前述したように、李は上海に着任したあと西洋の軍事工業技術に興味をもった。曾国藩に「若し上海に久しく駐在しながら、西洋の優れた技術を学ぶことができなければ、後悔することになるだろう」(若駐上海久而不能偸取洋人長技、咎悔多矣)と、自ら進んで西洋に学ぶ姿勢を示した[47]。李がこのような考えを抱いたのは、上海に滞在した経験と深い関係がある。この経験はいかに李の対日観に影響したのだろうか。

一八六三年五月四日(同治二年三月一七日)、李鴻章は曾国藩へ次のような書翰を書いた。

かつてロシアと日本は、近代的な砲術を知らず、国力も日々衰退していった。しかし、国の君臣たちは謙虚に西洋人に学び、イギリス、フランスから秘密の技術を求めて、火砲や汽船などを次第に活用できるようになった。その結果、これらの国と並ぶ強国になったのである。したがって、中国も同様にこの点を学ぶことができれば、長い年月の後には自立できるようになるはずである。(俄羅斯、日本従前不知炮法、国日以弱。自其国之君臣卑礼下人、求得英、法秘巧、槍炮輪船漸能制用、遂与英法相為雄長。中土若於此加意、百年之後、長可自立[48])

李はロシア、日本両国が英、仏から大砲、船舶の製造とその運用方法を学び、強国への道を歩んできたことを紹介し、英、仏の技術を取り入れれば、中国も自立することができると強調した。彼は自分の主張している洋務運動のために、ロシア、日本の成功例に注目したのである。

一八六三年五月二一日(同治二年四月四日)に、李は再び「洋務」について曾国藩に書翰を差し出した。「西洋人との交渉が最も着手しにくく、良い方法がない。太平天国の乱を早く鎮圧し、西洋式兵器を購入することをただ望むばかりである。中国に大砲と汽船(軍艦)の二つさえあれば、西洋人に負けることがないであろう」(夷務最難着手、終無弁法、惟望速平賊気、講求洋器、中国但有開花大炮、輪船両様、西人即可奪魄)。さらに、李は再び日本を取上げて、「小国日本は現在イギリスと仲が悪く、クーパー(Augustus Leopold Kuper　英国在華艦隊司令官)は兵隊を送ろうとしたが、日本の君臣はイギリスと戦おうと考えた。そこで、クーパーはついに派兵を延期した。これは、（兵器をもっていれば）西洋にも負けない明証である」（日本小国、現与英人構衅、提督納伯臨之以兵、日本君臣欲与開仗、糾酋逐一再緩期、此明証也）と書き送った[49]。ここで言及した日本とイギリスの不和は、生麦事件とその後の薩英戦争を指している。李は、イギリスの戦争延期の理由を、日本が西洋の軍事力を導入しているためと理解していたのである。

以上の二通の書翰において注目すべきなのは、西洋式兵器、技術を学ぶべきだと呼びかけたとき、李が日本を好例として取り上げたことである。西洋に対抗するためには、西洋式兵器と汽船も有しなければならない。日本がその証左になっているというのである。

また、一八六四年に李は西洋式兵器製造を内容とした書翰を総理衙門に提出した。この書翰で李鴻章は上海に着任して以来、西洋式兵器を購入し、それらを研究していると述べている。李は、平射榴弾砲（長炸炮）と曲射榴弾砲（短炸炮）の作り方や使い方を長文で説明した。さらに、清国の実情についても言及した。

私はひそかにこう考えている。天下のことは窮すれば通ずという。中国の士大夫は古典の語句解釈や細かな楷書の練習に明け暮れ、武人の多くは粗放で緻密な思考に欠けている。その結果、実際に行うことは学んだことではなく、学んだ内容は実際に行うことではなくなっている。平時には外国の兵器を小手先だと嘲り、学ぶ必要はないと主張し、戦時には外国の兵器が非常に不可思議なものであり、学ぶことができないと言い張るのである。西洋人が火器を命に関わる重要な学問だと見ること、すでに数百年にも及んでいることを知らない。（中略）中国の文武の制度は、悉く西洋人より進んでいて、ただ火器だけが劣っているのである。その原因はどこにあるのだろうか。私が考えるに、中国での機械製造は、儒者はその原理を明らかにし、職人はこれを倣うが、両者は互いにその経験を通じあわない。ゆえに、その効力は西洋の足元にも及ばないのである。（鴻章窃以為天下事窮則変、変則通。中国士夫沈浸於章句小楷之積習、武夫悍卒又多粗蠢而不加細心、以致所用非所学、所学非所用、無事則嗤外国之利器為奇技淫巧、以為不必学、有事則驚外国之利器為変怪神奇、以為不能学。不知洋

人視火器為身心性命之学者、已数百年（中略）中国文武制度、事事遠出西人之上、独火器万不能及。其故何由、蓋中国之制器也、儒者明其理、匠人習其事、造詣両不相謀、故功効不能相並[50]）

この書翰は、「一九世紀の中国における最も偉大な政治家が書いた最も歴史的価値のある文章である」（中国一九世紀最大的政治家最具歴史価値的一篇文章）と蔣廷黻（一九三九）に評価されている。[51] この書翰で李は、中国の文人、武人ともに時代の変化に遅れ、積極的に西洋の技術を学ぼうとしていないというのである。これがまさに李が洋務を推進しているときの考えであった。李は、洋務を進行させるにはこれらの保守的な思想や勢力と戦わなければならない。戦うためには自分の主張を支える論拠が必要になると思い、その論拠、成功例として日本を取り上げたのである。したがって、同じ書翰で李は次のように日本を語っている。

かつて英、仏などの諸国は日本を外府（国外にある庫）と見なし、思う存分無理難題を押し付けた。このため、日本の君臣は奮い立ち、宗室（将軍家のこと）と大名の子弟の中の優秀な人材を選び、西洋の製造工場へ学びに行かせた。また、製造機械を購入し、日本でも習得可能にした。現在、日本は汽船を操縦することができ、大砲を作ることもできる。（中略）そもそも今日の日本は明代の倭寇であり、地理的には西洋からは遠く、中国により近い。我々が自立すれば、日本は我々に服従して、西洋の隙を窺うであろう。しかし、逆に我々が自ら強くならなければ、日本は西洋の悪事を模倣し、西洋人と中国での利益を分割しようとするだろう。日本は海外の小国でありながら、手遅れになる前に改革を行い、とるべき方法を知っていたのである。したがって、我が中国は窮すれば通ずという道理をよく考え、また大胆に従来のやり方を変えるべきである。（前者英、法各国、以日本為外府、肆意誅求、日本君臣発憤為雄、選宗室及大臣子弟之聡秀者、往西国制器場師習各芸、又購制器之器、在本国制習、現在已能駕駛輪船、造放炸炮。（中略）夫今之日本、即明之倭寇也、距西国遠而距中国近、我有以自立、則将附麗於我、窺伺西人之短長、我無以自強、則将効尤於彼、分西人之利藪。日本以海外区々小国、尚能及時改轍、知所取法、然則我中国深維窮極而通之故、夫亦可以皇然変計矣[52]）（傍線筆者　以下同）

李が倭寇の故事に鑑み、日本の軍事力が強大になることに対して、警戒心をもっていたのは明白である[53]。だが、当時の内向きであった清国官僚は、外国の技術を「小手先だけのもの」（奇技淫巧）と認識し、それを取り入れようとはしなかった。李は彼らとは異なり、日本側の「改轍」、「取法」などの行動を高く評価し、自国の弱点も認識し、清国の自立への志向を強調した。王如絵（一九九八）、劉申寧（一九九六）は前掲した史料の傍線部分を分析し、李が徐々に聯日思想を生み出していたと解釈している[54]。しかし、問題とされた箇所の前後の文脈を見ると、李が日本の脅威に言及したのは、目下の洋務運動のモデルとして取り上げたのであって、「聯日」を志向するものではない。換言すれば、日本を手本とし、外国の技術を学び、軍を強くすること、それこそが強国への道だと呼びかけていたのである。

以上の李鴻章の入手した情報[55]を分析すれば、次の二点が注目される。

第一に、前掲した一八六三年に李が曾国藩へ宛てた書翰では、西洋技術を取り入れようと主張した際、李は日本のほかにロシアも例として取り上げた。しかし、その後、西洋式兵器の購入などに言及する際、李は日本だけを取り上げたのである。李はなぜ、日本を手本にしようとしたのか。その一つとして、日本が清国と同様に西洋列強に侵略される立場にいたことであろう。もう一つは、小国の日本でさえ西洋技術を学び、強国への道を辿ることができるのであれば、大国である清国もきっと成功できると考えた点にあるだろう。

第二に、李の入手した情報の信憑性についてである。前掲した一八六三年五月四日（同治二年三月一七日）、李鴻章は曾国藩へ宛てた書翰ではロシア、日本を例として取り上げ、この二つの国は西洋技術を導入した結果、「英、仏と並ぶ強国になった」ことを強調した。また、薩英戦争でイギリスが戦争を延期した理由を、日本が西洋的軍事力を保有していることと関連づけていた。しかし、実際には、幕末の日本は西洋技術を熱心に取り入れたが、欧米列強の国力とまだ雲泥の差があったのである。李の入手した情報は不正確であったが、それでも日本を手本とし、自国でも遂行しうるとの思想を生み出した。

清国の保守勢力と対抗するために、単なる言葉の論争だけではなく、李は自分の部下にも呼びかけた。例えば、李は一八六三年六月二二日（同治二年五月七日）に潘鼎新へ宛てた書翰では、「私は大砲に関しては、西洋人に学ぶことを決意をした。同志諸君もこれに励むように」（兄於炸炮一事、堅意要学洋人、同志諸君祈勉為之）と、西洋式兵器について学ぶ気概を示した[56]。

この段階においては、洋務運動を推進させ、「自強」を求めることが李の一番の目的であり、日本はそのモデルになったのである。

それゆえ、本章第一節に残った問題（一八六四年に健順丸が上海に来航した際、李は積極的に日本との通商貿易を認めた）は、李のこの時期の対日観と関連があると考えられる。さらに、李の一八六四年の行動は、のちの正式な通商貿易および「日清修好条規」締結に対し、布石を打つものになったと考えられる。

一八六五年一〇月一一日（同治四年八月二二日）、李は上海道台（代理）応宝時宛の書翰で、日本についてさらに明確な認識を示した。李は、「日本は中国に通商を求めにきたが、それは想定内のことである。中国はすでに門を開き、客を入れたからには、遠近・強弱で客に差をつけることなく等しく接待しなければならない。拒否すべき前例はない。また、許可すれば、西洋に対して敵を一つ多く作ることにもなる」（日本来中国通商、乃意中事。中国已開関納客、無論遠近強弱之客、均要接待、無例可以拒阻、然未始不為西洋多樹一敵）と述べた[57]。

この李の言論に関し、李啓彰（二〇一一）は李鴻章が、日本が中国の潜在的な脅威であることを認めたが、また中国の戦略的な同盟国となりうると指摘している。比べてみれば、後者（戦略的な同盟国）はもっとも中国の利益に合致する。李鴻章の日本に対する考えは、すでに日本を脅威とみなした伝統論を超え、日本を共に西洋に抵抗する同盟国となりうる存在と見なしたと指摘している[58]。

李の対日認識が徐々に鮮明になっており、具体化してきたことが窺えよう。

三　天津教案の処理

李が清国の官僚という身分で、はじめて正式に外交に携わったのは天津教案である。天津教案は彼の西洋認識、日本認識にどのような影響を与えたのか。まず、天津教案について簡単に述べてみたい。

天津教案について

天津教案とは、一八七〇（同治九）年に発生した天津人民の反キリスト教暴動事件である。一八六〇（咸豊一〇）年、中仏「北京条約」が締結された後、フランス天主教伝教師は天津望海楼で教会を経営していた。一八七〇（同治九）年、育嬰堂という教会で子供が三〇、四〇人ほど死亡し、民衆の間に教会が子供の心臓や目玉をくりぬいているなどの噂が広がった。六月二一日（五月二三日）、民衆は、犯人を取り締まるように教会前に集まった。しかし、事態をうまく押さえることができず、民衆はフランス領事ホンタニエル（Henri victor Fontanier 一八三〇-一八七〇）及び外国人二〇名を殺害し、領事館、教会などを打ち壊した。英、米、仏等七カ国は清国政府に抗議をし、示威のために軍艦を天津、煙台まで送った。その結果、清国政府は四九万七二八五両の賠償金をフランスなどの国に支払い、事件を終結させたのである[59]。李鴻章はこの天津教案の事態収拾に尽力した人物であった[60]。

李は天津教案を処理した際、「非は我々の方にある」（其曲在我）と考えていた[61]。李は、「彼族（英・仏のあの者ども）は道理に外れていても、なお喧嘩を吹っかけてくる。ましてや彼らに道理があるときはなおさらのことである」（彼族無理尚思取鬧、況係全理）と述べ[62]、天津教案を処理するには「先方と我が国の力の強弱如何にかかわらず、和議で事を結ぶべきである」（不論勢之強弱、総以議和為是）と考えた[63]。曾国藩も、「和議を唱え続け、開戦の端を開かないように」（力持和議、不先開衅）との意見を出した[64]。曾国藩は崇厚（三口通商大臣）と天津教案を談じた際、次のような意見を表した。

道光年間より我々は西欧との問題に対応し、清国側は時には戦うことを主張し、時には講和を主張した。戦いと講和は両極のやり方であるが、どちらにしても不敗の筋道は立っていなかった。まして目下の状況は以前とは違って、一国が戦端を開けば、各国は相次いで連合する。戦争が起こった場合、沿海、沿江の各省は防ぐに防ぎきれないであろう。私はこれらを防ぐ兵力がないのみならず、軍資が足りないことを恐れている。（自道光年間、弁理洋務以来、時而主戦、時而主和。戦和両歧、未有不敗之理。況目前情形、尤与従前迥異、一国構釁、各国連衡、兵端一起、沿海、沿江各省、防不勝防、非特無此兵力、且恐餉源立匱[65]）

曾は清国側の「時には戦い、時には講和を主張する」といった具合に、長期的かつ一貫した戦略を講じず、さらに、兵力、軍資の現状を見れば、戦争が起こったら劣勢になることを認識していた。

一八七〇年八月二一日（同治九年七月二五日）に李は丁日昌に書翰を差し出し、「この事件を敷衍すれば、まさに自強の策となる」（此案敷衍過去、果為自強之策）と言い、終始戦争に賛成しなかった[66]。その理由は、曾国藩の右の史料と同じであろうが、李の場合はさらに「自強」を念頭においていたのである。

天津教案の処理から生み出された対日観

李は一八七〇年八月二九日（同治九年八月三日）に直隷総督に任命され、天津教案の処理を命令された。一方、一八七〇年九月、日本から柳原前光らが派遣され、通商条約の予備交渉をしにきていた。この時、天津教案はかろうじて収束を迎えたのである。日本使節の通商交渉に関しては、第二章で論述し、ここでは李の対日認識だけを取上げる。

一八七〇年一〇月三日（同治九年九月九日）に李鴻章は総理衙門に差し出した書翰で、日本使節柳原前光が訪れたことを報告した。彼らは、「礼儀正しく、言葉遣いも非常に丁寧である」（礼貌詞気均極恭謹）という好印象を李鴻章は抱いた。同じ書翰で、李鴻章は次のように提案した。

> 日本は江蘇、浙江よりわずか三日の距離に位置し、中華文字にも精通している。武力は東島各国の中で一番強い。まさに、わが国の外援にすべきであって、西洋諸国の外府にさせてはいけない。もし、将来通商の許可を皇帝から頂戴できれば、先方へ官員を派遣し、駐箚させて、日本に滞在する我が国の商民を監督し、連絡と牽制に備えるべきである。（日本距蘇、浙僅三日程、精通中華文字、其兵甲較東島各国差強、正可聯為外援、勿使西人倚為外府。将来若蒙奏準通商、応派官前往駐箚、管束我国商民、以備連絡牽制[67]）

李鴻章は日本を清国の味方とし、日本と「連絡」し、日本を「牽制」するため、公使を駐箚させることを提案した。さらに地政学的に考えると「日本は中国の一番の近隣であり、先に修好し、力を合わせて協力することが適当である」（惟思該国与中国最為隣近、宜先通好以冀同心協力）という。[68] 李は天津教案を処理した際、西洋列強の脅迫を自ら経験し、西洋列強の連合に頭を痛めた。清国が孤立無援の苦境に陥っている情況の中、日本使節が条約を求めに来たのである。それゆえ、李は日本と「連絡」し、日本を「外援」にさせるため、条規の締結を主張し続けた。天津教案の処理を通じ、李は一八六〇年代の考えを一歩進ませ、日本との間に条文を締結しようと考えていたのである。

おわりに

本章は「日清修好条規」が締結されるまでの李鴻章の考えを追跡した。一八六四年に健順丸が上海に到着した際、李は日本の入港貿易を認める意見を出した。さらに、その後、李は同僚や、総理衙門へ書翰を出し、幕末段階の日本の近代化の成果を褒め称えて、日本との通商、修好に対し、積極的な姿勢を見せたのである。本章における考察は次のようにまとめることができる。

第一に、千歳丸と健順丸が来航した際、李鴻章の対応を比較すれば、日本に対する消極的な評価から肯定的な評価へと変わっていったことがわかる。それは彼が太平天国軍を鎮圧した経験と深く関連があると考える。この時、李は「聯日」らしい言論をしたが、それは主に二つの考えがあったと思われる。一つは、李鴻章は日本を洋務運動のモデルとしたのである。[69] 李の目指している運動は隣国の日本で積極的に行われており、李はそれに注目した。もう一つは、清国の保守的な勢力に立ち向かうとき、李は日本を成功例として引き合いに出したのである。伝統的な思想を持っている官僚たちは「天朝上国」の考えを持ち、保守的な意見を抱き、積極的に西洋の技術を取り入れようとはしなかった。李は洋務運動を推し進めるためには、この保守的な官僚と戦わなければならなかった。

第二に、一八六五年から李は両江総督、湖広総督などを担当し、一八七〇年に直隷総督北洋大臣になるまで、日本との接触は少なかった。その間、上海道台の応宝時と上海通商大臣の曾国藩が日本に対処していた。「日清修好条規」の締結を考える際、一八六〇年代の下準備を見落としてはならない。換言すれば、一八七〇年代李鴻章らの努力で結ばれた「日清修好条規」は、一八六〇年代の応宝時、曾国藩の行動の延長線上にあるものと考えられる。

第三に、一八七〇年に李鴻章は天津教案を処理するため、天津に着任した。李は日本使節が通商、修好を求めて来たとき、積極的に対応すべしと主張した。李鴻章の考えは、東洋の日本と連合し、日本を自国の「外援」にさせようとするものであった。

以上、一八六〇年代における李の対日思想を考察した。以上のような考えを持っていた李は、「日清修好条規」の予備交渉、条文作成及び条約締結の際、いかに行動をしたのか。これらについては、第二章で述べることにする。

（1）　川島真（二〇〇三）「江戸末期の対中使節への新視角―総理衙門檔案からの問い」『中国研究月報』五七（五）、一般社団法人中国研究所、黄栄光（二〇〇三）「〈史料紹介〉幕末期千歳丸・健順丸の上海派遣等に関する清国外交文書について―台湾中央研究院近代史研究所所蔵「総理各国事務衙門新檔」（一八六二―六八年）」『東京大学史料編纂所研究紀要』一三、東京大学、閻立（二〇〇八）「清朝同治年間における幕末期日本の位置づけ―幕府の上海派遣を中心として」『大阪経大論集』五九（一）、大阪経大学会。

（2）　中央研究院近代史研究所檔案館「総理各国事務衙門・日本、挪威、瑞典請求通商・日本商人擬来滬貿易事」（以下文書Aと略す）文書番号　〇一‐二一‐〇二二‐〇一‐〇〇三。

（3）　アヘン戦争に敗れた清国はイギリスと「南京条約」を締結した。清国側は上海、寧波、福州、厦門（アモイ）、広州の五箇所を開港地とし、五口通商大臣の管轄下においた。

（4）　文書A　〇一‐二一‐〇二二‐〇一‐〇〇一。

（5）　同右。

（6）同右。
（7）同右。
（8）文書Ａ　〇一-二一-〇三二-〇一-〇〇二。
（9）文書Ａ　〇一-二一-〇三二-〇一-〇〇三。
（10）同右。
（11）文書Ａ　〇一-二一-〇三二-〇一-〇〇九。
（12）同右。
（13）文書Ａ　〇一-二一-〇三二-〇一-〇一三
（14）中央研究院近代史研究所檔案館「総理各国事務衙門・日本、挪威、瑞典請求通商・瑞、那、日本来華請求設領通商事」（以下文書Ｂと略す）文書番号〇一-二一-〇三二-〇二-〇〇二。
（15）文書Ｂ　〇一-二一-〇三二-〇二-〇〇三。
（16）文書Ｂ　〇一-二一-〇三二-〇二-〇〇二。
（17）文書Ｂ　〇一-二一-〇三二-〇二-〇〇三。
（18）前掲閻立（二〇〇八）九二頁。
（19）前掲川島真（二〇〇三）八頁。
（20）『李鴻章全集』二九巻、二九六頁。
（21）前掲閻立（二〇〇八）九二頁。
（22）例えば谷渕茂樹は論文「日清修好条規の清朝側草案よりみた対日政策」（『史学研究』二三一、広島史学研究会、二〇〇一）で「当時上海を訪れた日本官員には上海道台が応対することとなっており、上海道台は対日交渉事務を一手に引き受け総理衙門に伝える役割を担った」と指摘している（四〇頁）。
（23）一八六六（同治五）年から五口通商大臣を両江総督曾国藩に兼任させた。
（24）中央研究院近代史研究所檔案館「総理各国事務衙門・日本、挪威、瑞典請求通商・日本請求通商貿易事」（以下文書Ｃと略す）文書番号〇一-二一-〇二二-〇三-〇〇一。
（25）同右。

(26) 文書C　〇一-二一-〇三-〇〇二。
(27) 文書C　〇一-二一-〇三-〇〇三。
(28) 同右。
(29) 文書C　〇一-二一-〇三-〇〇七。
(30) この辺りの経緯について、外山軍治（一九四七）『太平天国と上海』高桐書院、小野信爾（一九五七）「李鴻章の登場—淮軍の成立をめぐって」（『東洋史研究』一六（二）東洋史研究会）に詳しい。
(31) 万明（二〇一〇）「李鴻章『和戎』外交思想探源」『学理論』三六、一三二頁。
(32) 陳敏（二〇一〇）「李鴻章の思想形成についての一考察—教育が彼の思想に与えた影響」『立命館文学』六一五、立命館大学、一九六頁。
(33) 『李鴻章全集』二九巻、七五頁。
(34) 『李鴻章全集』二九巻、八三頁。
(35) 『李鴻章全集』二九巻、八八頁。
(36) Frederick Townsend Ward　華爾。一八六〇年に上海商人の要請を受けて外国人船員による洋槍隊を組織した。これが常勝軍の起源となる。ウォードは常勝軍のリーダーを担当した。
(37) 『李鴻章年（日）譜—近代中国血涙史実紀要』（竇宗一、友聯書報発行公司、一九六八）四一頁。
(38) 『李鴻章全集』二九巻、一一一頁。
(39) 『李鴻章全集』二九巻、一一四頁。
(40) 「滬餉関税捐厘月約三十万、而供億洋兵及英、法教練之勇毎月輒十餘万、呉方伯月扣墊借旧欠又十万、司庫応放数万、下剰不及十万、養現兵及製造之費、故号称足餉而兵益飢困」『李鴻章全集』二九巻、一一五頁。
(41) 『李鴻章全集』二九巻、一二二頁。
(42) 『李鴻章全集』一巻、一七〇頁。
(43) 『李鴻章全集』二九巻、一八七頁。
(44) 『籌弁夷務始末』（同治朝）中華書局、二〇〇八、一二巻、五六四-五六六頁。
(45) 『李鴻章年（日）譜—近代中国血涙史実紀要』五一頁、なお『李鴻章全集』二九巻、二一二頁にも同じ書翰が収録されているが、双方は若干異なる。本稿では『李鴻章年（日）譜』を参照した。
(46)『李鴻章全集』二九巻、二六二頁。
(47)『李鴻章全集』二九巻、一八七頁。
(48)『李鴻章全集』二九巻、二二八頁。
(49)『李鴻章全集』二九巻、二二〇-二二一頁。
(50)『李鴻章全集』二九巻、三一三頁、この書翰は恭親王一八六四年六月二日（同治三年四月二八日）、上奏文の後ろに添付されたものであり、作成した具体的な日にちは不明である。
(51)蒋廷黻『中国近代史』商務印刷館、一九三九、五九頁。
(52)『李鴻章全集』二九巻、三一三頁。
(53)佐々木揚（二〇〇〇）『清末中国における日本観と西洋観』東京大学出版会、一五-一六頁。
(54)王如絵「論李鴻章対日認識的転変　一八七〇―一八八〇」『東岳論叢』一九九八年五期、九三頁、劉申寧「李鴻章的対日観与晩清海防戦略」『第三届近百年中日関係研討会論文集』（上冊）中央研究院近代史研究所編、一九九六、二頁。
(55)李はどのようなルートを通じて、日本に関する情報を入手したのか。日中両国は当時正式な国交はなかったが、いくつかのルートが考えられよう。まず、当時の上海には多数の西洋人が往来しており、宣教師も大活躍していた。これらの人が多数の情報をもってきたと考えられる。次に、上海のマスコミも一つのルートである。一八六一年一月一三日（咸豊一〇年一二月三日）、恭親王は上奏文で、各開港場にいる官員に外国の新聞紙から情報を収集させたことを報告している（『籌弁夷務始末』（咸豊朝）巻七一、二六八〇頁）。葉偉敏は論文「浅析一八七一年李鴻章、曾国藩対中日締約意見之異同」（『史学集刊』二〇〇七年五期）で指摘したとおり、『北華捷報』には日本についての報道があり（一八六三年四月二五日、五月九日、一六日）、上海にいた李はそれらを参考にしたとも考えられる。さらに、日本から千歳丸（一八六二年）、健順丸（一八六四年）が上海に派遣されており、李は直接に情報を得たに違いないだろう。
(56)『李鴻章全集』二九巻、二三〇頁。
(57)『李鴻章全集』二九巻、四二三-四二四頁。
(58)李啓彰（二〇一一）「近代中日関係的起点―一八七〇年中日締約交渉的検討」『中央研究院近代史研究所集刊』七二、中央研究院近代史研究所、六三頁。

(59) 中国歴史大辞典編纂委員会編『中国歴史大辞典』上巻、上海辞書出版社、二〇〇〇、三三〇頁。

(60) 天津教案については坂野正高『近代中国政治外交史』（東京大学出版会、一九七三）及び Mary Clabaugh Wright *The Last Stand of Chinese Conservatism-The Tung-Chih Restoration, 1862-1874* (Stanford University Press 1957) に詳細な記述がある。

(61)『李鴻章全集』三〇巻、七六頁。

(62)『李鴻章全集』三〇巻、七七頁。

(63)『李鴻章全集』三〇巻、八三頁。

(64)『李鴻章全集』三〇巻、九〇頁。

(65)『籌弁夷務始末』（同治朝）七三巻、二九六九頁。

(66)『李鴻章全集』三〇巻、九〇頁。

(67)『李鴻章全集』三〇巻、九九頁。

(68) 同右。

(69) この点は、趙軍（二〇〇一）「李鴻章と近代中国対日政策の決定―一八七〇年代を中心にして」（『千葉商大紀要』三八（四）、千葉商科大学国府台学会）がすでに指摘している。

第二章　「日清修好条規」の調印

はじめに

第一章で述べたとおり、李鴻章は天津教案を処理する際、日本を「外援」にし、日本と「連合」しようとする構想を抱くようになっていた。李がこのような認識を抱いた背景には、日本から派遣した柳原前光との通商条約の予備交渉があった。本章では、日本側の条約締結要求に対して、李鴻章がいかに行動したのかを検討する。

具体的には一八七〇年における柳原の予備交渉から一八七二年の条約改定までの過程を三段階（①柳原前光の予備交渉［一八七〇年］、②条約の締結［一八七一年］、③条約改定［一八七二年］）に分け、以下の問題を解明すると同時に、この時期における李鴻章の対日認識を考察する。

第一に、序章で述べたように、この時期における李鴻章の対日観をめぐっては、おもに二つの説（「聯日」、「防日」）が対立しており、いまだ決着がついていない。本章では、李鴻章がいかなる対日観を抱いて「日清修好条規」締結に臨んでいたのかについて再検討したい。

第二に、条約交渉の責任者として、李鴻章は交渉の各段階でどのような役割を果したのか。これまであまり注目されてこなかった史料をも参考にして、条約交渉の経緯をより詳細に再現させたい。

なお、先行研究ですでに説明されている条約締結の経緯については、本章では必要とする事例だけを提示するにとどめる。

一　柳原前光の予備交渉

一八七〇年九月一日（同治九年八月六日）、日本政府は外務権大丞柳原前光、同権少丞花房義質、同文書権正鄭永寧らを清国に派遣した。彼らは国交と通商の交渉、貿易状況の調査などを目的にし、長崎から出発、清国へ渡航した。柳原一行は清国で二ヵ月ほど滞在して条約の予備交渉を行った。その結果、清国から、もし日本が欽差大臣を派遣するならば条約締結に応じるとの約束を得、帰国の途についたのである。本節では、予備交渉における李鴻章の役割を検討する。

北京行きをめぐる論争

九月一二日（八月一七日）に柳原一行は陳福勳（江蘇後補同知）に導かれ、上海道台涂宗瀛の役所を訪問した。まず、柳原一行は来訪の目的について、「総理衙門に書翰を差し出す」（投遞総署書函）ことと「交渉すべきこと」（応議之事）と述べ、このために北京へ赴く予定があると涂宗瀛に申請した。涂は、天津教案がまだ収束していないため、わざわざ北京に行く必要はなく、何か用件があれば代わって伝えると、柳原の行動を止めようとした。しかし、柳原の決意は堅く、制止できなかった(1)。

柳原は重要な書翰を二通持参していた。長崎県知事から上海道台への書翰と日本外務卿輔から総理衙門大臣への照会状である。柳原派遣の目的について、前者には、「通信ノ事宜ヲ商議セシム」と述べ(2)、後者には、「予シメ通信ノ事宜ヲ商議シ、以テ他日我公使貴国ト和親ノ条約ヲ定ムルノ地ヲ為サシメントス」と記されている(3)。いずれも「通信」のためであり、条約締結の意図は鮮明に出されていなかった。この二通の書翰を読んだ上海通商大臣馬新貽は、柳原の目的を「通信のことについての予備交渉」（預商通信事宜(4)）と認め、その旨を李鴻章に報告し、李はさらに総理衙門に報告した。

九月二三日（八月二八日）に柳原一行は上海を出発し、九月二七日（九月三日）に天津に到着した。彼らは貿易会社ラッセル商会（旗昌洋行）の責任者である劉森の宅に泊まった。総理衙門は九月三〇日（九月六日）に三口通商大臣成林に書翰を出した。この書翰では、「今回日本側の目的はもっぱら通商にあるようで、条約に関しては、今回はただその意図を表明するだけである」（似乎此来意在専議通商、而於立約一層僅於此次陳述其意）と伝えた(6)。さらに、通商と締約とを二つに分けて以下のように指示した。

もし日本の使者が締約に言及するならば、日本に欽差大臣の派遣を要求するように。欽差大臣であれば中国の大臣と面会し協議することができる。ただ使節を派遣してきただけでは、条約の交渉に直ちに応じることはできない。これは従来からのやり方である。しかし、もし通商だけを議論するならば、そちら（三口通商大臣）がまずその交渉の担当者となり、一行に急いで査証を与えて上京させる必要はない。（若言及換約事宜、必需派有欽差方能与中国大臣面議、若僅止委官前来尚不能遽行議約、此係歴届弁法、如果専議通商、亦応先由尊処晤面商議、毋庸遽給護照進京(7)）

総理衙門の書翰には、以下のような二つの意味が含まれている。

第一に、締約を要求するならば、日本から欽差大臣を派遣しなければならない。

第二に、通商交渉だけならば、成林（三口通商大臣）がその交渉の担当者となり、柳原一行は上京しなくてよい。

総理衙門は一〇月一日（九月七日）、両江総督曾国藩、直隷総督李鴻章にそれぞれ書翰を出した。通商の交渉を天津で行うこと、および柳原一行の上京禁止を指示したことがその内容である。[10] 西洋諸国との交渉の前例（三口通商大臣と交渉させ、上京はさせない）を参照し、今回も「前例にしたがい」（査照旧案）[11]、柳原の上京要請を拒否したのである。

一〇月二日（九月八日）、柳原一行は天津にて李鴻章を訪問した。柳原前光の「使清日記」の記事には、「李鴻章は英邁で、決断に富んでいる。西洋人もその能力を賞賛している」（李英邁能断、西人亦称其能）と、李鴻章を評価しただけで、面談の詳細については記録していない。[12] 徐越庭（一九九四）は、「李鴻章にとって、柳原一行との会見は、これまでの対日認識を確めるチャンスでもあり、洋務運動の推進をアピールする材料でもあった」と述べている。[13] それでは、李はどのような対日認識を抱いていたのか。

この度の会見では、柳原らは、「礼儀正しく、言葉遣いも非常に丁寧である」（礼貌詞気均極恭謹）と、好印象を李鴻章に与えた。[14] 翌日の一〇月三日（九月九日）、李鴻章は総理衙門への書翰の中で、柳原の来着の目的について、次のように報告した。

日本はイギリス、フランス、アメリカなどの国に強要され、通商を余儀なくされている。日本の君民は欧米諸国の圧迫を受け、内心では不服であるが、力不足のため抵抗できない。我々は日本の要求に対し、許可できるところを認めるが、許可できないところは拒否する。とはいえ、日本は中国の一番の近隣であり、先に修好し、力を合わせて協力することが適当である。（英、法、美諸国強逼該国通商、伊国君民受其欺負、心懐不服而力難独抗、雖於可允者応之、其不可允者拒之。惟思該

国与中国最為隣近、宜先通好以冀同心協力[15]）

同じ書翰で、李は、日本の海関が西洋人を使わず、キリスト教を禁止していることを取り上げ、この二つの事を守れば、多くの後患を杜絶することができるとの認識を示した。さらに、日本側が欧米の兵器、兵船を購入し、西洋の銃砲を模造し、そのコストを惜しんでいないという実態も報告した。

李は、清国に近い一方で徐々に強くなっている日本に注目していた。さらに日本を「まさにわが国の外援にすべきであって、西洋国の外府にさせてはいけない」（正可聯為外援、勿使西人倚為外府）という「聯日」らしい策を提言した[16]。さらに、「もし、将来通商の許可を皇帝から頂戴できれば、先方へ官員を派遣し、駐箚させて、日本に滞在する我が国の商民を監督し、連絡と牽制に備えるべきである」（将来若蒙奏準通商、応派官前往駐箚、管束我国商民、以備連絡牽制）と、日本とは「連絡」、「牽制」という関係を作ろうと呼びかけた[17]。さらに、もし将来条約を締結するならば、その条約は英、仏、露の前例を真似せず、改めて議定しなければならないと主張した。

この時期の李鴻章は日本との通商と条約締結に賛成する態度を表したのである。注目すべきなのは、李は日本の情況を分析する際、意識的に日本と西洋列強とを区別し、さらに、日本を西洋諸国の仲間に入らせないように主張していたことである。この認識は、彼が天津教案の処理に取り組み、西洋諸国の連合を自ら経験したことと深い関連があると第一章で考察した。

李鴻章の提案に対し、総理衙門は一〇月四日（九月一〇日）に、「深慮遠謀の卓見であり、周到に考察されている」（深謀卓識、藎慮周詳）と高く評価した[18]。しかし、総理衙門は明確な指示を与えず、李に曾国藩、成林と適宜に対処してほしいと返答した。

表 2 総理衙門の意見変化

日付	通商について	条約について
9 月 30 日	同意	不能遽行議約（不同意）
10 月 13 日	先例に従う（同意）	大信不約（不同意）
10 月 16 日	同意	原本条款給還（不同意）
10 月 19 日	同意	非必終於拒絶（条件付き同意）

柳原一行の上京を阻止するため、一〇月五日（九月一一日）、成林は総理衙門からの指示を柳原たちに見せた。そのなかには、「あらかじめ交渉すべきことのすべてを柳原と早速議論し、柳原らを早く帰国させるように」（所有預前応議各事宜、即与閣下速為商定妥慎、以便柳原等及早揚帆南下）という内容があった。[19]その「応議各事宜」に対し、柳原は報告書で「条約談判相遂け」と日本政府に報告した。[20]清国政府は柳原の任務を通商予備交渉だと認識しており、柳原来航の目的に「条約締結」が含まれていたかどうか、柳原と清国側との間に、認識上の相違が生じていた。[21]結局、三口通商大臣成林らが説得した結果、柳原はとうとう上京を断念した。[22]

一〇月一〇日（九月一六日）、柳原は自ら起草した一六条からなる条約草案（以下柳原草案と称する）を成林に差し出した。[23]柳原草案が総理衙門に届いたのは一〇月一四日（九月二〇日）である。

柳原草案が届く前、総理衙門は一〇月一三日（九月一九日）、以下のように成林に指示していた。[24]まず、通商に関しては、「中国と貴国（日本）は長い間、睦まじい関係を保って往来し、交流はすでに一日のことではない。貴国（日本）は中国の近隣であり、両国は必ずますます親睦を深めるべきである。貴国（日本）はすでに再々上海に通商を要求しにきており、今後も前例に照らして処理すべきである」（中国与貴国久通和好交際往来、已非一日、縁貴国係隣近之邦、自必愈加親厚、貴国既常来上海通商、嗣後仍即照前弁理）と述べた。一方、「締約」に関しては、「互いに信がある以上、条約を結ぶ必要はない。いわゆる『大信は約せず』である」（彼此相信、似不必更立条約、古所謂大信不約）と「締約」に対し否定的な指示をした。この指示は一〇月一五日（九月二一日)、柳原のところに届いた。

日付から明らかのように、柳原草案が総理衙門に届く前に、総理衙門はすでに日本の通商要求に同意していた。しかし、条約締約に関しては「大信不約」と拒否し続けた。

一方、柳原草案を見た総理衙門は、一〇月一六日(九月二二日)に次のように成林に指示を下した。「婉曲な言葉で阻止するように。送ってきた条約原本は返還する」(婉言阻止、並将送来原本条款給還)と、条約草案を受け入れようとはしなかった[25]。しかし、「もし、その委員(柳原)が締約に固執するならば、貴方(成林)より照会文を出し、日本から欽差大臣を天津に派遣してくるならば、また締約を協議するとの旨を伝えてほしい」(如該委員等過於堅執、即由尊処函知該委員等、須俟伊国派有欽差到津、再行公同妥議)と、締約するには日本が欽差大臣を派遣する必要があると述べた[26]。しかし、通商に対しては「拒絶をしない」(並非拒絶)と、相変わらず「賛成」の意見を持ち続けていた[27]。

総理衙門の方針転換

一〇月一三日の書翰で「大信不約」と述べていた総理衙門は、一〇月一九日(九月二五日)の三口通商大臣成林への書翰では、その方針を転換した。「本署は、もし速やかに条約締結を認めるならば、日本側は要求が簡単に通ると考え、もっと多くの要求を出してくるかもしれない。ただし、我々は必ずしも拒絶するわけではない」(本処惟以即允立約、未免使該国視此事過易、啓其要求之端、非必終於拒絶也)とその理由を述べている[28]。つまり、総理衙門は拒絶するのが本心ではないと主張している。これは、日本から多くの要求をされないために故意に拒絶する態度をとる、という策略である。徐々に態度を和らげてきた総理衙門の反応は、表2のようにまとめることができよう。

それでは、なぜ総理衙門は条約締結に関する方針を「大信不約」から「非必終於拒絶」に変換したのか。先行研究では、清国側が日本側の条約締結要求に応じた理由に関し、主に二つの対立した考えが存在している。一つは、李鴻章が条約締結に積極的であったとの田保橋潔（一九三三）[29]、藤村道生（一九六七）[30]、王璽（一九八一）[31]、曲暁璠（一九九一）[32]、雷頤（二〇〇八）[33]、閻立（二〇〇九）[34]などの研究がある。それに対し、李啓彰（二〇一一）は、次のように主張する。交渉の全過程を見てみれば、柳原草案の提出が根本的な要因であった。さらに、締約交渉における総理衙門の関係書類には、李鴻章から総理衙門へ提出した書翰は二通しか存在が確認できておらず、書信の往来は頻繁とは言えない。ゆえに、先行研究は李の政策影響力を過大に評価したのであると、柳原前光の草案提出が根本的な原因であると指摘している[35]。

具体的に李啓彰は、その理由を以下の三点にまとめている。

① 総理衙門は柳原使節の目的をはっきり理解しないまま、「大信不約」という指示を下したが、柳原草案の提出により、締約の真意を知らされた。

② 総理衙門は柳原草案を見て、柳原の真意を了解した上、一〇月一六日の書翰では締約の可能性を示唆した。

③ 総理衙門はすでに「大信不約」との照覆文を出したので、それを自ら覆すことは体面にかかわることだと考えた。しかし、日本との交渉決裂を心配し、ついに「非必終於拒絶」という百八十度の方針転換を行った。

以下、李啓彰の主張を検討する。

理由①に対して、たしかに柳原草案の提出により、総理衙門はその締約の意図をはっきり理解した。その意図は総理衙門の判断に多少は影響を与えたと考えられるが、総理衙門の方針転換を左右することはできないと考えられる。例えば、一〇月一六日（九月二二日）総理衙門は柳原草案を披見したにも拘らず、成林への書翰では締約要求を拒否しようとする方針を変えていなかった。

理由②に対して、一〇月一六日の書翰では締約の可能性を示唆したと李啓彰は指摘しているが、実際には、一〇月一六日の指示は九月三〇日（注(7)史料）の指示と同じである。両方とも通商に関しては賛成で、締約に関しては反対を主張している。また、「日本が欽差大臣を派遣してきたならば、交渉する」という態度が、九月三〇日の成林への書翰ではすでに表明されている。つまり、柳原草案を披見する前に総理衙門はすでに同じ指示をしているのであり、総理衙門は柳原草案の提出により方針を変えたとは言えないだろう。

理由③に対して、総理衙門が憂慮していた点は、日本との交渉決裂よりも西洋諸国にあったと考えられよう。例えば、一〇月二五日（一〇月一日）に総理衙門は成林に、「無理に拒絶する必要はない。日本が中国を捨てて他国へ奔ることを恐れる故である」（不必過於拒絶、恐其舎而之他）と指示をした(36)。この指示から、総理衙門は日本との関係を処理する際、西洋諸国をも考慮に入れていたことが判明する。

以上からあきらかなように、李啓彰（二〇一一）は柳原草案の役割を過大視したと言えよう。換言すれば、柳原草案の提出により、総理衙門はその締約の真意をよく理解したと言えるが、草案の提出だけでは総理衙門の方針を左右することはできなかったと思われる。

李鴻章の役割

まず、李鴻章から総理衙門へ宛てた書翰を考察したい。一〇月一四日（九月二〇日）、李鴻章は総理衙門に以下のような書翰を差し出した。

日本の委員が送ってきた条約草案を見てみると、その意図は甚だ堅く、望んでいるものも甚だ大きなものである。すでに成林とひそかに協議したが、穏和な言辞により日本側を誘導することにしたい。すなわち、これからなにか述べたいことがあれば、自ら使節を派遣し、ほかの国に条約の締結を代行させないようにすることである。西洋人が日本に恩を売り結託する端緒を杜絶できるので、早く対処しなければならない。（査該国委員呈送条約底本、蓄志甚堅、所欲甚大。已密商竹坪、請其婉言開導、以後如有所陳、仍自通使、勿求他国代求立約、庶不致啓西人市恩植党之端、想蓋慮必早籌及耳[37]）

李は日本側が西洋諸国に清との交渉を仲介させることを通して、西洋陣営に入ることを恐れていた。また、一〇月一六日成林は総理衙門に書翰を提出し、その中に李鴻章の「大信不約」に対する意見を同封した。以下は、その同封された李の意見である。

この度、日本は使節を遣わし条約の協議をしにきているが、中国が許可するかどうかによって、西洋との関係を定めるだろう。もし日本の要求を拒否したならば、日本は重ねてイギリス、フランスを介入させ、両国は日本を助けて無理難題を言いだすであろう。その時になって我々が許可する場合、日本に弱みを見せることになる。逆に拒否する場合、今度は西洋との争いが必ず起こるに違いない。（此番日本遣使来商、未始不視中国之允否以定西洋之向背、設因拒絶所請致該国另託英、法為介紹、英、法更助該国以譸張、彼時允之則示弱於東藩、不允必肇衅於西族[38]）

李は日本の締約要求を単なる日清両国間の問題だけと見なさず、さらに、それを「日本対西洋」、「清国対西洋」にまで範囲を広げて分析している。日本を英、仏などの西洋諸国の陣営に入らせないため、なによりその要求——条約締結——を認めたほうがよいと主張している。同じ書翰で李は、「中国は条約締結の許可を下し、羈縻の意を示す」（由我準其立約、以示羈縻）と李は提言した。これには、当時の情勢からみれば、天津教案が起こり、各国の兵船がまだ天津に停泊していたことに注意する必要があろう[39]。

総理衙門は一〇月一八日（九月二四日）、同治帝に日本との通商交渉の進捗状況に関し、上奏文を差し出した。この上奏文では日本側が同治元年から通商を要求しに来たことを回顧し（具体的には千歳丸の来航、健順丸の来航、長崎奉行の通商要求を例挙した）、さらに今年（同治九年）柳原前光が通商と条約を求めにきたことを報告した。総理衙門は、まず李の「（日本を）連ねて中国の外援にさせ、西洋の外府にさせない」（正可聯為外援、勿使西人倚為外府）[40]という提言を引用し、「通商を許可するのは懐柔の意を表し、条約を認めないのは強迫されないためである」（準其通商以示懐柔之意、不允立約可無要挟之端）と表明した。[41] さらに二つの方案を提言した。今までのとおり、日本側の条約締結の要求を拒否する。もしどうしても拒否できなければ、次善の策として、その条約草案をひとまず総理衙門が預かり、日本側から欽差大臣が派遣されるまで待とうという提案であった。[42]

つぎに、成林の書翰を検討する。一〇月二九日（一〇月六日）に成林は総理衙門へ書翰を差し出し、日本使節に対応する際の李鴻章の役割に言及した。「何度も柳原と議論した際、すべて李鴻章をもって転換の契機とした」（屢次与柳使弁論、均以李協揆為波折）[43]。つまり、成林は柳原と交渉した際、李鴻章をその後ろ盾にしたのである。

さらに、総理衙門の書翰を分析したい。総理衙門は同治帝への上奏文の中で、柳原予備交渉に言及した。総理衙門は、「臣らは通商だけを認め、条約締結を拒否することを考えていた。しかし、その使節は再三にわたり、かたく条約を要求した。臣らは李鴻章と繰り返し相談した結果、阻止することができないと感じた」（臣等酌擬、但許通商不允立約、嗣以該使臣再三堅請、臣等与李鴻章往返籌商、実有碍難阻止之勢）と述べた。[44] 日本側の要求を認めたのは、総理衙門が李鴻章と度重なる協議をした結果であったことが分かる。

以上の書翰や報告書を検討すると、条約予備交渉における李鴻章の役割が大きかったことを改めて見出すことができる。李が北洋大臣を兼任したのは一八七〇年一一月一二日（同治九年一〇月二〇日）からであり、[45] ちょうど柳原一行が帰国の途に着いた日であった[46]。柳原一行が清国滞在中、その交渉に当たったのは三口通商大臣成林であった。確かに李啓彰（二〇一二）が指摘しているとおり、「総理各国事務衙門清檔」の中にある総理衙門に宛てた李鴻章の書翰は二通しか確認できない。しかし、成林や総理衙門の関連書翰を精読すれば、李鴻章の意見が参考にされており、政策決定にまで大きな影響を与えていたことが明らかである。総理衙門の方針転換については、柳原草案の提出は一つの要素であるが、李鴻章からの影響も等閑視することはできないだろう。

以上、清国側の条約締結までの経緯を分析した。本節における考察は以下のようにまとめられる。

第一に、総理衙門は柳原来航の目的を「通商」、「締約」と分けて考えていた。通商に対しては、最初から賛成の意見を示していた。

第二に、柳原草案の提出は総理衙門の方針転換に対し、間接的な一因であろう。しかし、方針転換の根本的な原因は総理衙門が日本の背後に存在する西洋諸国に配慮したことである。換言すれば、日本を西洋列強の陣営に入らせないという思惑である。このような考えを示唆したのは李鴻章に違いないだろう。

第三に、柳原一行が清国に滞在した際、李は直隷総督の職につき、天津教案の収束に忙殺されていた。柳原一行の滞在中、直接その対応に当たったのは李ではなく、三口通商大臣成林であった。にもかかわらず、李は随時に自分の意見を成林や総理衙門に伝えて、総理衙門の政策転換に影響を与えたのである。

かくして柳原一行は、日本の幕末から求め続けた通商・締約の宿願にめどをつけ、帰国の途に着いたのである。

第一章ですでに述べたとおり、李は天津教案を処理した経験から、日本を「外援」にさせ、日本と「連絡」しようと考え、特に日本を西洋陣営に走らせてはならないと主張していた。李はこのような考えを持ち、柳原が通商・締約を要求した際、賛成の意見を示したのである。その後、李は清国側の責任者として、条約作成及び正式交渉を直接担当することになる。その際、どのように彼が行動したのかを次に見てみたい。

二　正式交渉における清国側の人員構成

清国内部には日本との条約締結に対し、強硬な反対論者が存在していた。満族の有力者である安徽巡撫英翰は、その代表的人物である。英は、「後患を残す恐れがあり、切に杜絶を願う」（恐貽後患、殷殷以杜絶為請）という反対意見を述べていた[47]。それに対し、総理衙門は各官員に意見を求めた。

李鴻章は一八七一年一月一八日（同治九年一一月二八日）付で総理衙門に対して次のように述べていた。まず、李は明の時代に発生した倭寇の乱、順治、嘉慶、道光年間の頻繁な互市を取り上げた。太平天国の乱により、江蘇、浙江での互市は一時的に停止した。しかし、閩、浙、蘇の民間商人は依然として長崎と清国との間で頻繁に活躍している。とくに、庚申（一八六〇年）、辛酉（一八六一年）以降、清国は西洋列強に侵略されたが、日本はこの機会に便乗し、条約締結の要求をしなかった。つまり、日本はすでに「安心して教化に向か」（安心向化）っているのである[48]。李は当時の日本国内の政局を考慮せず、「安心向化」の一言で日本の動きを説明した。このことは彼の当時の対日観の限界といえよう。

つぎに、目下、泰西各国は中国と条約を締結している。日本がそれをみて、同様に要求してくるのは時間の問題である。「日本は中国の属国ではなく、朝鮮、琉球、越南のような臣服する国々とは同じではない。したがって、日本の通交の要求を厳しく拒絶するならば、日本は必ず西欧各国を介して、その要求を貫徹しようとするだろう。その時になって、締約を認めるようであれば、日本は永久に西欧各国の党与となってしまい、我々にとっては、更なる失策である」（該国向非中土属国、不奉正朔、本与朝鮮、琉球、越南臣服者不同、若拒之太甚、必至如来示所云、介紹泰西各国。彼時再準立約、在我更為失計）と、李は意見を表した[49]。李は日本と条約を締結する際も、西洋諸国の影響に配慮しながら対策を立てようとしたのである。

さらに、李は日本が西洋の仲間になるかどうかは、条約の締結と関係はないと主張している。最も大切なのは条約を締結した後、中国から使節を日本の首都或いは長崎に派遣することである。彼は、「一旦、西洋の国々が異変を起こした際、西洋諸国と結託させないようにできる、また東方（日本）と連合する形勢に持ち込むこともできる」（一旦西国有変、不致為彼族勾結、且可備聯東方形勢）と述べる[50]。日本へ使節を派遣することにより、日本、西洋諸国の行動を監視することができ、日本との連絡も取れるという「一石二鳥」の効果があると指摘している。その上、李はすでに日本の条約締結の要求を認めた以上、これを変えることはできないと英翰の論点を批判していた。

以上、条約を締結する利点を羅列した上、使節派遣の必要性を説いた。

曾国藩も一八七一年三月一〇日（同治一〇年一月二〇日）に総理衙門に自分の意見を提出した[51]。結局、一八七一年七月九日（同治一〇年五月二二日）、同治帝から「欽差大臣協弁大学士、直隷総督李鴻章は全権大臣として日本国との通商条約を処理せよ。江蘇按察使応宝時、直隷津海関道陳欽は随行して、補佐せよ」（欽差大臣協弁大学士直隷総督李鴻章、著作為全権大臣、弁理日本国通商条約事務。江蘇按察使応宝時、署直隷津海関道陳欽、均著随同幇弁）との勅令が下された[52]。

右の勅令には、応宝時と陳欽の名が挙げられているが、次にこの二人を簡単に紹介しておきたい。

陳欽について

まず、陳欽の略歴は以下のとおりである。

字は子敬、済南歴城出身。長年にわたり総理衙門章京（書記官）を担当した。清代の基本文献である『清史稿』では、陳は名前が登場するだけにすぎない[53]。陳欽の来歴は彼の墓誌銘に詳しく記されている[54]。

それによると、陳は総理衙門の章京を経て、一八七〇年に天津教案を処理するため、天津に派遣され、西洋列強と交渉を行った。特に、天津県令の処罰をめぐり、列強と激しい論争をした。陳は、「請うて許可を得て、二人の下僕だけを連れて単独で乗り込み、（英仏の代表者に）説諭した」（君請以独騎、従二僕、往諭之）とあり、その結果、「公使たちは脱帽して謝罪し、議論がとうとうおさまった」（皆免冠謝、而議遂定）という。曾国藩は陳を「行いが正しい上に迂闊ではなく、節操がある上に優れた才能がある。道理と時勢の両方に通じており、体と用（朱子学でいう善の本体とその応用）の両者をも兼ね備えた人物である」（正而不迂、介而有為、理勢并審、体用兼全）と高く評価し、さらに彼を天津道の職に推薦したが、陳はそれを辞退した[55]。その後、李鴻章は天津海関道の設立を呼びかけ、陳をその職に推薦した。天津海関道に着任した陳は、西洋諸国との交渉往来を頻繁に行った。陳は、「筋の通った議論をもって西洋人を納得させ」（而力持正議以折之）、西洋人は、「悉くその主張に従った」（悉就約束）。一八七一年、日本使節伊達宗城が天津に到着し、西洋諸国と同様の条約を要求したが、「陳欽が再三にわたり日本使節を責め、日本使節は再び議論をしようとしなかった」（詰責再三、乃不復争）という。

応宝時について

応宝時（一八二一―一八九〇年）字は敏斎、浙江永康出身。太平天国軍が上海を攻撃した際、「会防局」の設立に尽力し、外国の軍事力（常勝軍）を利用する外交交渉にあたった。李は一八六三年に上奏文を差し出し、応を上海道台と共に洋務を担当させた[56]。李は応のことを、「内実について熟知しており、過激でもなく、無精でもない。臣（李鴻章）は上海で外国人と交渉した際、この人（応宝時）に傍らで調停させた。彼は見事に任務を全うした」（熟悉情偽、不激不随。臣在滬時与外国人交接、毎令該員従旁調停、悉臻妥洽）と高く評価している[57]。

第一章で述べたとおり、一八六四年に李鴻章が江蘇巡撫を担当した際、応は上海道台の職についた。この年に日本船健順丸が上海に到着し、その対応に当たったのが応宝時であった。また、一八六八年、長崎奉行から通商を求める書翰が上海に届いた。それに対し、応宝時は日本と「箝制章程」を結ぶべきであると主張した。なお、条約締結の一八七一年、応宝時は江蘇按察使という職についた。

李鴻章の考え

李は条約交渉のため、応宝時の起用を要求した。李の真意はどこにあったのか。

谷渕茂樹（二〇〇一）は、李が応の起用を要求したことについて、上海の官員が日本の事情に精通していた点、さらに陳欽と総理衙門との関係を取り上げ、「陳欽の能力に対する不信、ひいては彼を選任した総理衙門の対日交渉能力に対する不信があった」点を指摘している。[58]一方、李啓彰（二〇〇八）は、「上海当局の協力が不可欠なことは十分に納得できるが、陳欽に対する不信感についてはやや疑問に感じられる。確かに李は陳欽の才能や性格などに対して必ずしも満足してはいないが、陳を天津海関道に推薦し、総理衙門への返信を陳が代筆していることなどから考えれば、李鴻章の陳欽への信頼は厚いというべきであろう。よって総理衙門の絡んだ要因についての説明は適切ではない」と谷渕説に反対している。[59]

以下、李鴻章から曾国藩へ宛てた書翰からその答えを探そう。

李鴻章は一八七一年一月二二日（同治九年一二月二日）に両江総督曾国藩に以下のような書翰を差し出し、日本との外交交渉の人選について論じた。

敏斎は上海にいて、久しくかの国の情勢を知っており、もし条約締結のために派遣できれば、交渉に役に立つ。子敬は弁舌にたけるが、才略はやや足りない。（中略）日本は江蘇、浙江と近く利害関係が深い。故に我が師に（日本交渉の）担当をお願いするのは、決して私が責任逃れをしようというつもりなのではない。（敏斎在滬、久悉該国情形、若能派令議約、可資商榷。子敬歯牙有勁、才略較短。（中略）東洋為蘇浙切近利害、故請吾師主持、非敢推諉也）[60]

この書翰での「敏斎」は応宝時であり、「子敬」は陳欽のことである。李の考えによれば、陳は雄弁であるが、才略はやや足りない。故に李は、応が陳より交渉役に適任であると考えた。

李は曾国藩に応宝時の派遣を要請しただけではなく、最高政治機関の軍機処にも書翰を差し出し、応を推薦した。具体的には四月一七日（二月二八日）に軍機処から同治帝への上奏文において、李の要請を確認することができる。李は、「江蘇布政使・按察使応宝時は上海で洋務に携わって、すでに一〇余年も経っている。応は情勢をよく知り、大体に通じており、この任に適切である」（署江蘇布政使按察使応宝時弁理上海洋務一〇余年、熟悉情形、明達大体、堪以委任）と推薦した[61]。

李は曾国藩、軍機処に応を推薦したほか、直接に応に書翰を差し出した。一八七一年三月八日（同治一〇年一月一八日）、次のように述べた。

日本とイギリス公使との関係が非常に親密であることはご高察のとおりで、まことにそのからくりを見破っておられる。日本の条約草案を見れば、何事も西洋諸国のまねをしており、最恵国待遇の先例を口実に、将来あれこれと言い立ててくるだろう。ここ（天津）には子敬（陳欽）のほかに洋務に熟知している人材はいない。これではうまく対処できないものと恐れる。（承示日本与英国国使踪跡頗密、洵已窺破機関。観其立議、事事欲与各国比照、必挾一体均霑之例、将来殊費唇舌。此間除子敬観察外、別無熟習洋務之才。窃恐勾当不了耳[62]）

李は条約締結における人材不足問題を取り上げ、応からの援助を求めようとした。

以上、李鴻章が陳欽のほかに応宝時を条約交渉のメンバーに入れた理由は、以下のようにまとめることができよう。

第一に、陳欽の外交経験の欠如。陳欽は総理衙門で職を担当したことがあるが、日本との交渉経験に関しては、一八七一年に三口通商大臣成林のもとで柳原前光との応対に当たっただけである。陳が外交問題を処理するには、弁才はあるけれども、柔軟性が足りない。

第二に、応宝時の豊かな外交経験。応は上海で十余年も洋務に携わっており、外交経験が豊富である。

第三に、上海の地理的な重要性。当時の上海には日本人が百人以上もいた。李は、もし日中両国が通商した場合、

「上海が通商の中心となる」（尤以上海為総匯）と推測し[63]、上海の実情に詳しい大臣を派遣し、通商内容を議定したほうがよいと考えた。

第四に、応宝時の対日観。第一章で述べたとおり、一八六八年に応宝時は、「日本商人の権限を制約する章程を結ぶべきである」（另与議立箝制章程）と主張した[64]。李は日本を「牽制」しようとする対日観ももっていて、応とは考えが近かった。

以上の四点の理由により、李は上海で長年洋務に携わった応宝時を最適な人選と考え、曾国藩や総理衙門に随員として要請したと考えられよう。

三　清国側における条目の下準備

李鴻章を責任者とし、清国側は積極的に条約の作成に取り組んだ。条約締結までの経緯は、図3（10頁）のように表すことができよう。

先行研究では各段階における交渉をほぼ解明しているが、いずれの研究でも李鴻章案（二〇条）を見落としていると李啓彰（二〇〇八）は指摘している。しかし、その李啓彰（二〇〇八）も陳欽が作った一八条の「備稿」を見落としている。筆者は『晩清洋務運動事類匯鈔』（上　四五〇-四五四頁）の中にある「備稿」は陳欽の草案であると考える。以下、これまで先行研究が言及していなかった史料を紹介しながら、各草案の特徴をみてみたい。

日本との条約締結を認めた総理衙門は李鴻章に、「日本から派遣された使節が到着してから条文を検討するならば、慌しく処理して対応を誤る恐れがある。むしろ日本の使節がまだ来ていないうちに、余裕をもって協議し商談するほうがよい」（若倭派員到時始行覈議、倉猝之間恐多貽誤、不如乗其未来之先、従容商酌）と、条約案を検討すると提案した。[65] 李はまず津海関道の陳欽に草案を検討させた。

陳欽案──「備稿（原擬）」（一八条）

陳欽案の原文について、李啓彰（二〇〇八）は、「総理各国事務衙門・日本差官来華立約通商事」（中央研究院近代史研究所所蔵）にある「会商条規備稿」をベースにしてまとめた、と指摘している。[66] それに対し、筆者は『晩清洋務運動事類匯鈔』にある「備稿（原擬）」は陳欽案ではないかと考える。

その根拠として、李鴻章は一八七一年四月一四日（同治一〇年二月二五日）、同治帝への上奏文で、「曾国藩・応宝時・涂宗瀛案」に言及した際、「大体は日本側の原案と陳欽が議定した『備稿』にもとづいて作成した」（大致按照日本原約及陳欽所擬備稿）と指摘しており、[67]『晩清洋務運動事類匯鈔』にある「備稿（原擬）」は陳欽案である可能性が高いと推測される。「会商条規備稿」は李鴻章が陳欽の議定した「備稿」に自分の意見を加えた後、作成したものである。むろん、李は陳欽の「備稿」をほぼそのまま採用したのである。

さて、陳欽案（「備稿」）と柳原草案を比べれば、主に以下のような特徴のあることが分かる。

第一に、清国に対する不利な条文を削除する。例えば「天皇」という呼称に対し、陳は日本の「天皇」という表記が「非常に目障りになる」（殊覚碍目）と指摘していた。[68] ゆえに、「皇帝」「天皇」という表記を使わず、「大清国」

「大日本国」に改めた[69]。

第二に、西洋諸国の前例と異なることを強調する。とりわけ、「条規」という名称を創出していた。陳は、「条約」という名称を使わず、泰西各国と異なることを示す。よって、最恵国待遇の条目をも削除することができる」（不露条約字様、以示与泰西各国不同、庶一体均霑各条可趁勢刪除）と明言した[70]。さらに、柳原草案の条文に出てきた「泰西各国」という文字を全部削除し、泰西各国との条約文で使用されている「領事」という言葉を「理事」に改称した。

第三に、朝鮮の存在に配慮する。明の時代に発生した倭寇の乱に鑑み、日本による朝鮮侵略を防止するため、第二条の「両国ニ属シタル邦土モ、各礼ヲ以テ相待チ、聊侵越スル事ナク、永久安全ヲ得セシムベシ」（両国所属邦土、嗣後均宜篤念前好、以礼相待、不可稍有侵越、俾獲安全）という案文を作成した[71]。

以上、陳欽は日清両国の関係を対等にするため、「備稿（原擬）」を作成した。陳が目指しているのは、泰西各国とは異なる斬新な日清関係であったといえる。

毛利敏彦（一九九四）は、「李は『条約』と『条規』とを意識的に使い分けている。日本とは特別な関係があるから（最近隣、同文）、西洋諸国との条約（成案）とは違う『条規』を結ぶべきだと論じた。つまり、対欧米外交と対日外交を自覚的に区別したわけである。不平等な条約関係とは別個な対等平等な条規関係を目指し、さらに西洋列強に対抗する『外援』をも期待したに違いない」と述べている[72]。実際には条規締結の経緯を追跡すれば、「条規」及び「修好条規」を最初に作成したのは李鴻章ではなく、陳欽であった。決定権を握るのは李鴻章であることは言うまでもないが、陳欽の役割を見落としてはならない。

李鴻章・陳欽案――「会商条規備稿」（一八条）

李鴻章は一八七一年二月七日（同治九年一二月一八日）、総理衙門へ宛てた書翰に「会商条規備稿」を同封した。「会商条規備稿」は「備稿」と比べて、大きく改定された部分は一点のみである。第五条の「中国理事官与日本四品官員平行」を「中国理事官与日本正従三四位官員平行」と改めた点である。その理由について、李は「もっぱら四品の官員だけに指定して、我が方の地位を下げてはならない」（毋庸専指四品官員以自貶）と改定理由を説明している。[73]

総理衙門はこの草案を高く評価した上、李に曾国藩の意見を求めるよう指令した。[74]

曾国藩・応宝時・涂宗瀛案（二四条）

総理衙門の指示を受けた李は、早速「会商条規備稿」を曾国藩に送り、曾の意見を聞いた。曾国藩は日本と結ぶ条約は泰西の前例を模倣してもよいが、条約には、「泰西各国の前例を参照し、処置する」（比照泰西各国総例弁理）ことや、「最恵国待遇」（一体均霑）などの条目を明記してはならないと指摘した。[75] さらに、曾は第八条と第一五条の問題点をそれぞれ指摘した。[76]

その上、曾国藩は応宝時と涂宗瀛（上海道台）に草案を検討させた。応宝時と涂宗瀛は曾国藩の提言を参考にし、「会商条約備稿」の各条文に付箋をつけ、新たに一一条を付け加えた。

それでは、曾国藩・応宝時・涂宗瀛案（以下曾・応・涂案と略記する）の特徴を見てみよう。

第一に、通商章程の提言。応は、「通商税則は必ず改めて締結する。条規で言及していない内容も改めて制定し、後日に論争となることを防ぐ」（通商税則必須另訂、其条規未尽事宜亦須另立章程、庶免日後弁論）と提言した。[77] この章程の具体案を確認することはできないが、一八六八年に応が提言した「箝制章程」の延長線上にあるものと考えられよう。

第二に、第二条を第一条に編入する。応宝時・涂宗瀛の考えでは、「第二条はもともと朝鮮のために設けた条文であり、それには奥深い意図がある。しかし、わざわざ一条を設ければ、日本に疑われる恐れがある」（第二条原為高麗而設、用意深遠、然恐専立一条、彼必生疑[78]）。それについて、谷渕茂樹（二〇〇一）は、「応が日本との友好関係を重視し、不用意に刺激を与えないよう領土問題については可能な限り間接的に対応しようとした」と指摘している。[79]

第三に、開港数の削減。応らは費用の問題を考慮した結果、「会商条規備稿」での清国側一五港、日本側八港を双方とも五港に限定すると主張した。

第四に、土地の賃貸、武器の使用、人身売買、誘拐など、細部にわたって条文に添加した。

李鴻章は曾国藩への書翰では、「応敏斎等が条規原案を反駁し、起草した日本通商条規及び税則章程は、陳子敬の原案と比べて、よりいっそう詳細かつ周到である」（応敏斎等駁擬日本通商条規、并另訂税則章程、較陳子敬原議更加詳備[80]）と高く評価した。さらに、応宝時を江蘇から天津へ転任させるように述べた。

李鴻章案――「擬訂日本議約条規」（二〇条）

陳欽は総理衙門へ宛てた書翰において、「伯相（李鴻章）が二〇款に整理統合した」（伯相裁併為二十款）という条規作成の経緯を述べている[81]。しかし、李鴻章案の詳細は資料がなく、不明であった。李啓彰（二〇〇八）は、『晩清洋務運動事類匯鈔』（上　四五四-四五九頁）にある「擬訂日本議約条規」は李鴻章案であると指摘している。

この案は曾・応・涂案と比較すれば明らかなように、主に曾・応・涂案を基準にし、適宜に条目の順序を変え、条文を添削したに過ぎず、大きな方針転換は見当たらない。その理由として、李啓彰（二〇〇八）は、応宝時らの修正案を、李が高く評価したことにより、応らの意見が全面的に採用されたためである、と指摘している[82]。

李鴻章・陳欽・応宝時案（二〇条）

日本使節の到来が近づき、清国側は最終的に条規草案を検討した。今回の検討に参加したのは李鴻章、陳欽、応宝時であった。

朝廷に命じられた応宝時は、一八七一年六月二八日（同治一〇年五月一一日）に上海を出発し、七月一日（五月一四日）に天津に到着した。応は李鴻章、陳欽とともに草案の最終検討を行った。その草案は日本使節が到着する前にほぼ内容全体が決まったようである。しかし、草案の原文は確認することができず、二〇条からなることだけが分かっている。この草案は清国側の提出した最終案ではなかった。実際には日本使節と一回目の面会を終えたあと、陳欽が条規にさらに手を加えたのである。

四　清国側の最終案と李鴻章

一八七一年六月一四日（明治四年四月二七日）太政官は大蔵卿伊達宗城に、「欽差全権大臣トシ条約取結ノタメ清国へ被差遣」という辞令を下した[83]。外務大丞柳原前光、同権大丞津田真道を同行者に任命した。七月五日（五月一八日）伊達一行は横浜を出発し、七月二三日（六月六日）天津に到着した。日本側は清国へ行く前に新たに条約草案（津田真道草案）を用意した。この草案は一八四〇年代以降「列強が中国から奪取した特権の集大成」である「清独条約」を真似た、片務的なものであった[84]。かくして、清国側と日本側がそれぞれ条約案を作成し、議論に入ったのである。

七月二六日（六月九日）午前一〇時、伊達一行は李鴻章を訪問した。日本使節の態度を窺った陳欽は李の許可を経て、清国側の作成した草案を最終的に検討した。これが清国側の最終案である。

清国側の最終案――「修好条規」（一八条）

清国側の最終案と李鴻章案を比較対照すれば、ほぼ李鴻章案に基づき作成したことが分かる。具体的には次の通りである。第一条（第一条）〔上は最終案、下の（　）内は李鴻章案、以下同〕、第二条（なし）、第三条（第一二条）、第四条（第二条）、第五条（第五条）、第六条（第二〇条）、第七条（なし）、第八条（第四条）、第九条（第八条）、第一〇条（第七条）、第一一条（第一一条）、第一二条（第一〇条）、第一三条（第九条）。また、最終案では反映されていなかった李鴻章案の箇条を通商章程に移動した。具体的には、第三条（第一款）〔上は李鴻章案、下の（　）内は通商章程、以下同〕、第六条（第二

日清修交条約派遣団写真　明治４年
長崎歴史文化博物館所蔵　請求番号 18-115　筆者撮影

款）、第一六条（二九款）、第一八条（二七款）、第一九条（三〇款）がある。

陳欽がリードし、作られた最終案はどのような特徴があったのか。

第一に、「修好条規」という名称の創出。陳欽は日本と結んだ条規が泰西各国とは違うことを明らかにするため、さらに、日本を「西洋陣営」（西党）に入らせないため、この名称を用いたと述べた(85)。

第二に、開港数と遊歴（各地をめぐり歩くこと）範囲の設定。陳は開港数に関しては、清国側一五港、日本側八港と主張した。先述したとおり、曾・応・涂案では清国、日本ともに五港と提言していた。李鴻章は曾・応・涂案を参考にし、それを自らの草案に盛り込んだ。しかし、最終的には陳は自分の提案を主張し（清国側一五港、日本側八港）、さらにそれを最終案に入れたのである。

第三に、陳欽が新たに第二条を挿入した。「両国好ミヲ通セシ上ハ、必ス相関切ス、若シ他国ヨリ不公及ヒ軽藐スル事有ル時、其知ラセヲ為サバ、何レモ互ニ相助ケ、或ハ中ニ入リ、程克ク取扱ヒ、友誼ヲ敦クスベシ」（両国既経通好、自必互相関切。若他国偶有不公及軽藐之事、一経知照、必須彼此相助、或従中善為調処、以敦友誼(86)）。この条は、清国とアメリカとの間に締結した「天津条約」の第一条を参考にしたものであり、後日、日清両国の攻守同盟ではないかと問題になった条文である。

陳が日清の相互援助を明記した第二条を新しく加えた理由について、当人は次のように説明している。

思うに、西洋から中国に来る人々が日に日に多くなり、目下条約を結んでいる国はすでに一〇カ国を超えている。しかし、条約を締結していない国も多数存在している。それらの国は互いに交流し、ひそかにわれわれの動静を探っている。たとえば中国の属国であるビルマ、安南、シャムなどの国々でも西洋諸国に割譲されているところがある。今、アメリカは朝鮮を挑発している。将来の中国が、たとえ極めて強大になっても、やや孤立した情勢に置かれるであろう。聞くところではアメリカはこの度敗戦し、煙台に来ている。また出帆しようとしたが、（兵士たちが）がやがや騒いでいる。アメリカは小さな朝鮮をなお怖がっているからである。もし我々が日本とさらに連合できれば、東方各国の気勢はすべてつながることになる。一旦、（西洋諸国と）事が起きた際、日本からの援助は得られないまでも、（日本側が）西洋諸国に味方する事態は防ぐことができる。したがって、この条規はまた西洋人を牽制する一方法でもある。（思西人之来中国者、日多一日、目前有約之国已逾十数、無約之国更不知凡幾、彼皆自相親密与我時存窺伺、即中国属邦為緬甸、安南、暹羅等国亦皆有被西人割拠之処、今美国又与高麗尋衅、将来中国即極強盛其勢亦覚稍孤、聞美国此次兵敗駛回煙台、再令開船便行鼓噪、夫以区区高麗彼尚畏之、若我再能連合日本、則東方各国其声勢均已聯絡、一旦有事、縦難得其臂助、亦可断彼接済、或亦制西人之一法）[87]

陳はこの書翰ではまず、シャーマン号事件（一八六六年朝鮮で交易を求めた米商船ジェネラル・シャーマン号が朝鮮側に焼打ちされた事件）を取り上げ、小国の朝鮮でさえ、アメリカを恐れさせているのである。もし、中国がさらに日本と提携すれば、東洋各国が連携するという情勢が出てくると考えた。日本が西洋諸国と連携することを防止でき、西洋諸国を牽制することもできるという「日清提携論」を提言した。

李鴻章は陳の指摘を「頗る正しいと考える」（頗以為然）と述べ[88]、再び陳に命じ、手元にある清国案を速やかに添削させた。これが、清国の最終案になったのである。

最終案における李鴻章の姿勢

一八七一年八月四日（同治一〇年六月一八日）、柳原は、清国側最終案が不適切であると主張した[89]。陳欽の書翰によると、補佐の応宝時は、「再び李鴻章に書翰を送り、私（陳欽）が作成した条規は次々と問題を生じ、とてもうまくいきそうにはない。むしろ柳原が提出した草案を検討案とし、紛議を起こさないようにすべきである」（復上相伯書、力詆余所擬条規為節外生枝、万不能行、不如即照柳原約稿、免生事端）との意見を表明したという[90]。清国のグループ内で意見が統一されていないことは明らかである。応は、清国側の最終案ではなく、日本側の提案を基準にしようと提言した。これに対し、李鴻章は八月二一日（七月六日）、総理衙門へ次のような書翰を差し出した。

一八日に柳原が応宝時、陳欽に差し出した書翰によれば、彼は西洋諸国との条約を先例として基準にすべきであると提言した。それは脅迫の意味が含まれている。臣は秘かに応宝時、陳欽に言いつけ、日本への返事には、おおむね峻厳な言葉を用い、我々にはすでに定見があり、拠り所のない議論には揺るがされないことを日本側に認識させるようにした。（一八日据該副使柳原前光等送給応宝時、陳欽公函、必欲準照西約成例、隠有挾制之意。経臣密囑応宝時、陳欽公具復函、詞意略加峻厲、使知我有定見、不為浮議所揺[91]）

李は柳原の意見に厳しく反対した。柳原の意見をそのまま飲み込もうと主張した応の意見にも反対したのである。ゆえに、陳欽の提案を採用したわけである。

条約の締結

日本との条約交渉を見れば、清国側が今までの不平等条約からの教訓を生かし、自国の立場に立って積極的に取り組んでいたことがわかる。李鴻章の指示に従い、「一条ずつ確認し、臨機応変に反駁する」（逐条確商随機指駁）[92]という方法で慎重に交渉した結果、ついに八月二三日（七月八日）、条約交渉は一段落した。李は日本使節と条約交渉の際、日本に対してはやや強硬な態度をとった。とくに、この条約が、欧米諸国と結んだ条約の先例と異なることを十分意識しながら、締結したのである。

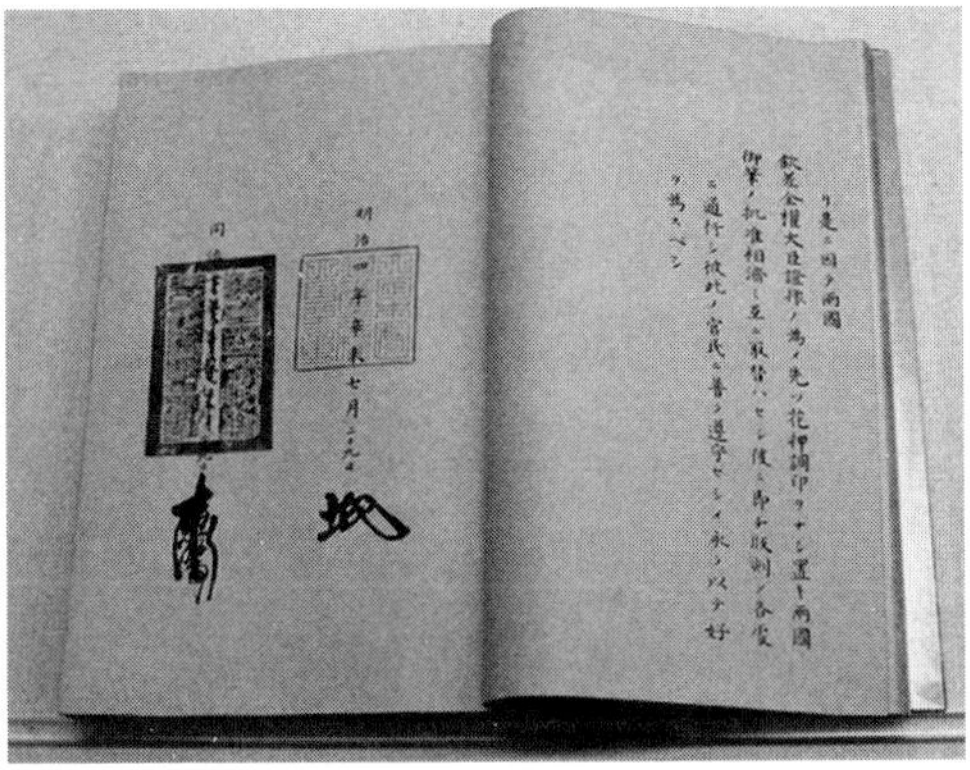

日清修好条規　外務省外交史料館

九月一三日（七月二九日）正午、天津の山西会館で「日清修好条規」一八条及び通商章程三三款が調印された。

なお、「日清修好条規」の条文について、李鴻章は次のように解釈している。

　第一条に両国所属の邦土を少しでも侵犯することができないと記載したのは、朝鮮などの国のために余地を残しておいたものである。第一三条にこの国の人民が彼の国で強盗など重大な事件を起こし、或は一〇人以上集会する場合、地方官によりそれぞれ弁理し、或は厳しく処置するという条目は明代の倭寇の事に鑑み、予め防犯を設けているのである。（第一条載明両国所属

邦土、不可稍有侵越等語、隠為朝鮮等国預留地歩。第一三条載明此国民人在彼国有犯凶盗、及諸重大案情、或聚衆十人以上、由地方官分別会弁、或逕行厳弁等語、隠為前明倭冠故事預設防範[93]）

李は朝鮮の安全と明代の倭寇の乱に鑑み、日本の行動を制約するための条項を盛り込んだ。さらに、明治新政府に警戒感も持ち続けたことは明らかである。

伊達一行の上京

伊達宗城一行は清国に来る前の六月一二日（四月二五日）に、「今般清国へ為使節可被差遣ニ付テハ、条約取結候御用相済候後貿易形勢等取調之為メ、臨機彼国各開港場へ巡廻致シ候事モ可有之」と、自ら清国行きの目的を弁官に伝えた[94]。ここで明らかのように、清国との条約を結んだ後、帰国しないで引き続き貿易の調査を行う、という任務もあった。そこで、締約の見通しがついた際、伊達は北京に行く意図を表明した。

伊達一行の上京に関しては、総理衙門は当初反対の意見を表明した。具体的には、九月四日（七月二〇日）、李鴻章に、「日本の国書の副本には天皇という表記が使われている。したがって、可能であれば彼らの上京と国書の上呈を拒否することがもっとも望ましい」（国書副本既有天皇字様、如能阻其進京呈遞、尤妥）と指示した[95]。総理衙門は日本使節の上京に対しては、賛成ではない態度を取り続けていた。

しかし、九月一三日（七月二九日）に日中双方が条規を調印したあと、伊達は上京の意思を強く表明した。応宝時と陳欽は相談の結果、この要求は条規に明文化されていたため、拒否することができないと李鴻章に報告した。李は総理衙門にこの旨を伝えた[96]。結局、伊達一行は孫士達（江蘇記名海関道）の案内により、九月二八日（八月一四日）に北京に到着し、一〇月一日（八月一七日）に北京で総理衙門の大臣と面会した。その後、互いに贈り物を交換し、一〇月二四日（九月一一日）に伊達一行は帰国の途についた。

このように、日清両国は欧米列強の仲介を依頼せずに自ら条約交渉に踏み出し、条約締結に漕ぎ付けた。日本側が用意した条約草案は清国側に拒否され、ほぼ清国側の提案が受け入れられた。つまり、領事裁判権の相互承認・内地における通商禁止・最恵国待遇の拒否など日本側の当初の要求は最終案に書かれていなかったのである。

五　条約改定

当初、欧米列強は日清両国が条約を結ぼうとすることを大いに警戒した。その上、締結した条約の第二条が彼らから、「攻守同盟」ではないかと疑われ、批判を浴びた。ちょうどその時、日本政府は欧米諸国と条約改正交渉を推し進めていた。そのため再び柳原を清国に派遣し、諸国から批判されている条文を改定しようと日本政府は考えた。アメリカ、フランス、ドイツ公使らが疑問を抱いた第二条とは次のような内容である[97]。

両国好ミヲ通セシ上ハ、必ス相関切ス、若シ他国ヨリ、不公及ヒ軽藐スル事有ル時、其知ラセヲ為サバ、何レモ互ニ相助ケ、或ハ中ニ入リ、程克ク取扱ヒ、友誼ヲ敦クスベシ。（両国既経通好、自必互相関切、若他国偶有不公及軽藐之事、一経知照、必須彼此相助、或従中善為調処、以敦友誼[98]）

欧米列強の反応を窺った日本政府は、第二条が「攻守同盟ノ主意ニ非サル」との返事を各公使に出しながら[99]、使節を派遣し、第二条を削除しようと考えた。

一八七二年三月一〇日（明治五年二月二日）、外務大丞柳原前光は「御用有之清国へ被差遣候事」の辞令を受け、三月一八日（二月一〇日）外務少記鄭永寧は「副従」、外務大録潁川重寛は「随行」に命じられ、条約改定交渉に取り組んだ。[100]

柳原一行は天津に到着後、条約改定を申し込んだが、李鴻章には条文改定の要求は不信行為であると見なされ、厳しく批判された。

一方、李は五月九日（四月三日）に総理衙門へ次のように提言した。「日本人は剽悍な上に、悪賢さにたけており、現に西洋人とひそかに結託している。したがって、我々はその威勢を穏和に受けとめ、その勢いが衰えるのを待っているのがよいようである。そして、彼らの智恵が尽き果てる頃を見計らい、その後に機を見てよく処置する。そうすれば、問題がすらすらと解決するかもしれない」（東人悍鷙不足、狡詐多端、現与西人勾通一気、似須急脉緩受、持以鎮静、待其智索能尽、然後相機妥弁、或可迎刃而解）と、意見を述べた。[101] 李鴻章は自ら出向くことを避け、陳欽と孫士達をその対応に当たらせた。

李は日本にいくたびか要求された後、ようやく五月一五日（四月九日）に柳原一行と面会した。しかし、柳原の提出した幾つかの改定案に対し、以下のように批判した。[102]

第一に、日本は西洋諸国との間で条約改正交渉を行っているが、その結果はまだ不明である。日本の条約改定が認められた後、何か都合の悪い条目があれば、その時になってから改定しても遅くはない。

第二に、条規の第二条はアメリカとの「和約」をそのまま援用したものであり、不都合ではない。

第三に、「帯刀」はもともと中国では禁止されていたことである。商人たちの口げんかが暴力にまで発展しないように規定したのである。そこで、日本人にも清国での「帯刀」行為は認めなかった。

第四に、輸入品、輸出品の関税に関しては換約した後、随時に相談の上、実行すべきである。

要するに、前年（一八七一年）に全権大使伊達宗城と調印した条文を改定することはできない。しかも、信用をなくすことは「万国公法」では一番嫌われる行動である主張していた。

李鴻章に拒否された後、柳原一行は数度にわたって陳欽、孫士達と交渉したが、強く反駁された。かくして、柳原一行は条約改定の目的を達成しないまま、天津を後にした(103)。

柳原との改定交渉を経験した李鴻章は、いかに「日清修好条規」を解釈したのか。一八七二年六月二七日（同治一一年五月二二日）、李は以下のように自分の意図を明かしている。

昨年、私（李鴻章）は応梟司（応宝時）、陳道（陳欽）と条規の草案について議論した際、実は日本が我々と近い位置にあることを憂慮していた。およそ西洋諸国は中国に来航の際、サンフランシスコ、横浜を通って上海に到来する。日本は中国の門戸である。将来なにか変局が生じた場合、日本は必ずしも急に我々のため働くようになるわけではない。しかし、この条約があるゆえ日本を牽制し、我々の一強敵（日本のこと）を増やさずにすむのである。これは兵家の称する離間策と同じものである。（上年鴻章督同応梟司、陳道議創約稿時、実慮日本距我太近、凡西洋来華通商多取道金山横浜而至上海、該国尤為中国門戸、将来設有事変、該国雖未必遽為我用、而有此約牽制不至増一勁敵、且不失兵家用間之意(104)）

李は日本と条規を結ぶ目的を「牽制」という一言で概括した。この「牽制」は二つの内容から成り立っている。

第一に、日本と清国との関係。清国との間で明文化した条規で日本を牽制する。

第二に、日本と西洋列強との関係。この条規を使って、日本と西洋諸国との関係を離間する。

かくして、李鴻章は日本を西洋列強に加担させないという狙いを持っていたことがあきらかである。そのような考えがあったからこそ、条約の改定に反対し続けたのである。

六　条約締結における李鴻章の対日観

条約締結においての李の対日認識を明らかにするため、彼が直隷総督になった時から条約締結時までの対日認識を概観したい。

聯日論

第一章第三節及び本章第一節で論述したとおり、李鴻章は天津教案を処理した際、英、仏、米などの七か国が連合した強さを自ら体験した。ちょうどこの時、日本使節が条約を求めに来た。李は日本を「わが国の外援にすべきであって、西洋諸国の外府にさせてはいけない」という「聯日論」を唱えた[105]。この「聯日論」の中に秘められた李の狙いは「使節派遣」であると考えられる。同じ書翰で李は、「先方へ官員を派遣し、駐剳させて、日本に滞在する我が国の商民を監督し、連絡と牽制に備えるべきである」と提言したからである（第一章、四二頁）。

条約が締結される前の一八七一年一月一八日（同治九年一一月二八日）李は総理衙門への書翰の中で使節派遣についいて以下のように述べた。

もっとも重要なことは、締約した後、中国から官員を派遣し、日本の首都に長期駐剳させ、或いは人員を派遣し、長崎に駐在させ、開港地の領事を兼任させる。平素、日本の動静を探り、日本と連絡する。一旦西洋諸国に何か変動がある場合、西洋諸国の仲間に入らせないようにすることができ、東洋諸国が連合して西洋の進出に備えておくこともできる。西洋諸国は遠方にあり、また華人の商人は少ないため、中国からは領事を派遣し駐箚していない。それに対し、日本は近隣に位置し、華人の商人が多く、西洋とはもともと違う現状である。人員を派遣することは隣国日本のみならず、遠方にまで制御することが期待できる。大局においては有益である。（所最要者、在立約後中国或派大員長駐該国京師、或委員近駐長崎、兼充各港領事。平素窺其底蘊、与之連絡（中略）設一旦西国有変。不致為彼族勾結、且可備聯東方形勢。西洋数万里外、華人経商甚少、故中国未派領事往駐。日本近在肘腋、華商較多、情形原自不同。派員往駐則勢足相臨而力可制遠、似於大局有裨）[106]

李は総理衙門への書翰では使節派遣が「もっとも重要」だと主張した。使節の派遣は単なる自国の商民を管理することだけではなく、日本の情勢を探ることもでき、さらに西洋諸国をある程度制御することもできる、と李はその利点を強調した。三日後の一月二一日、同治帝への上奏文にも同様な意見を陳述している。

将来日本と締約した後、南洋通商大臣がその近辺より委員を派遣し、日本の事情に精通する江浙（江蘇と浙江）の人を同行させ、日本の首都あるいは長崎に駐箚させる。そして、日本に滞在する我が国の商民を監督させ、もって先方の動静を探らせる。何らかの方法を講じて、日本と連絡し、また日本を牽制することにより、後患をなくし、永遠に混乱が起きないように期する。（将来与之定議後、似宜由南洋通商大臣就近遴委妥員帯同江浙熟習東洋情形之人、往駐該国京師或長崎島、管束我国商民、借以偵探彼族動静、而設法聯絡牽制之、而冀消弭後患、永遠相安）[107]

李は再三使節派遣の必要性を提起した。これは、一八六〇年の日本を洋務運動の参考例とする対日認識を一歩進め、日本からの脅威を感じつつ、「後患」をなくす方法として、日本との関係を条約の形式で定着させようとしたものである。

羈縻

一八七〇年一一月一二日（同治九年一〇月二〇日）、清国政府は三口通商大臣の職を撤廃し、洋務、海防等の仕事を李鴻章に担当させ、北洋大臣と称した。李が北洋大臣の職について初めて処理した外交案件は「日清修好条規」であった。彼は一八七〇年一二月一三日（同治九年閏一〇月二一日）、曾国藩への書翰で、次のように西洋に対する認識を述べている。

周、秦以来、外国を制御する方法については、戦争による制圧では決して長続きがしていない。しかし、羈縻をすれば必ず長く続く。[108]今の各国についてもこれと異なることはない。（自周秦以後、馭外之法、征戦者後必不継、羈縻者事必久長、今之各国又豈有異）（傍線筆者　以下同）

この書翰を読んだ曾国藩は、一八七一年一月二二日（同治九年一二月二日）に、「外国を制御する方法の中で、羈縻を上策だと指摘されたが、それは誠にもっともな名言である」（承示馭夷之法、以羈縻為上、誠為至理名言）と返事し、李の対外認識を高く評価した。[109]

それでは、具体的に「羈縻」とはどのような概念であるのか。中国の古典籍からその解釈を引用し概観してみたい。

漢代において、「天子は夷狄（辺境の異民族）に対しては、羈縻して関係を断たずにおくだけにすぎない」（天子之於夷狄也、其義羈縻勿絶而已）という記述が残されている。[110]具体的には、「馬の手綱は羈と称し、牛の引綱は縻と称する。

四夷を制するには、馬と牛を束縛することと同じである」（馬云羈、牛云縻、言制四夷如牛馬之受羈縻）と、「四夷」に対しては「つなぎとめる」という政策をとっていた。[111] 唐代に至り、「国を立て藩と称して従属してきた民族に対し、羈縻という方策で応対すべきである。彼らを塞外に居住させ、朝廷の威勢に恐れを抱かせ、朝廷の恩徳に感謝させる。そのようにして永く藩臣にする」（其自豎立称藩附庸者、請羈縻受之。使居塞外、必畏威懐徳、永為藩臣）と、周辺の民族を羈縻する記述がある。[112] 諸民族固有の社会を温存して支配する羈縻の方式は中国の諸民族支配の特徴であると堀敏一は指摘している。[113] さらに、この羈縻政策は時代によって変化していた。漢代の「道」「属国」から南朝の「左郡」「左県」に変わり、唐代には太宗時代に「羈縻州制」を採用した。さらに、宋、元を経て明代に至って土司制度として確立され、清代以降に「改土帰流」されるまで延々と存続していた。[114]「羈縻」という言葉は多義的で、中国の異民族対策における重要なキーワードになっている。「羈縻」を使えば、多くの人々が納得でき、時代によって実際的な内容は変化するけれども本質は異民族に対応する方法である。

それでは、清朝末期の文書に出てくる「羈縻」とはどのような意味合いが含まれているのか、以下この問題を考察してみたい。

アヘン戦争で敗北を喫した清国は内憂外患にさらされていた。不平等条約を締結し、中国の状況は伝統的な対外関係と比べて一層複雑になっていた。このような複雑な外交問題に直面し、一八六一年一月一三日（咸豊一〇年一二月三日）に、恭親王奕訢、桂良（大学士）、文祥（戸部左侍郎）は連名で、咸豊帝に次のように上奏した。

目下取るべき政策について、（我々は）条約に基づき、（列強たちに）侵犯されないようにする。外においては信用と和睦を重視し、暗にそれらを羈縻していることを示す。（就目前之計、按照条約、不使稍有侵越、外敦信睦、隠示羈縻[115]）

ここで対外関係を処理するため、取り上げられたのは「羈縻」という概念である。その後、清国政府は外交問題を処理する機構として、一八六一年一月二〇日（咸豊一〇年一二月一〇日）、総理衙門を設立する。[116]

西洋列強との関係を処理する際、清国には真正面から対抗できる力はなかった。そこで、一部の知識人はかつて周辺民族との関係に用いた羈縻政策を活用すべきであると考えていた。当然、伝統的なやり方――都護府設立や「土司・土官」制度――ではなく、列強との間に条約を締結することにより、ある程度互いに行動を制約し、少しでも清国の劣勢を挽回しようとする対策であろう。このような「羈縻」は、中国の伝統的な羈縻政策の延長線上にある外交対策であり、伝統的な「華夷秩序」と近代条約体制との間に衝突が生じた際、再度活用されたのである。

一八七〇年に日本側の締約要求に対し、李鴻章は成林に、「中国は条約締結の許可を下し、羈縻の意を示す」（由我準其立約、以示羈縻）と日本との関係を処理する際、「羈縻」を提言した。[117]

その後、李は北洋大臣になり、対外関係を処理する場合、再び中国伝統的な羈縻政策を持ち出した。一八七一年一月一八日（同治九年一一月二八日）、李は総理衙門への書翰で日本との条約締結について、「たとえ我が国の外援にならなくても、ある程度日本を羈縻することができるのだ」（縦不能倚作外援、亦可以稍事羈縻）と条約締結の重要性を指摘した。[118]また、一八七一年一月二一日（同治九年一二月一日）、李鴻章は同治帝への上奏文で日清関係を述べる際、再度「羈縻」という対策を引用した。

> 日本は中国の属国ではなく、朝鮮、琉球、越南のような臣服する国々とは同じではない。したがって、日本の通交の要求を厳しく拒絶するならば、日本は必ず西欧各国を介して、その要求を貫徹しようとするだろう。その時になって、締約を認めるようであれば、日本は永久に西欧各国の党与となってしまい、我々にとっては、大きな失策となる。むしろ（日本側が）友好を求めに来ている機会を利用し、誠意をもって彼らを応接する。そして、彼らとの条約締結を許し、羈縻の

意を示すべきである。（中略）日本はごく近いところにあり、中国の永遠の患いである。（中略）（日本を）籠絡すればあるいは味方になるかもしれぬが、拒絶すれば必ず敵対するであろう。（該国向非中土属国、本与朝鮮、琉球、越南臣服者不同、若拒之太甚、勢必因泰西各国介紹固請、彼時再準立約、使彼永結党援、在我更為失計。自不如就其求好之時、推誠相待、俯允立約、以示羈縻（中略）日本近在肘腋、永為中土之患（中略）籠絡之或為我用、拒絶之則必為我仇[119]）

李は日本が朝貢国とは異なることを認識しながら、日本に対し、再三「羈縻」を活用すべきだと提言した。日本を「敵対」させないように「籠絡」すべきという「羈縻政策」を持ちだしたのである。

防日論

第一章で述べたとおり、李鴻章を代表とする洋務派は、倭寇の故事に鑑み、日本の軍事力が強大になることに対して、警戒心をもっていた。

また、一八六七年に「八戸事件」[120]が起こり、清国政府は日本の朝鮮に対する脅威をより重視していた。一八七一年四月一〇日（同治一〇年二月二一日）、李は総理衙門への書翰において朝鮮の問題に言及した。ここで、李はシャーマン号事件を取り上げた。日本の船がアメリカ船と共に朝鮮に行こうとしている情報を聞き、「日本は朝鮮を併合しようと長らく考えている」（日本欲呑朝鮮已久）と李は指摘した。「日本は西洋諸国との関係がしだいに深くなっているが、朝鮮の猜疑、釁隙はかなり深い。日本はすでに通商している以上、朝鮮は恐らくそれに単独では抵抗することはできない。抵抗すれば、朝鮮にとって日本は眼前に迫る禍になるだろう」（日本与西国情好漸密、与朝鮮猜衅較深、彼既通商、朝鮮恐不能独抗、抗之則日本尤為朝鮮之近患）と、日本に強く警戒感を抱いたのである。[121]

一八七一年八月三一日（同治一〇年七月一六日）、李鴻章は、「日本から来た使節は外面的には（我が国に対して）慎み深いが、内には野望があり、自負している。過大な望みがないとは考えられない」（東使此来貌雖恭謹、而中頗矯矯自負、始念不無奢望）と、警戒感を抱き続けている。[122]

寇一媾一之説

清国側が条約草案を作成したとき、曾国藩と李鴻章は条約の方針について意見を交わした。一八七一年五月九日（同治一〇年三月二〇日）、曾国藩は李鴻章へ以下のような書翰を送った。

倭人の性格は狡猾である、信用しきって彼らの誘いに乗ってはならない。（中略）（西洋）各国は仲が悪いが、中国と交渉するときは、力を合わせて我々から利益を求めようとする。東洋（日本）と西洋とは遠くかけ離れているが、一緒になって悪事を働かないとは言えない。（その場合）もし我が国が一方（西洋諸国）に対して敵対しているのに、もう一方（日本）に対して友好関係にあるならば、彼ら（日本）にひそかに狙われ、裏で笑われるだろう。（倭性狡黠、未可傾我腹心為彼所餂、（中略）各国雖有仇隙、而其交渉中国則仍并力以図。雖東洋与泰西風馬牛不相及、而未始不狼狽相依。我若寇其一而媾其一、適為彼所潜窺而匿笑耳）[123]

曾国藩は「寇其一而媾其一」という論を批判した。

それに対し、李は一八七一年六月一〇日（同治一〇年四月二三日）、以下のように返答している。

一方（西洋諸国）を敵にし、一方（日本）とよしみを結ぶという説は、本来そのような意図ではなかった。（寇一媾一之説、

本無此意）[124]

以上より明らかなように、李も日本と連合し、西洋を制御しようとする説を考えてはいなかった。李は「聯日」らしい言論はしたが、何故「媾一」（日本と連合する）説を認めなかったのか。李の「聯日論」の真意はどこにあるのか。

「自強」論

日本に対し李鴻章は中国の伝統的な羈縻政策を持ち出し、両国の関係構築に取り組もうとした。李がこのような行動を取った背景にはどのような考えがあったのだろうか。

一八七一年六月二二日（同治一〇年五月五日）、李鴻章はもと幕僚の王凱泰（福建巡撫）に次のような書翰を差し出し、清国側が作った条約内容について述べた。

日本と連合し、西洋を制するという構想はもともと当てにならない。ただし、日本はすでに各国と通商し、前例に依拠して要求しているのであるから、（我々は）かたくなに拒否することはできない。条約の草案を敏斎（応宝時）、子敬（陳欽）らに作成させた。案文の大意は、西洋諸国との条約外において別途制約を設けることにある。（しかし、日本使節とは）意見が大きくかけ離れているから、（日本側は私たちの議定した条文を）おそらくすべては受け入れないだろう。我々はただ主張を貫徹するよう尽力するだけである。中国が自ら強くなることができなければ、至るところみな我々の敵であり、それには東洋（日本）と西洋の区別などあろうか。（以東制西之説、本不足恃、惟彼已与各国通商、援例請求、碍難堅拒。議約底稿雖経敏斎、子敬等互相参訂、大意欲於西洋各国外另立限制、与来意大有径庭、恐難尽允、惟竭心力以図之。中土不能自強、処処皆

我敵国、又何東西之分[125]）

李は王凱泰への書翰でも日本に対する警戒心を示し、「以東制西」という考えは頼りにならないと表明している。李が強調したのは「自強」である。自ら強くならなければ、「東」も「西」も区別がなく、随所に敵がいるだけであると指摘している。李は「聯日」しようとする考えを持ってはいるが、それは国の「自強」を前提にしなければならないと考えた。

以上、「日清修好条規」締結における李鴻章の対日観を一通りまとめた。李は、時には「聯日」、時には「防日」、時には「寇一媾一之説」を認めないという矛盾を示し、変幻自在のように見える。このような李の態度を図4のようにまとめることができよう。

李を代表者とする洋務派は「自強」を掲げて洋務運動を推し進めた。それを実現するためには自強達成までの時間、平和な環境、軍事技術などの情報が必要であろう。日本の場合、地政学的に考えれば「中国の一番の近隣」でありながら朝鮮との不和が深刻化している。さらに強国化を目指し日進月歩の勢いで変化している。これらは李鴻章の心配しているところである（防日）。そのような日本への対策として、李は「使節派遣」を提案した。これは日本から種々の情報を得ると同時に平和的な環境作りもできるというのが彼の狙いであった（聯日）。使節を派遣するため条約締結が必要である。しかし、国内には条約締結に反対する声が終始存在していた。このような状況の中、李鴻章は総理衙門や同僚たちを納得させる便利な言葉として「羈縻」をしばしば使用したと考えられる。先にも見たように「羈縻」は各時代においてその内容が変化している。つまり多義的要素が含まれている。したがって、「羈縻」という語は上層部の人々、その各々の立場に都合よく解釈する余地のある言葉であった。言い換えると「羈縻」と

図 4　李鴻章の対日観

いう言葉を提示するだけで多くの人々を納得させる機能をもっていたのである。

清代末期の羈縻政策については、いくつかの先行研究がある。例えば、王承仁・劉鉄君（一九九八）は、「たとえ列強の侵略を受けている時であっても、できるだけ非武力的、妥協的な行動をとる政策である」（即使在遭受到列強侵略時、也要尽可能地採取非武力的、妥協退譲的政策）と指摘し、[126]孫志芳（一九八二）は、「羈縻とは、外国に対しては妥協、譲歩して、和平状態を保持させる概念のことである。彼（李鴻章）はこの策略をその場限りのものではなく、永続させる方針であると考えていた」（所謂羈縻就是対外妥協退譲、力保和局。他認為這不是一時権宜之策略、而是持久之方針）と語っている。[127]筆者は、李鴻章の掲げた「羈縻」は、伝統的な羈縻政策の延長線上にあるものであり、「華夷秩序」が徐々に崩壊した事実に対し、李の出した応急策であると考える。また、この時点で、日本との関係を処理する際、妥協・譲歩も含めた政略的な手段としての「籠絡」、「警戒」などの意図も含まれていると考える。さらに「羈縻」を使って上層部の理解を得ると同時に現実的対応ができたものと思われる。そして、その「羈縻」の最終目的は「自強」をするまでの時間稼ぎと環境作りであった。

おわりに

本章は一八七一年から一八七二年まで、条約における予備交渉、締結、改定との三段階にわけて、日清交渉の経緯及び清国側の対応を考察した。近代に入った日清両国にとって初めての対等条約は、双方の努力のもとにようやく締結された。李鴻章の勘案した日清関係も条約の形で定着したのである。本章における考察は、以下のようにまとめることができる。

第一に、一八七〇年に柳原前光が予備交渉のため天津にやってきた。滞在中、李鴻章はまだ北洋大臣の職についておらず、三口通商大臣成林がその対応に当たった。だが、李の意見は成林や総理衙門に大きな影響を与えていた。

第二に、条規作成や交渉の際、李鴻章の補佐である応宝時と陳欽は大きな役割を果たした。陳欽が「修好条規」という名称を創出し、応宝時は「通商章程」の作成を提言し、尽力した。さらに、李は応宝時、陳欽たちをうまく使った。応宝時は外交経験が豊富で、李は条約草案を作成した際、応の意見を多く参考にした。しかし、応が日本との関係を重視し、柳原の提案を認めようと提言した際、李はそれに賛成せず、弁才のある陳欽に交渉をさせ、日本の主張を論破した。

第三に、李は「自強」という理念を念頭に置いた。それを実現するため、外交においては「羈縻政策」を講じたのである。「羈縻」は上層部を納得させる効果を持ち、その内実には「牽制」、「警戒」の意味もあれば、「懐柔」、「籠絡」の意味も含まれていたと考えられる。それがゆえに、李は「聯日」の言論もすれば、場合によって、「防日」の言論もするというその時々の現実的対応をしていたのである。

（1）　中央研究院近代史研究所檔案館所蔵「総理各国事務衙門・日本立約」（以下文書Dと略す）文書番号〇一-二一-〇二三-〇一-〇〇四。
（2）　『大日本外交文書』第三巻（日本国際協会、一九三八）二〇三頁。

(3)『大日本外交文書』第三巻、二〇四頁。
(4)文書D　〇一-二一-〇二三-〇一-〇〇二。
(5)アロー戦争を経て「天津条約」(一八五八)、「北京条約」(一八六〇)が締結され、清国の北方に開港地を設けた。北方の通商などの洋務を管理するため三口通商大臣を置いた。三口は天津、牛荘(のちに営口)、登州(のちに煙台)をさしている。崇厚がその職に就いた。一八七〇年に天津教案が発生し、その収束策の一環として、清国側は崇厚をフランスに派遣した。ゆえに、三口通商大臣の任を成林に代行させた。
(6)文書D　〇一-二一-〇二三-〇一-〇〇八。
(7)同右。
(8)清国の地方長官の官職名であり、江蘇省・安徽省・江西省の総督として管轄地域の軍政・民政の両方を統括する。
(9)清国の地方長官の官職であり、直隷省・河南省・山東省の総督として管轄地域の軍政・民政の両方を統括する。首都北京近辺を統括するため、直隷総督は地方長官として最高位に当たる総督の中で筆頭格である。
(10)文書D　〇一-二一-〇二三-〇一-〇〇九。
(11)同右。
(12)「使清日記」(中)明治三年　識別番号三五八三五、宮内庁書陵部。
(13)徐越庭(一九九四)「『日清修好条規』の成立」(一)『大阪市立大学法学雑誌』四〇(二)、大阪市立大学、一九七頁。
(14)『李鴻章全集』三〇巻、九九頁。
(15)同右。
(16)同右。
(17)同右。
(18)文書D　〇一-二一-〇二三-〇一-〇一四。
(19)文書D　〇一-二一-〇二三-〇一-〇一六。
(20)『大日本外交文書』第三巻、二二〇頁。
(21)この点は李啓彰(二〇一一)「近代中日関係的起点—一八七〇年中日締約交渉的検討」(『中央研究院近代史研究所集刊』七二)がすでに指摘している、八四頁。

(22)　文書D　〇一-二一-〇三三-〇一-〇一八。
(23)　文書D　〇一-二一-〇三三-〇一-〇二五。
(24)　文書D　〇一-二一-〇三三-〇一-〇二四。
(25)　文書D　〇一-二一-〇三三-〇一-〇二九。
(26)　同右。
(27)　同右。
(28)　文書D　〇一-二一-〇三三-〇一-〇三四。
(29)　田保橋潔（一九三三）「日支新関係の成立―幕末維新期に於ける」（一）『史学雑誌』四四（二）、一七三頁。
(30)　藤村道生（一九六七）「明治初年におけるアジア政策の修正と中国―日清修好条規草案の検討―」『名古屋大学文学部研究論集』四四、名古屋大学文学部、一四頁。
(31)　「李鴻章側身局外、従中斡旋、戒以列強介入之説、始允其請、是李鴻章之於此一交渉、不無影響」王璽（一九八一）『李鴻章与中日訂約』中央研究院近代史研究所、三〇頁。
(32)　曲暁璠（一九九一）「李鴻章与一八七一年中日首次締約交渉」『社会科学輯刊』一九九一年一期、一〇七頁。
(33)　雷頤（二〇〇八）『李鴻章与晩清四十年―歴史漩渦里的重臣与帝国』山西人民出版社、一〇六頁。
(34)　閻立（二〇〇九）「総理衙門は李鴻章の意見に影響を受け、日本を西洋諸国の一員にしないためには条約締結の道しか残っていないと認識していた」『清末中国の対日政策と日本語認識　朝貢と条約のはざまで』東方書店、一二八頁。
(35)　前掲李啓彰（二〇一一）八六-九一頁。
(36)　中央研究院近代史研究所檔案館所蔵「総理各国事務衙門・日本立約」（以下文書Eと略す）文書番号　〇一-二一-〇二四-〇一-〇〇一。
(37)　『李鴻章全集』三〇巻、一〇八頁。
(38)　文書D　〇一-二一-〇三三-〇一-〇二七。
(39)　文書D　〇一-二一-〇三三-〇一-〇三四。
(40)　文書D　〇一-二一-〇三三-〇一-〇三〇。
(41)　同右。

(42) 同右。
(43) 文書E　〇一-二一-〇二四-〇一-〇〇三。
(44) 中央研究院近代史研究所檔案館所蔵「総理各国事務衙門・日本換約」（以下文書Fと略す）文書番号　〇一-二一-〇五〇-〇一-〇四四。
(45) 一八七〇年一一月一二日（同治九年一〇月二〇日）に三口通商大臣のかわりに北洋通商大臣を設立し、直隷総督李鴻章に兼任させた。『籌弁夷務始末』（同治朝）（中華書局、二〇〇八）七八巻、三一六三頁。
(46) 日本暦では一一月一二日（一〇月一九日）である。
(47) 『李鴻章全集』四巻、二一六頁。
(48) 『李鴻章全集』三〇巻、一四八頁。
(49) 同右。
(50) 同右。
(51) 文書F　〇一-二一-〇五〇-〇一-〇〇一。
(52) 文書F　〇一-二一-〇五〇-〇一-〇二七。
(53) 『清史稿』趙爾巽等撰（中華書局、一九七七）志一三三。
(54) 全名は「皇清誥授栄禄大夫直隷津海関道陳君墓誌銘」である。原本は舟山博物館に所蔵されている（付録③を参照されたい）。筆者は黄河［本名：凌金祚］の論文「陳君墓志銘考説」（『舟山文博』二〇〇八年四期、二五-二九頁）を参考にした。
(55) 『曾国藩全集』（岳麓書社、二〇一一）奏稿一二、一〇一-一〇二頁からも確認できる。
(56) 『籌弁夷務始末』（同治朝）巻二二、九九三頁。
(57) 同右。
(58) 谷渕茂樹（二〇〇一）「日清修好条規の清朝側草案よりみた対日政策」（『史学研究』二三一、広島史学研究会）四一頁。
(59) 李啓彰（二〇〇八）「近代日中外交の黎明—日清修好条規の締結過程から見る」東京大学博士論文、甲第二四〇二三号、一三六頁。
(60) 『李鴻章全集』三〇巻、一五二頁。
(61) 文書F　〇一-二一-〇五〇-〇一-〇〇五。

(62) 『李鴻章全集』三〇巻、一七六頁。
(63) 『籌弁夷務始末』(同治朝) 八〇巻、三二四五頁。
(64) 第一章注二四を参照されたい。文書C 〇一-二一-〇二三-〇三-〇〇一。
(65) 文書E 〇一-二一-〇二四-〇一-〇二〇。
(66) 李啓彰 (二〇〇八) 付録にある陳欽草案 (清国一次草案) を参照されたい。
(67) 『李鴻章全集』四巻、二七九-二八〇頁。
(68) 文書E 〇一-二一-〇二四-〇一-〇二〇。
(69) 日清双方は「尊号問題」をめぐり、議論を交わしていた。それに関しては島善高 (二〇〇九)『律令制から立憲制へ』(成文堂) 第七章の「日清修好条規と尊号問題」に詳しい。
(70) 文書E 〇一-二一-〇二四-〇一-〇二〇。
(71) 原文は中国語であるが、日本語訳は『大日本外交文書』第四巻、二〇四頁より引用した。
(72) 毛利敏彦 (一九九四)「『条規』という用語」『日本通史』月報五、第一六巻、岩波書店。
(73) 文書E 〇一-二一-〇二四-〇一-〇二〇。
(74) 文書E 〇一-二一-〇二四-〇一-〇二二。
(75) 文書F 〇一-二一-〇五〇-〇一-〇〇一。
(76) 曾国藩は両国の開港数と遊歴範囲について疑問を抱いた。陳欽案では、開港数においては、中国は一五港で、日本は八港と決め、遊歴範囲においては、中国は八〇里で、日本は一〇里と記している。曾はこの相違は大きいと指摘している。さらに、日本の法律が中国より厳しいため、第八条で決めた「中国の官員がいない場合、日本の官員が代って管理する」という内容が中国の商人に対し、不利であると述べている。そのほか、条文では中国の新しい開港場か古い開港場かを明示してほしいと指摘している。『晩清洋務運動事類匯鈔』(上) 四六二-四六五頁。
(77) 文書F 〇一-二一-〇五〇-〇一-〇〇五。
(78) 中央研究院近代史研究所檔案館所蔵「総理各国事務衙門・日本換約」(以下文書Gと略す) 文書番号 〇一-二一-〇五一-〇一-〇一六。
(79) 前掲谷渕茂樹 (二〇〇一) 四五頁。

(80)『李鴻章全集』三〇巻、一九一頁。
(81)文書F　〇一-二一-〇五〇-〇一-〇四五。
(82)前掲李啓彰（二〇〇八）一四四頁。
(83)『大日本外交文書』第四巻、一六三頁。なお伊達全権公使の派遣について、『明治天皇紀』（第二）（宮内庁編、吉川弘文館、一九六九）では「是れを全権大使を外国に特派するの嚆矢となす」（四五三頁）と強調されている。
(84)前掲藤村道生（一九六七）一八-一九頁。
(85)文書F　〇一-二一-〇五〇-〇一-〇四五。
(86)日本語は『大日本外交文書』第四巻、二〇四頁より引用、漢文は文書F　〇一-二一-〇五〇-〇一-〇四五を参照した。
(87)文書F　〇一-二一-〇五〇-〇一-〇四五。
(88)同右。
(89)『李鴻章全集』四巻、三六六頁。
(90)『晩清洋務運動事類匯鈔』（中）五一四、五一五頁。
(91)『李鴻章全集』四巻、三六五頁。
(92)『籌弁夷務始末』（同治朝）八二巻、三三〇七頁。
(93)文書G　〇一-二一-〇五一-〇一-〇一〇。
(94)JACAR（アジア歴史資料センター）Ref. A01100298300、公文録・明治一八年・第二百二巻・明治二年-七年・使清締約始末（一）（国立公文書館）。
(95)文書G　〇一-二一-〇五一-〇一-〇一一。
(96)『籌弁夷務始末』（同治朝）八三巻、三三二八、三三二九頁。
(97)アメリカ、フランス、ドイツ公使は外務卿に照会書を提出し、第二条について打診した。『大日本外交文書』第四巻、二四六-二四九頁。
(98)『大日本外交文書』第四巻、二〇四頁。
(99)『大日本外交文書』第五巻、二五一-二五二頁。
(100)『大日本外交文書』第五巻、二三九、二四一頁。柳原の渡清の目的について色々な説がある。従来の研究では修好条規の改訂交渉を主要な目的だとしている、徐越庭（一九九四）は、柳原が条約の改訂の難しさを十分意識しながら交渉をしたのであると指摘した。

(101) 中央研究院近代史研究所檔案館所蔵「総理各国事務衙門・日本換約」（以下文書Hと略す）文書番号 〇一-二一-〇五二-〇一-〇〇六。
(102) 文書H 〇一-二一-〇五二-〇一-〇一四。
(103) 先行研究では柳原の条約改定を外交の失敗と捉えてきたが、李啓彰（二〇〇六）は柳原の清国派遣により、続約締結を約束させたこと、第二条の意味を説明させたこと、とりわけ第二条に関する清国側の説明が日本側を納得させ、条約の批准交換を日本政府が決意した最大の要因になったこと、を理由に柳原の評価を見直すべきである、と指摘している。（李啓彰「日清修好条規成立過程の再検討―明治五年柳原前光の清国派遣問題を中心に―」『史学雑誌』一一五（七）公益財団法人史学会）。
(104) 文書H 〇一-二一-〇五二-〇一-〇二一、同じ文書は『籌弁夷務始末』（同治朝）八六巻、三四八七-三四八九頁にもある。
(105) 『李鴻章全集』三〇巻、九九頁。
(106) 『李鴻章全集』三〇巻、一四八頁。
(107) 『李鴻章全集』四巻、二一七頁。
(108) 『李鴻章全集』三〇巻、一三七頁。
(109) 『曾国藩全集』書信一〇、四一七頁。
(110) 『史記』巻一一七、司馬相如列伝第五七、三〇四九頁、中華書局、一九五九年。
(111) 同右『史記』三〇五〇頁。
(112) 『旧唐書』巻六十二、列伝第一二、中華書局、一九七五年、二三八九頁。
(113) 堀敏一『中国と古代東アジア世界』岩波書店、一九九三年、一八六頁。
(114) 羈縻政策の変遷について、岡田宏二「中国王朝の羈縻政策概観」『中国華南民族社会史研究』（汲古書院、一九九三年）、毛里和子『周縁からの中国』（東京大学出版会、一九九八年）、王義康「唐代羈縻府州研究評述」（『中国史学』二〇、朋友書店、二〇一〇年）を参考にした。
(115) 『籌弁夷務始末』（咸豊朝、中華書局、一九七九）七一巻、二六七五頁。
(116) 『籌弁夷務始末』（咸豊朝）七二巻、二六九二頁。

(117) 文書D　〇一-二一-〇二三-〇一-〇二七　一〇月一六日（九月二二日）に成林は総理衙門に書翰を差し出し、前掲した李の意見書を同封した。
(118) 『李鴻章全集』三〇巻、一四八頁。
(119) 『李鴻章全集』四巻、二二六-二二七頁。
(120) 一八六七年一月、八戸順叔（香港滞在）が日本の征韓計画を新聞に寄稿した。それを知った総理衙門は日本の朝鮮侵略に懸念を強めていた。詳細については、佐々木揚（二〇〇〇）『清末中国における日本観と西洋観』（東京大学出版会）を参照されたい。
(121) 文書F　〇一-二一-〇五〇-〇一-〇〇三。
(122) 文書G　〇一-二一-〇五一-〇一-〇〇八。
(123) 『曾国藩全集』書信一〇、四六八-四六九頁。
(124) 『李鴻章全集』三〇巻、二一八頁。
(125) 『李鴻章全集』三〇巻、二二九頁。
(126) 王承仁・劉鉄君『李鴻章思想体系研究』武漢大学出版社、一九九八年、三〇頁。
(127) 孫志芳『李鴻章与洋務運動』安徽人民出版社、一九八二年、二八頁。

第三章　マリア・ルス号事件と副島種臣の清国派遣

はじめに

本章では一八七二年に発生したマリア・ルス号事件[1]と一八七三年に外務卿副島種臣の清国派遣との二つの歴史事件を考察する。主に以下の問題を明らかにしたい。

第一に、マリア・ルス号事件と「日清修好条規」批准書の交換との関連について。第二章で述べたとおり「日清修好条規」は一八七一年に締結し、また一八七三年にその批准書が交換され、正式に発効した。したがって、マリア・ルス号事件が発生した一八七二年にはまだその効力がなかった。日本政府はどのように日清関係を念頭におき、マリア・ルス号事件を扱ったのか、また、清国側は日清両国の外交問題を処理した際、いかにマリア・ルス号事件を利用したのか、を分析する。

第二に、副島種臣の謁見成功について。副島と李鴻章はいかにマリア・ルス号事件を利用し、謁見問題を解決したのか。また謁見成功の原因としてほかに考えられる要素は何があるか、史料を辿りながら考察する。

さらに、本章では前章の続きとして、「日清修好条規」が締結された後、李鴻章は日清関係においてどのような行動をとったのか。さらに、条約批准書交換のために、李はいかに行動したのか、といった点を検討する。

一　マリア・ルス号事件

一八七二年七月九日（明治五年六月四日）ペルー船マリア・ルス号（THE MARIA LUZ）はマカオからペルーへ向かう途中、台風に遭遇し、船体を修理するため横浜に入港した。同船には約二三〇名の清国人が乗船していた。七月一三日（六月八日）マリア・ルス号から一人の清国人が脱走し、イギリス船に救助された。調査の結果、マリア・ルス号は苦力《クーリー》売買の船であることが明らかになった。イギリス、アメリカ公使の勧告を受けた外務卿副島種臣は色々な難題を抱えながらも、神奈川県権令大江卓に指示し、マリア・ルス号を裁判にかけた。その結果、苦力たちは解放され、清国が派遣した使節陳福勲に連れられて帰国した。翌年、ペルー使節ガルシヤが来日し、この裁判は不法であると非難したが、一八七五年五月二九日、ロシア皇帝は日本政府に賠償責任はないという仲裁裁判の判決を下したため、この事件は日本側の勝利という形で決着した。

中国の歴史学界ではマリア・ルス号事件における日本の動機に関しては、異なる見解が提起されている。胡連成（二〇〇四）、王士皓（二〇〇九）は日本の行動を高く評価し、背後に存在する別の意図があったわけではないと指摘している。[2]それに対し、劉岳兵（二〇一二）はこの指摘に疑問を抱く。劉は日本側の誠意を認めると同時に、後の琉球問題を考える際、日本の行動を単純に理解してはならないと主張している。[3]日本の意図を全面的に分析するには、歴史的経過を整理してみる必要があるだろう（表3）。

一八七二年前後の関連事件を見れば、マリア・ルス号事件の裁判は副島がその後の日中関係のために打った布石

表 3　1870 年初頭の日中関係表

1871年 9 月	「日清修好条規」が締結され、批准書の交換は未済
1871年12月	琉球人が台湾で遭難（54 人が殺害される）
1872年 7 月	マリア・ルス号事件
1872年10月	琉球藩設置
1873年 3 月	副島が特命全権大使に任命され、清国へ赴く 「日清修好条規」批准書交換、同治帝謁見
1874年 5 月	台湾出兵

ではないかと見えてくる。マリア・ルス号事件はちょうど「日清修好条規」の締結と批准書交換の間に発生した。欧米諸国に要求された不平等条約とは違い、「日清修好条規」は日中両国が互いに対等な存在として結ばれた条約である。日本側はマリア・ルス号事件の裁判を通して、条約遵守を表明する絶好の機会だと考えた。それをきっかけとして、日本側は新しい日中関係の構築を考えたのではないだろうか。そして、その後の日中関係に対し、良好な影響をもたらすのではないかと副島は考えたのであろう。

従来の研究では、清国側の対応については注目しておらず、この事件の処理によりはじめて来日した使節陳福勲への関心も少なかった。以下、関連史料および中国語新聞史料を利用し、この点を検討してみたい。

李鴻章及び清国側の反応

ペルー船マリア・ルス号に対する裁判は、日本で約二ヵ月間の時間を費やした。日本側は裁判が終わる直前に清国にこの事件を知らせた。清国側の反応に関しては『籌弁夷務始末』（同治朝）、『華工出国史料匯編』、『晩清洋務運動事類匯鈔』の中に史料が残されている。本論ではまず、これらの史料から清国側の反応を見てみたい。

九月一四日（八月一二日）、日本外務大録鄭永寧が上海に来着し、沈秉成（上海道台）にマリア・ルス号事件の裁判状況を報告し、また誘拐された清国人たちの処置について打診した[4]。

まず、直隷総督北洋大臣李鴻章の意見を見てみたい。李は九月二九日（八月二七日）、総理衙門へ差し出した書翰では、「日本が華民を憐れんでいる以上、中国はこの事件を無視してはいけない。（中略）徹底的に追及し、悪事をなす者への戒めとし、国民の命を保護すべきである」（該国尚知怜恤華民、中国自未便置之不問。（中略）亟応徹底根究、以儆效尤而保民命）と、中国側がこの事件を徹底的に調査すべきであるとの意見と立場を表明した[5]。

南洋大臣何璟は一〇月六日（九月四日）に、総理衙門へ書翰を出した。彼はまず、広東辺りの人身売買の実情を簡単に述べ、「従来、この問題については隠忍して上申せず、対処もしてこなかった。しかし、今、日本は大局に鑑みて、中国のために力を尽くしており、また日本と上海に駐在している英、米の領事もともに厳しく対処すべきである、と主張している。もし、これを放置して処理しなければ、誘拐された二百人余りの人々の問題だけではなく、今後、誘拐事件が多発する恐れがある。さらに各国に軽蔑され、必ず嘲笑されることになるだろう」（前此隠忍不言、未経査弁、今日本能顧大局、為中国弁事、且駐日本与滬之英、美領事、均云必須重弁。若竟置諸不理、非但難対被拐之二百余人、恐後来拐買人口者更多、且更為各国看軽、必且訕笑）と主張した[6]。何璟の書翰からみると、沿海の人身売買は周知の事実であったことが窺える。日本で裁判されたため、清国側はもしこの問題を無視すれば他国に笑われることになる。ある意味では、他国に軽蔑されないため、つまり中国の体面を守るため、中国側は対応すべきであるという本音も読み取ることができる。

その対応として、何璟は日本への使節派遣を決定し、九月一七日（八月一五日）に陳福勲（江南委員）を使節として任命した。陳福勲は早速九月二一日（八月一九日）、アメリカ船に搭乗し、鄭永寧とともに日本へ向かった。

一方、清国の外交を管轄した官庁である総理衙門は一〇月一九日（九月一八日）、南洋大臣何璟と北洋大臣李鴻章にそれぞれ返事を出した。その返事では、「この機会を利用し、徹底的に問題を追及せよ」（趁此機会、徹底根究）との指示を下した。(7)

以上の史料から、李鴻章、何璟、総理衙門がともにマリア・ルス号事件を好機とし、人身売買を厳重に取り締まる決意をしたことがあきらかであろう。

使節陳福勳の来日

陳福勳は明治維新後、清国から日本に派遣された初めての使節である。(8) 陳は、日本でどのように応対されたのか、最初の使節として陳福勳はきちんと自分の任務を遂行できたのか。具体的な史料が乏しいため、陳福勳の人物像を描くことは困難である。以下、僅に残されている史料から概観し、陳福勳の役割を検討してみたい。

マリア・ルス号が日本にやってきたのは七月九日（六月四日）であったが、当事者の清国政府に知らせたのが二ヵ月以上も経った九月一四日（八月一二日）であった。それに対し、清国側は僅か三日間で使節派遣を決定した。この行動はまことに迅速であり、清国側がマリア・ルス号事件を重大視していたことが読みとれるだろう。

一方、使節陳福勳は日本でどのように応対されたのか。『明治文化全集』の中では次のように述べられている。

> 副島即チ柳原等ニ令シテ陳ヲ横浜ニ接シ、海路同載シテ京ニ入レ、延遼館ニ舎テ款待シ、日ニ馬車ヲ馳セ都下ノ勝麗ヲ遊観セシム、凡ソ官衙市廛ヨリ人文衣食ニ至ル、概《ネ》外国ヲ摸シタルヲ見テ、陳乍チ驚キ乍チ羨ミテ曰ク、我国政府ハ夢想ニモ未タ到リ及ハサルナリト(9)

表 4　陳福勲来日関係年表

日時	旧暦	関連事項
9月14日	8月12日	鄭永寧が上海に到着、マリア・ルス号事件を清国に報知する
9月17日	8月15日	清国通商大臣より陳福勲を委任する
9月21日	8月19日	陳福勲が鄭永寧、アメリカ人通訳と同行し、アメリカ船に乗り、上海より日本へ向う
9月24日	8月22日	陳福勲が長崎に到着する
9月26日	8月24日	陳福勲が神戸に到着する（この日にマリア・ルス号事件結審）
9月29日	8月27日	陳福勲が横浜に到着する
10月1日	8月29日	陳福勲が副島に謁見し、歓待を受けた。大江卓、林道三郎、鄭永寧らとマリア・ルス号事件の裁判について会談する
10月15日	9月14日	陳福勲が清国人を連れて、清国へ帰る

出典：『華工出国史料匯編』第1輯（3）990-993頁

延遼館は明治二年に完成した外国の来賓を接待する場所である。この史料を見れば、陳福勲が日本で歓待されていたことが分かる。明治新政府は殖産興業や富国強兵などの一連の政策を推進し、難題が多く、財政も困難であったが、陳福勲が日本に到着する前に苦力たちに要した費用を請求しなかった。清国側は数回、その費用について問い合わせをしたが、副島外務卿は日本政府から出費すると返答した。『華工出国史料匯編』によると、陳福勲は帰国した後、次のように報告をした。

この事件が裁判にかけられることになったのは、実は副島大臣の誠意によっている。小職が鄭少記と共に調査に行った際は、副島大臣は大いに喜び、小職が横浜に着いた後、副島はすぐに柳原大丞らを派遣して出迎えをさせ、小職を東京で接見してくれた。また、小職を上客待遇とした上、外務省の各人に小職が皇帝の命により派遣されたという身分を紹介し、使節身分の接待で対応すべきであると伝えた。小職を延遼館に滞在させ、小職は七日間宿泊したが、往復六回も接見してくれた。一切の対応は至れり尽くせりであった。（此案弁理之由、実本乎副島大臣之誠意、卑職偕同鄭少記前去査弁、副島大臣喜出望外。是以卑職到横浜後、即派柳大丞等相邀卑職至東京交接相見、視如上客、并諭外務衙門各員、云及卑職系奉欽憲所委之員、応即以使員待之。并将卑職安寓於延遼名館、寓居七日、往返

六見、一切之間、無微不備[10]）

陳はこの報告書の中で、自分が貴賓として扱われ、行き届いた配慮に感謝の気持ちを表し、副島外務卿の「誠意」を高く評価した。陳は日本でマリア・ルス号事件を処理したほか、日本における兵制の改革、鉄道の敷設、蒸気船の購入などにも関心を持ち、また日本の地方官と接触した。これらについて、陳は後日、詳細な報告書を提出している[11]。

実際には、マリア・ルス号事件の裁判は九月二六日（八月二四日）に判決が下され、陳が横浜に到着した時点ではすでに結末がついていた。したがって陳は事件の裁判に直接には関与してはいなかった。陳福勲は日本に約一ヵ月滞在し、一〇月一五日（九月一四日[12]）に苦力たちを引率し、帰国の途についた。

清国側の新聞報道

それでは、清国側の新聞はいかにマリア・ルス号事件と使節陳福勲の日本派遣を報道したのか。以下、『申報』と『上海新報』の報道を取り上げ検討してみたい。

『申報』の報道　その①　一八七三年二月一七日（同治一二年一月二〇日）

日本が清国苦力たちを解放する一件について、その事は正しく、その心は仁の精神であったと言える。清国人のみならず、天下各国の人々もみな称賛している。（夫東洋釈放猪仔一役、其事正、其心仁、固不独中人感其恵、即天下各国之人亦莫不称之[13]）

『申報』の報道　その②　一八七三年四月五日（同治一二年三月九日）

去年の秋、ペルー国マリア・ルス号は出港して、大風に遭遇し、横浜に漂着した。そこで乗組員は日本官憲及び各国横浜駐在領事から公正な扱いを受けた。清国の苦力たちは救命の恩を深く感じ、清国内でも感激、称賛しない者は一人もいない。みな、日本と中国は通商し、これからは隣邦の親睦を深めるのがよいことである、と考えている。（去秋卑魯国馬厘亜士老船由港启行遇風飄至横浜、蒙日本官憲及各国駐浜領事公断。此事在猪仔之人深感再造之恩、在中土士民無不額手称頌。僉謂日本与中国通商従此敦睦隣邦豈不美乎[14]）

『申報』は苦力たちが日本で救助されたことに感激し、日本の誠意を十分認めていたことが明らかである。さらに、この事件を日清「通商」（締約を指す）のことと関連づけ、これからの両国における和睦と友好の一面を期待している。

『上海新報』　その①　一八七二年九月二三日（同治一一年八月二一日）

聞くところによると、人を売買する一隻の船（俗に猪仔船と称する）はマカオから外国へ向かう途中、誤って日本に入国した。台風に遭ったためか、それとも天には生命を好む徳があり、華民を異域で死なせないようにしたのか。今、日本の官憲はその船を抑留しており、陳司馬が一九日に日本に行くのはこの事件の審理に立ち会うためである。（聞得有拐販人口船一隻、即俗名猪仔船、由澳門開往外国行駛之際、悞到東洋、豈遇颶風所致耶、抑天有好生之徳、不使華民死於異耶域、現東洋官憲捉獲、陳司馬於一九日東洋之行即會審此案也[15]）

『上海新報』　その②　一八七二年一〇月一四日（同治一一年九月一三日）

横浜から届いた書翰には、次のような内容がある。先に航海中だった「猪仔船」（苦力たちをペルーに運ぶ船）は風に流された横浜に寄港した。そして、この機に乗船していた二人の華人——利昌と来庭——が横浜の役所に船主のことを告発した。この事案には、上海会審分府（公廨）の陳司馬（陳福勲）が派遣され審理に行ったが、現在すでに日本の担当官との審理が終わり、その結果、原告と船中の客（苦力たち）を中国に帰国させるとの判決が下された。陳司馬はこの事案において大憲（南洋大臣）に託された責任を立派に果たした。また、無辜の我が人民（苦力たち）も異国に漂泊する境遇を免れた。幸いにも彼らは生還することができ、感激の涙に暮れていたというのも、もっともなことである。（横浜来信云、前海中猪仔船被風吹至横浜、船中有搭船両華人一名利昌一名来庭、到該埠衙門控告船主一案、経上海会審分府陳司馬前去査弁、現已与東洋官訊明、将控告之人及船中搭客断回中国、陳公此行不負大憲所委、而無辜赤子不致漂流異域、幸獲再生之年、宜何如感激涕零耶[16]）

『上海新報』の報道は事実と合致していない部分もあるが、ある程度、マリア・ルス号事件を客観的に報道し、陳福勲の日本派遣に言及している。

以上、使節陳福勲の日本派遣についてその行動を大まかに把握し、整理した。陳の日本派遣により、日清双方は互いによい印象を残したということが読み取れるだろう[17]。

次に、「日清修好条規」批准書交換時におけるマリア・ルス号事件の影響を見てみたい。

二 「日清修好条規」批准書の交換

「日清修好条規」は一八七一年に結ばれたが、批准書が交換されていないため条約はまだ発効していなかった。一八七三年三月一二日（同治一二年二月一四日）、特命全権大使に任命された副島種臣は、柳原前光（外務大丞）平井希昌

（外務少丞）鄭永寧（外務少丞）林有造（外務省六等出仕）らと、国書および「日清修好条規」の批准書を持ち、清国へ赴いた。[18]

副島一行はまず上海に寄港した。出迎えたのは、昨年（一八七二年）日本に派遣された使節陳福勳である。柳原前光は、その情況を「頗る礼款を表し饗応招請等に相成り候」と、盛大に接待された様子を宮本小一外務大丞に報告した。[19]

「日清修好条規」の批准書は一八七三年四月三〇日（同治一二年四月四日）、山西会館で交換された。批准書交換当日の様子について、『教会新報』には次のように報道されている。

天津からの消息によれば、日本と中国との間で四月四日の早朝、山西会館において条約批准書が交換された。李中堂（李鴻章）、天津官員、日本の正使及び副使、軍艦搭乗の主要な官員が在席した。その日、李中堂は宴を用意し招待した。日本人は西洋風の服装を着用していたため、宴会の際に西洋の食器を使い、酒も西洋の美酒を用いた。中国で設けた西洋風宴会では、これほど立派なものはかつてなかった、とのことである。（天津来信云、日本国与中国所換和約於四月初四日早晨在西山会館換執、時有李中堂、天津地方官、並日本欽差及副欽差、並鉄甲船上大員在座、当時李中堂備筵請宴、所備筵席因東洋人装束西国服色、故宴開亦用西国器具、酒亦用西国美酒、拠云中国所設西筵、未有如此之豊美者）[20]

李鴻章は、西洋の習慣により史上最高と称される宴会で、日本使節を接待した。これは当時までの歴史では稀なことといえよう。

それでは、次に「日清修好条規」批准書交換における李鴻章の態度を検討したい。

副島外務卿の到着前における李鴻章の主張

副島一行が清国に到着する前に、李鴻章はすでに条約批准書交換のことについて十分準備していた。一八七三年一月一八日（同治一一年一二月二〇日）、李鴻章は皇帝への奏議の中でマリア・ルス号事件を引用した。

日本は条約締結の後、交渉の事案が起こるたびに、なお友誼・親睦をはかろうと努めている。例えば、今年の秋、ペルー国商船は欺かれ売られた粤民二百三十人を乗せていたが、日本は同船検査の後、全員を止め置いた。そして、直ちに江海関に通知したので、日本に人を派遣し、彼らを連れ戻すことができた。このように、日本は礼に則った誠実な態度を示してきている。今回の批准書交換は、日本の国主の命令によるものであり、先に、使節を遣わして議定させ、許可された通りにみな処置するのが適当である。慎重になるべき理由は何ら見当たらないであろう。（至該国自議約後、凡遇交渉事件尚講睦誼。即如本年秋間秘魯国商船拐買粤民二百三十人、経過日本盤獲、全数扣留、当即知照江海関派員赴東洋帯回、礼数周摯。此次換約据称該国主諭令、前遣使臣議準事宜可悉照弁、似応無甚疑難[21]）

李は皇帝だけではなく、総理衙門への書翰の中でもマリア・ルス号事件を報告した。この時点で、マリア・ルス号事件の日本での裁判はすでに終わっていた。李がこの時点で、わざわざマリア・ルス号事件に言及したのは、言うまでもなく、「日清修好条規」の批准書を順調に交換させるためである。

なお、清国側ではマリア・ルス号事件における日本政府の行動に感謝し、謝礼の品々を贈った。長崎歴史文化博物館に所蔵されている「日清往復外交書翰文」（二）にはそのリストが収録されている[22]。これらの史料からマリア・ルス号事件が両国の友好往来に果たした積極的な役割を見出すことができる。また「太政類典」（第二編・明治四年-明治一〇年・第九四巻・外国交際三七）にも、「マリヤルス船一件処分ヲ謝シ清国ヨリ物品寄贈」を題名とする同様な記録がある[23]（付録②）。

副島外務卿との交流

副島が清国に滞在した際の李鴻章の対応は、『大日本外交文書』（第六巻）の中に具体的に述べられている。一行を迎えた際、李鴻章は、「盛ンニ日本ノ開化ヲ称シ、去年清民ヲ救抜シ、陳福勲ヲ延接セラルノ厚キヲ謝ス」という態度であり、また、日本政府によるマリア・ルス号事件の裁判に対し、じかに感謝の意を表した[24]。

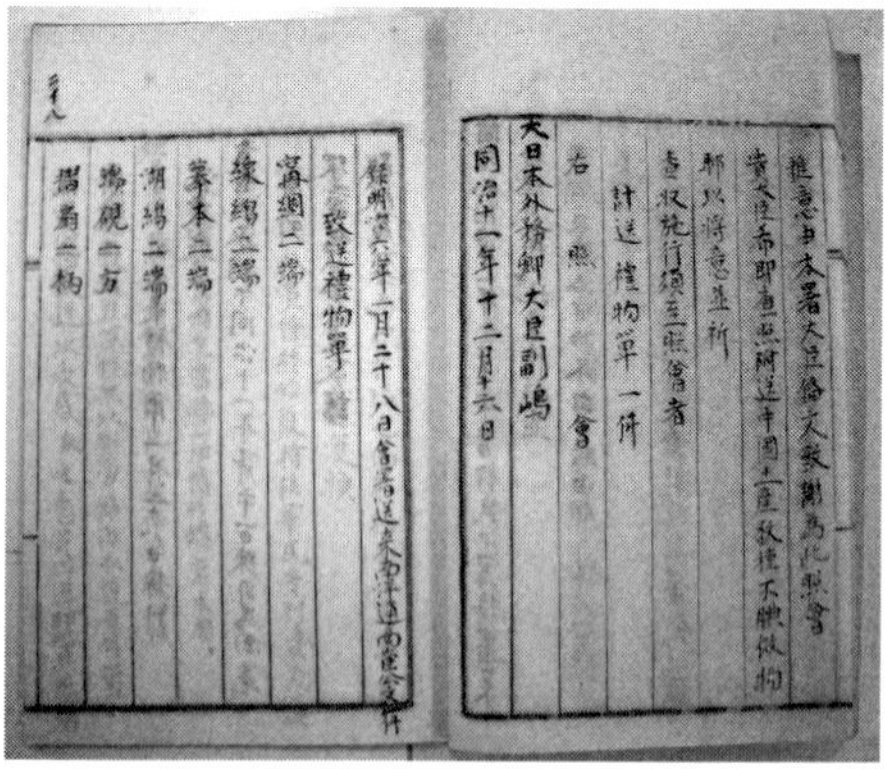
清国側からの贈り物記録
長崎歴史文化博物館所蔵　筆者撮影

同様な表現は文祥（総理衙門大臣）の話からも読み取れる。

> 文祥曰、李中堂毎ネニ書ヲ本署ニ致シ、盛ンニ貴大臣（副島）ノ英敏文亮ヲ称シ、甚タ感服ヲ為セリ、且昨秋貴国政府大義ヲ秉テ、卑魯人ニ拐載セラレシ我国ノ難民ヲ救護シ給フ、之ヲ交収スル為メニ上海ノ陳丞ヲ派出セシニ、貴国東京ニ接入セラレ、貴大臣ノ格外優待ヲ蒙シ事、我政府及人民ノ深ク感載スル所ナレハ、今使ノ来ル尤モ当サニ徳ヲ報フルヘシ処、我中国尚ヲ週到セ不ル事多ク、方ニ簡慢ヲ愧ル、何ソ称謝ニ当ラン[25]

文祥は副島と面会した際、マリア・ルス号事件に言及し、使節陳福勲が受けた日本での応対に対しても感謝の意を表した。マリア・ルス号事件は清国で李鴻章を始め、多数の官員によい印象を与えたと言える。この印象は副島が清国に滞在中、条約批准書の交換や、同治帝謁見の際、好影響をもたらしたに違いないだろう。

副島と李鴻章は、副島の一行が到着してから僅か十日間で条約批准書交換を完了させた。批准書交換後の翌日、副島は李鴻章を訪問し、外交問題について意見を交わした。例えば、岩倉使節団の派遣や、ペルー国の条約要求などがその談話の内容であった。李鴻章はとくに日本と朝鮮との関係を尋ねた。李は日本と朝鮮との不和を慮り、条約が発効したからにはその不和を解消すべきであると呼びかけた。その後、副島は国書を北京に持参し、同治帝に謁見するため天津を離れた。この時、李はわざわざ自分の腹心である孫士達（江蘇記名道）を副島に紹介し、さらに北京までの案内人を手配した。

副島が帰国した際も、左記のように、マリア・ルス号に言及し、日本側を高く評価する李鴻章の態度は変わらなかった。

先にペルー国が華民を欺いて買収した一件では、貴下の尽力により華民を救出することができた。貴下の盛徳と高義は（外交における）公正な道理を発揚するに十分であった。（中略）私は貴下に会えたのが遅かったことを、深く残念に思っている（中略）思うに、日本と清国は同じく東土に同居し、永く友誼を結ぶことは、実に数千年来、未曾有の盛挙である。（曩者秘魯国、拐販華民一案、経執事竭力営救、盛徳高義、足伸公道（中略）殊恨相見之晩（中略）惟彼此同居東土、永結和好、実為数千年来未有之盛挙）[26]

これは副島を送別したときに李が送った書翰である。李は再びマリア・ルス号事件に言及し、感謝の意を表した。さらに、二人の関係を「相見之晩」だと見なし、日中関係を「唇歯」の関係だと述べている。

副島の軍艦が大沽（天津の港）を離れた時、祝砲が発せられた。このような待遇を受けた人物は副島が最初であった。[27] 副島のこの清国での仕事の背景にはマリア・ルス号事件の影響が窺える。この事件は清国、とりわけ李鴻章の対日認識には相当な影響を与えたといっても過言ではないだろう。

一八七三年四月三〇日、副島と李は「日清修好条規」批准書を順調に交換した。一歩遡って考えてみると、副島のマリア・ルス号事件の裁判により、日本は清国側に誠意を見せ、その誠意を受け止めた李が、総理衙門、皇帝への上奏文と奏稿の中できちんと自分の意見を表し、順調に条規を発効させるように進言をしたわけである。李は清国の洋務運動の代表として、これ以後の日中関係、国際関係に着眼し、条約の締結に賛成の態度を表した。「日清修好条規」が交換されたとき、賛成派の有力な論拠として、李はマリア・ルス号事件を取り上げて、うまく利用したと言っても過言ではないであろう。

マリア・ルス号事件が近代日中関係にもたらした影響は条約の批准書交換だけではなかった。一八七四年に日本が台湾に出兵した際、清国側が日本使節大久保利通を応対した時にも、マリア・ルス号事件の影響を窺うことができる。恭親王は上奏文で、マリア・ルス号事件と陳福勲使節の接待に言及してから、「この度使節大久保利通が中国に来たのは専ら（台湾出兵）一件を処理するためであり、ほかの北京駐在の使節とは異なっている。大久保が北京に到着した時、ちょうど中秋節であるから、私から二回食物を贈った」（此次該使臣大久保利通来華、系専為弁理事件、与尋常駐京使臣不同、是以臣等於伊到京時、及中秋節、曾两次致送食物）と、大久保をほかの公使と区別して対応したことがわかる。[28] 両国関係に緊張感が高まったときにおいても、恭親王が上奏文の中で取り上げたのはマリア・ルス号事件であった。

三　同治帝への謁見問題

数千年にわたって、中国は周辺にある国や諸民族と交流を維持していた。それらの国、民族は大国である中国の政治、経済、文化などに憧れ、中国に朝貢し、自ら「臣」と名乗った。一六、一七世紀に至り、ポルトガル、スペイン、オランダなどの国々は貿易のため、中国に渡来したとき、持参した商品を「貢物」だと認め、自らも皇帝に「三跪九叩」の礼を行った。中国の統治者は自尊自大の意識をもち、自国の富裕を誇示するため、朝貢国への贈り物が「貢物」よりも多くなる現象も珍しくはなかった。中国側は外国との関係を結ぶとき「天朝上国[29]」という視点から出発したのであった。

中国はもとより儀礼を重んずる国である。とりわけ最後の王朝——清朝に至ると、外国使臣の謁見に関する儀礼作法も体系化され、複雑さを極めた。しかし、時代が下るに従い、複雑な国際情勢、国内情況により、清国政府は謁見問題を思うとおりに処理することが困難になっていた。特に、清朝末期（同治帝、光緒帝の時代）に至り、謁見の儀礼に関する争いは終始絶えなかった[30]。

一八七三年、日本の外務卿副島種臣は特命全権大使に任命され、北京に赴いた。彼は北京で謁見問題をめぐり、空前の波瀾を起した。この謁見は中国史上において、初めて正式に立礼のみで皇帝に謁見を済ませるという、画期的な出来事であった。副島の謁見順位も英、米などの大国をおさえ、一番目であった。この成果は明治維新後の日本にとって、輝かしい出来事であった。

副島は何故他の使節に先駆け、一人で、三揖の礼（他の使節は五鞠躬）で謁見を済ませることができたのか。副島の謁見成功は、北洋大臣李鴻章とどのような関係があったのか。また、日本側の外交成果だと思われたこの事件はそれ以後の日中関係にどのような影響をもたらしたのか。本節では、以上の問題を解明することを目的とする。

一八七三年以前の謁見事情

清国はアヘン戦争でイギリスに敗北したにもかかわらず、新しい世界秩序を認めようとはせず、外国との関係も僅かな貿易のみに限定していた。アロー戦争で負けた結果、清国は各国使節の北京駐在を認めた。一八六一年に総理衙門が設立され、謁見問題もそれと同時に避けられない問題として浮上してきたのである。

実は、謁見の儀礼作法に関する争いは一八七三年以前にも存在していた。謁見問題の経緯を理解するために、一八七三年以前に起きた代表的な実例を簡単に紹介したい[31]。

乾隆帝の時代に遡る。一七九三（乾隆五八）年、イギリスからマカートニー（George Macartney　馬戛爾尼　一七三七–一八〇六年）使節団が清国にやってきた。それ以降、中国と外国との間に「儀礼の争い」が始まった。清の統治者たちは当時の国際情勢に対する知識が欠如していたため、イギリスを朝鮮、琉球などの朝貢国と同一視し、「三跪九叩」の礼を要求した。しかし、マカートニーは拒絶し、対等の礼を求めたのである。何故なら、「三跪九叩」の礼がイギリスの尊厳と名誉に対し、侮辱だと考えられたからであろう。結局、清国側は自分の度量を示すため、マカートニーがイギリスの国王に謁見するときと同じような礼で謁見することを認めた[32]。また一八一六年イギリスからアマースト（William Pitt Amherst　亜美士徳　一七七三–一八五七年）使節団が清国にやってきた。彼も中国の儀礼に従わないため、嘉慶帝（一七九六–一八二〇年）を怒らせた。その結果、清国側は使節を謁見させずに帰らせた[33]。この二回の謁見を見ると、清国は自尊自大の考え方をもち、イギリスを対等の国とは見做さず、自国の作法を英イギリスに厳しく押し付けたことは明らかである。当時の清国は強い国力を持っていたため、イギリスは侵略的行動をとらなかった。しかし、その後「天朝上国」思想に溺れた統治者たちは有力な政策をとらず、清国は次第に衰え、ついに侵略される位置に身を置くことになった。

一八四〇年、アヘン戦争以後、中国は開国を余儀なくされ、列強に蚕食されることになった。一八五九年、アメリカ使節は条約交換のため、北京に赴いた。そして、イギリスと同様、アメリカ使節との間でも儀礼をめぐる論争が始まった。清国官員は前の経験を生かし、現状をも配慮した結果、「三跪九叩」ではなく「一跪三叩」でもよいとアメリカ使節に伝えた。しかし、アメリカ使節は一跪三叩の礼に従わず、条約文を渡し、直ちに帰国した。当然、謁見は行われなかった。この儀礼の争いは中国がアメリカと不平等条約を結び、すでに一部の主権を失ったということがその背景にあったのである。

その後一八六〇年に英、仏連合軍が北京まで攻め込んだため、咸豊帝は熱河（今の承徳市）まで逃げ、そこで崩御した。清国はイギリス、フランス、ロシアとの間に「北京条約」を結び、各国使節が首都北京に常駐することを認めた。そして、謁見問題が再び浮上してきた。このときの清国は全く不利な情況にあったため、謁見に対し消極的な態度をとった。一八六二年、同治帝はわずか五歳で即位したため、両宮皇太后（東太后、西太后）が垂簾聴政を行った。清国側は皇帝がまだ親政していないという口実で謁見を断った。実は儀礼の紛争を避けるためであろう。

中国側の謁見に対する行動は、国力衰退の産物であり、また統治者の夜郎自大、世界情勢に対する無知とも深い関係があったと言える。

一八七三年の謁見問題

一八七三年は同治帝が成人した年である。皇帝の大婚と親政を祝うため、列国公使は謁見を要求した。二月二四日（一月二七日）にロシア、ドイツ、アメリカ、イギリス、フランス五国公使は共に照会文を提出し、謁見を要求した。[34]その照会文を皮切りに、激しい交渉が行われ、清国内部ではさまざまな意見が出てきた。

例えば、呉大澂（翰林院代逓編修）は中国の「旧制」の儀礼作法を取り上げ、外国使節が謁見するときは、中国の跪拝礼を守るべきだと主張した。中国の使節は外国ですでに外国の儀礼を遵守したため、外国使節も中国の儀礼作法を守るべきであると強調した。さらに、長い目で見れば外国人の不相応な要求を遮断するため、謁見を断るほうがよいという意見すら出てきた。[35]

呉鴻恩（山東道監察御史）も上奏文を提出した。[36]彼は「外藩」（朝貢国）が謁見するときの儀礼で外国使節を接待すべきだと主張した。

総理衙門は外国使節と交渉したが、順調にいかなかったため、四月二四日（三月二八日）に李鴻章に意見を求めた。[37]ここで、李がどのような意見を述べたのかを見てみたい。

まず、李は清国がすでに外国と条約を締結し、外国使節が北京に駐在するという状況から分析した。双方は属国関係ではない、そのため朝貢国の礼を強要すべきではないと考えた。

次に、中国の使節は外国で外国の儀礼を守ったが、基本的に外国の使節は中国の儀礼を守る義務がない。それを強要する清国の官員たちは外国事情を知らないだけである。西洋人はすでに長期間にわたって謁見を求めていたため、その要求を簡単に断ることができないと、李は呉大澂、呉鴻恩の意見を逐一批判した。

さらに、自ら解決案も呈示した。もし皇帝が謁見を許すとするならば、予め条文で、「各国使臣は北京に来て、ただ一回だけ謁見を許し、二度目の謁見は許さない。ただ各国公使に同時の謁見を許し、一国単独の謁見は許さない。そうすれば、将来の不相応な望みを防ぐことができる」（各国使臣来京、祇準一見、不準再見、祇準各使同見一次、不準一国単班求見、当可杜後覬覦[38]）という条件を提示すべきであるといい、結論として、「各国の風習は異なるため、細かいことに拘らずに、度量の広さを示すほうがよい」（各国習俗素殊、寛其小節、示以大度[39]）と述べ、跪拝礼を強要しなくてもよいという意見を表明した。

その他、謁見をめぐる上奏文や総理衙門への書翰などは多数『籌弁夷務始末』に収録されている。清国内部では論争が絶えなかったことが明らかである。こうして、ついに六月一四日（五月二〇日）に、各国使臣の謁見を認めるという内容の詔書が下された[40]。

ここで、「揖礼」・「鞠躬」・「跪拝」の意味について簡単に説明する。「揖」とは中国の昔の礼の一であり、両手を胸の前で組み、これを上下したり前にすすめたりする礼である[41]。「鞠躬」とは立って腰を曲げ、おじぎをする。上半身を前方へ曲げる敬礼である[42]。一方、「跪拝」とはひざまずいて拝礼する、手とひざを地面につける丁重な礼である[43]。また、先に述べた「三跪九叩」とは両膝でひざまずいて三拝し、いったん立ち上ってまた前の動作を繰り返し、合計三度ひざまずき九回拝する礼であり、旧時、天子や高官に会う時、あるいは孔子の霊位を拝する時などの最高の敬礼である[44]。明らかのように「三跪九叩」の礼は程度の一番高い礼儀作法である。

一方、清国に派遣された外務卿副島は、どのように行動していたのだろうか。副島は清国に行く前に十分な事前調査を行っていた。「副島種臣関係文書」（国立国会図書館、憲政資料室所蔵）の中に「清帝謁見ニ関スル参考書」（以下「参

表 5　副島適清関係年表

日付（1873年）	関係事項
3月11日	龍驤丸に乗組み、横浜を出発する
3月31日	上海に到着する
4月8日	天津の水が浅く、筑波艦が進みにくいため魯親王の小砲艦に乗組み、天津へ出発する
4月20日	天津に到着する（紫竹林飛龍行楼房に寓す）
4月30日	李鴻章と日清修好条規批准書交換する
5月5日	天津を出発する
5月7日	北京に到着する（賢良寺に寓す）
5月15日	副島が柳原、鄭永寧を遣わし、孫士達を訪れ、清国の外国使節に対し「等級ヲ分ツ事無ク」ということを知らされる
5月17日	副島が魯国、米国公使を訪問する
5月19日	副島が英国全権公使、仏国全権公使、西班牙公使、獨国代理公使を訪れる 蘭国代理公使に遇う
5月26日	副島が恭親王より歓待される 魯公使館にて英仏蘭獨使節と晩餐
5月27日	副島が英国公使を訪れ、英公使館にて各国公使と晩餐
5月25日	副島が総理衙門へ訪れ、謁見の日にち、儀礼などを相談する
5月29日	副島が魯国公使を訪問する
5月31日	仏公使が副島を歓待する
6月1日	総理衙門が照会文を日本側に送り、同文の国を理由とし、中国礼節を要求する
6月2日	副島が総理衙門へ照覆を書き、三跪九叩の礼を拒否し、三揖の礼を表明する 副島が魯公使を訪れ、樺太と謁見の事を相談する
6月3日	総理衙門から照会文が届き、他国の使節の五鞠躬の礼を副島に知らせる 副島が英公使を訪れた際、台湾生蕃と朝鮮の事を打診する
6月4日	副島が魯公使を訪れる 副島が総理衙門へ照覆を書き、三揖の礼を再び表明する
6月6日	孫士達が副島を訪問し、謁見の事柄を改めて議論することを共同に認識する
6月7日	副島が平井を獨、英公使館へ派遣する 文祥、董恂、沈桂芬は副島を訪ね、副島が各国と同日、特別な謁見を行うと主張する 米公使が来訪する
6月9日	副島が総理衙門の照会文に同意し、返事をする 英公使来訪、台湾生蕃事件、朝鮮、秘魯国の事を尋ねる 蘭国公使が来訪する

表 5　つづき

日付（1873年）	関係事項
6月10日	魯国公使が来訪する
6月12日	魯国公使を訪れ、樺太事件を相談する
6月14日	謁見の諭旨が公布される
6月16日	孫士達が総理衙門「各国使節は頭班、副島は次班で謁見を行う」という情報を漏らす
6月17日	副島が総理衙門を訪れ、謁見の事を聞き、頭班で謁見を要求し、拒否される
6月18日	副島が米国公使を訪れ、朝鮮の事を聞く
6月19日	副島が謁見を断り、帰国復命と決定する
6月21日	副島が柳原、鄭を総理衙門へ遣わし、毛昶熙、董恂、孫士達と談話し、澳門、朝鮮、台湾の事を尋ねる
6月22日	副島一行が帰国の用意をし、柳原、平井、鄭を魯公使、米公使館へ派遣する
6月23日	孫士達が李鴻章の副島に配慮していることを述べ、副島の帰国を阻止しようとする
6月24日	文祥、董恂、沈桂芬、孫士達が来訪、副島の頭班謁見の事を約束する
6月25日	副島が鄭を総理衙門へ遣わし、謁見の事を承諾する
6月26日	副島が謁見の約書に調印する事を拒否、謁見のリハーサルに参加する
6月28日	副島が魯公使を日本公使代任の事を照会する
6月29日	副島謁見　第一グループ、一人、三揖　魯美英仏蘭国公使その次、五鞠躬
7月1日	副島が魯公使に日本公使代任を依頼する
7月4日	副島一行が北京を出発する
7月7日	副島一行が天津に着き、李鴻章と再会する
7月9日	北洋海軍が祝砲を発し、副島を歓送する
7月25日	副島が横浜に到着する

注：網掛け部分は副島が北京にいたとき各国使節との交流を表す。
出典：『大日本外交文書』第6巻　事項4

考書」と略記する）が所蔵されている。[45]「参考書」の表紙のところに、「マルティン氏国際法訳文」と明記されている。マルティン（マーティン）[46]は、国際法に関して著名な人物である。その内容には、「接使国の君主より、公謁見を賜むる時ニ、アムバサドルニ限りて受へくして、他の公使の受け能わさる所の時典」を四条にまとめたものがあり、「外国使臣を接待するの礼は、各国の風俗ニ基き改正したるものなり、因て遣使国の体面と、アムバサドル自身の職と恥かしむる非されは、接使国より与えんとする礼典ニ随ひ、而して之を却くる事能わさるなり」という内容もある。これらの予備知識を把握した副島は、北京でどのように皇帝に謁見しようとしたのだろうか。

副島は天津で李鴻章と「日清修好条規」の批准書を交換した後、北京へ移動した。李鴻章は孫士達（江蘇記名道）を遣わし、副島一行の面倒を見ると同時に、謁見問題を処理せよと命じた。

ここで副島の北京到着後の行動を明らかにするため、副島の清国派遣の主要な関連事件を表5にまとめた。この表を見ると、副島の北京での動向について、三つの注目したい点のあることがわかる。

第一に、一八七三年の謁見は穏やかではない雰囲気に包まれていた。日清双方は約五〇日間以上（五月七日より六月二九日まで）も膠着状態に入った。交渉が行き詰った情況に対し、清国側は三回（六月一日、三日、六日）の照会文を廃止し、新しい方案（六月八日）を作り出した。

第二に、孫士達と副島との交流が頻繁に行われたことが分かる（五月九日、二六日、六月二日、五日、六日、八日、一四日、一五日、一六日、二三日、二四日、二六日）。孫は副島から総理衙門への返書を抄録し、李鴻章へ報告した（六月二日、五日）。孫は北京にいながら、李の指図を仰ぎ、総理衙門と副島との間を取り持ち、謁見が順調に行われるように、積極的に動いた。

第三に、副島が北京にいる間、西洋列国公使との交流は親密かつ頻繁であったことも窺える（五月一九日、二七日、三一日、六月三日、七日、九日、一八日）。とくにロシア公使とのやり取りは圧倒的に多かった（五月一七日、二六日、二九日、六月二日、四日、一〇日、一二日、二八日）。副島は帰国後、清国に駐在するはずの日本公使のポストに日本人ではなく、ロシア公使に代行を頼んだ。

以上の情況を見れば、各国使節は互いに十分な協議をして、連携していたことがわかる。孫士達も総理衙門への書翰の中で、「使節たちは東西連合し、職道（孫士達自身）は清国と外国の板ばさみになっている」（該使等東西連衡、職道内外交迫）と、謁見問題の困難な局面を述べている[47]。

孫士達とは一体どのような人物であったのか。副島は帰国後、清国での経歴を報告した際、次のように記述した。「孫士達ハ外官ナルヲ以テ京官ノ第ニ居ラス種臣ノ寄寓セシ賢良寺中ノ一精舎ヲ賃シテ僦居スル者也[48]」。ここに「外官」とあるように、孫は北京で官職につく人物ではなく、李鴻章に遣わされ、謁見問題を処理するために北京に滞在したことがあきらかである。ちなみに、一八七三年より二年前の一八七一年、伊達宗城一行が清国で「日清修好条規」を締結した際も、孫は活躍をした。この経験に関して、孫は自ら次のように述べている。

士達ノ不才ヲ以テ忝ク李中堂ノ知遇ヲ承ケ、総理衙門ニ行走シテ外国事務ヲ襄弁ス。前年八月伊達大臣ヘ陪随シ、其議約ヲ成シテ津ヨリ京ニ上下シ、今年又京城ニ在リテ閣下ノ使務ヲ襄弁ス[49]

伊達一行と副島一行の北京での行動を考える際には、孫の役割を見逃してはならないだろう。具体的に孫はどのような行動を取ったのか、その内容については後述したい。

副島の北京での「国権外交」について、毛利敏彦（二〇〇二）、曹雯（二〇〇八）はそれぞれ日本側、中国側の史料を引用し論じている[50]。簡単にまとめれば、副島は中国の古典を引用し、日中関係は「朋友之交」だといい[51]、今まで清国側と他の外国使節の論議した結果――五鞠躬――に対し、副島は三揖で済ませると強い態度を表した。さらに、自分の身分は頭等欽差により「頭班」（第一グループ）で謁見すべきだと要求した。

先述したとおり、副島は清国に赴く前に国際法を調べ、下準備をしていた。さらに、北京に到着した後、積極的に中国の古典を根拠として、自分の意見を主張し続けた。国際法が当時の清国で通用していないことが窺われよう。

副島種臣謁見の場面
「六年使清日記」国立公文書館所蔵　筆者撮影

それに対し、副島が自分の行動を中国の古典に依拠したことは彼の外交手腕が柔軟性に富んでいることを物語っている。

結局、一八七三年六月二九日（同治一二年六月五日）、副島大使の主張したとおりに謁見が行われた。同日、ロシア、イギリス、アメリカ、フランス、オランダの公使も第二グループで五鞠躬の礼で皇帝に謁見した[52]。副島は列国公使より北京来着が遅かったにもかかわらず、優先的に謁見を許され、列国公使の謁見の難題を副島は解決した。その理由について、丸山幹治（一九三六）[53]、毛利敏彦（一九九五）[54]、ドナルド・キーン（二〇〇一）[55]、森田朋子（二〇〇五）[56]はともに、マリア・ルス号事件を謁見成功の要因として取り上げている。ここでは、具体的に両者の状況を概観してみたい。さらに、副島謁見成功の要素としてマリア・ルス号事件のほかにも何か考えられないだろうか。以下、この点についても検討してみたい。

謁見成功とマリア・ルス号事件

前述のとおり、多くの研究者により、謁見問題とマリア・ルス号事件とは深い関係があると指摘されているが、史料の中ではどのように両者の関係を記しているのだろうか。

副島が清国に派遣されたのは一八七三年、つまりマリア・ルス号事件の翌年であった。

副島がまだ清国に到着していないとき、李鴻章はすでに謁見の下準備を始めていた。一八七三年一月一七日（同治一一年一二月一九日）、李は総理衙門への書翰の中で謁見について、自分の立場を次のように表明した。

日本は中華とは最も近い。その上、日本の君臣は現在西洋諸国と友誼を深め、何事においても自強に取り組んでいる。そこで、中国は日本を籠絡し、近隣の友誼を固めるべきである。これまで来朝した使節を見ると、その言葉は恭順である。例えば、今年の秋、ペルー国マリア・ルス号は欺かれ売却された清国人二百三十名を乗せて日本に寄港したとき、日本は清国人全員を止め置き、収容した。彼らを江南委員陳福勲に引き渡し、帰国させた。日本はその費用を請求せず、情理の厚さは尋常のものではなかった。これは日本が中国を慕っているからであり、我々に対する信用を得て親睦を深めたいという考えは、虚偽のものではない。したがって、我が国においても自ら誠意をもって応対せざるを得ない。日本は我が皇帝大婚、親政のため、外務大臣を派遣し、国書を持って祝賀の意を表明した。副島は礼を遵守しているようだ。したがって、目の当たりに国書を差し出すようきつく求めれば、友誼の意を損なうであろう。また、この先各国にみな（皇帝への）謁見を許すとするならば、日本の使者のみ許さないという道理はない。ただし、その使者には他国に先んじて謁見を請求させないようにする。これについてその是非を決裁いただきたい。日本の使者が批准書交換の後、どうしても都に入り、諸王・大臣に拝謁したいと望んだ場合、すでに先の条規中にこの件を許可したとおり、その願いを断るわけにはいかない。（至日本距中華最近、該国君臣現与西洋各国情誼深浹、事事力図自強、中国似応加意籠絡、以固近交。観其迭次来使、情詞均尚恭順、如本年秋間、秘魯国瑪也斯船拐売華民二百三十名、至彼全数扣留収養、交江南委員陳福勲帯回、不肯索還用費、情礼周摯倍越尋常。是其向慕中国、講信修睦、尚非虚仮。我国自不得不推誠接待、彼因我皇上大婚礼成、親政在邇、遣派外務大臣奉書致賀、似応奨以礼貌、而陰却其不必与西国合従、急求面逓国書、致傷雅誼。如果将来各国倶準覲見、自無不準該使朝覲之理、該使自不得越衆先請、卓裁以為然否。該使換約後、如必欲進京拝謁諸王、大臣、前已於条規中議定允行、未便阻止[57]）

李鴻章はこの書翰の中でマリア・ルス号事件を引用し、日本側の厚情を高く評価した。それに対し、清国も誠意を見せざるを得ないと提言した。つまり副島の謁見を許可すべきであると主張した。

天津で「日清修好条規」の批准書が交換されてから、副島一行は北京へ移動した。先述したように、李は人を派遣し、副島を北京まで送るのみならず、北京での謁見を円滑に行えるように自分の腹心である孫士達を紹介した。その上、総理衙門にも書翰を送った。

副島は人物、地理に不案内なので、世話役を欲していたが、それを要求しなかった。そこで、私は彼のために付き添いを派遣すると約束した。その上、孫士達にひそかに世話をするよう依嘱した。以前に副島が江蘇委員を優遇し、マリア・ルス号事件を善処した厚誼に報いるつもりである。（副島人地生疏、欲求照応而未便啓口。鴻章允為派弁護送、并属孫道士達暗為照料、以答其前次優待江蘇委員商弁拐案之厚誼）(58)

この書翰の中で言及されている「江蘇委員」とは、前年（一八七二年）苦力たちを迎えに行くため清国から日本に派遣された陳福勲のことである。李鴻章は再びマリア・ルス号事件を取り上げ、マリア・ルス号事件を処理した日本側の厚誼に報いるため、副島を助けるべきであるということを明らかに述べている。

謁見問題と李鴻章

洋務運動に携わった李鴻章は、北京にいる官僚たちより外国の事情に詳しかった。副島が皇帝に謁見しようとする意図を李に伝えると、李はすぐさま総理衙門へ日本の実情を紹介した。

日本君臣には嘗て跪拝礼があったが、今年から西洋の冠服に変えて、この儀礼も追って廃止したと聞いている。国君に会ってももはや跪拝しないのである。彼らが既に自ら進んで跪拝礼を捨て、西洋の儀礼に従った以上、再び彼らのやり方を棄て中国の跪拝礼を行うことはないだろう。（窃維日本君臣向有拝跪之礼、聞自今年改用西洋冠服、此礼逐廃。見其国君亦不跪拝、彼既勇於舎己従人、恐未必舎彼従我）(59)

李は日本の情況を分析し、客観的に判断した。日本は必ずしも我々の言うとおりにしない。もし妥協できなければ「謁見をしなくてかまわない」（無庸面覲）という態度に出る。(60)さらに、前掲の史料（注(57)史料）では、一点見逃してはならない内容がある。つまり、李鴻章の謁見に対する「他の使節より先にさせてはならない」（不得越衆先請）という意見である。そして、前掲した四月二四日に李鴻章から総理衙門へ送った文書（注(37)史料）にも、李の謁見に対する意見を窺うことができる。李の謁見に対する意見は、次の四点にまとめることができよう。

① 謁見は一回しか認めない
② 一国単独の謁見は認めない
③ 副島を他の使節より先にさせてはならない
④ 交渉が不成立の場合、副島を謁見させずに帰らせる

一方、副島が天津に滞在したとき、李鴻章は副島の謁見のために色々手配をし、孫士達を副島に紹介した。『大日本外交文書』は次のように述べている。

李ヨリ嚮導ノ委員ヲ派セント約シ、又江蘇記名道孫士達ナル者、現ニ総理衙門ニ在テ、外使覲謁ノ事ヲ議ス、閣下事ア

ラハ、此人ヲ用フベシ、必ス能ク力ヲ致サン(61)

以上の史料から見ると、李鴻章が副島の謁見に対し、援助をしたことがあきらかである。さらに、「日清修好条規」が締結されたばかりの時点において、李は副島の謁見を順調に済ませようと考えていたに違いない。

しかし、副島の北京での発言は李鴻章の予想を遥かに超えていた。副島は、三跪九叩はもちろん、五鞠躬にも反対した。さらに、今まで待っていた外国公使たちを越え、単独で、三揖の礼で謁見を済ませると強く主張した。予想外であった副島の態度に対し、李は次のように述べた。

副島は機敏な才をもつ上、勇猛な男である。八日、一〇日の二回の返書では、ついに敢えてこのように狂って吠え、眼中に人無きが如き行動をとった。これを読んで、私は殊に憤怒している。副島が天津にいた時、強迫の話は一言もなかったが、北京に到着した後、このような凶暴さを表明するとは思いもしなかった。（副島機警英鷙、初八、初十両次照復、竟敢如此狂吠、目中無人、閲之殊為髪指。（中略）副島在津時、并無一語強迫、不意到京以後、漸露鴟張(62)）

これは李鴻章から孫士達へ宛てた書翰である。この史料から、副島の行動に対する李鴻章の尋常ではない怒りを読み取ることができる。副島が天津にいたときの李鴻章とは別人のようである。李鴻章はなぜ激怒したのか。実は副島が天津に滞在したとき、李鴻章はすでに儀礼のことについて軽く自分の意見を伝えていた。『李鴻章全集』の中に次のような内容が記されている。

既に皇帝に謁見を請おうと言うならば、中国の使臣は外国で既に外国の儀礼を行っているから、外国の使臣は中国でも中国の儀礼を行うべきで、その国の風俗に従うべきである、と述べた。その使節（副島）は暫く沈黙し、「よろしい」と答えた。それ以上、口にしなかったが、その苦衷も窺えた。（謂既欲請覲、則中国使臣在外国已行外国之礼、外国使臣在中国亦

応行中国之礼、方為従宜従俗。該使沈吟許久、姑答曰是、而不復置弁一詞、其隠衷亦窺見矣[63]）

しかし、北京に到着した後の副島は一変し、強く自分の官階・勅使の身分を強調し、今まで待っていた外国公使たちより厳しい条件（第一グループ、単独、三揖の礼）を強く主張した。それに対し、李鴻章は怒り、不満な態度を漏らした。なお、この副島に対する李の怒りについては後述する。

謁見に関する交渉がうまくまとまらず、副島は帰国を決心した。これはまさに李鴻章の予想した、「うまく交渉ができなければ、副島を謁見させずに帰国させる」という内容と同じである。不満を漏らした副島をこのまま帰国させるのか、それとも、一歩を譲って、副島の要求どおりに謁見させるのか。この局面の打開を図ったのは孫士達であった。孫は次のように副島に李鴻章が配慮していることを述べた。

李中堂貴国ヲ敬重シテ、交誼ヲ厚クセント望ミ、深ク委ネラルル所有ルニ由レリ、閣下前月以来総理大臣ト覲事ヲ議スル毎トニ、士達必ス消息ヲ李府ニ通シ、而シテ李中堂ハ窃カニ閣下ノ為メニ封事上疏スル、已ニ再三ニ及ヘリ[64]

史料から明らかなように、孫は副島の帰国の意向を止めようとした。その理由として取り上げたのが、李鴻章の副島に対する支援の意向であった。その後、副島は謁見に成功して帰国する途中、天津に寄ったが、李鴻章に次のように感謝した。「種臣幸ニ万歳ヲ拝シ、我皇ノ国書ヲ面呈シ、其復書ヲ奉シテ来ル、皆中堂之力也[65]」。これらの日本側の史料を読めば、謁見の成功は李鴻章の援助と深く関連があるように思われる。李は表に出たのではなく、側面で援助をしていたと思われる。

副島種臣の謁見成功の原因

謁見問題を処理するとき、清国は列国に対し、ある程度強い態度を示したが、日本にだけは何度も譲歩した。それは何故であろうか。以下、いくつかの理由が考えられる。

第一に、「日清修好条規」の存在である。この条規は近代に入ってから、日中両国の間に締結したはじめての対等条約である。前掲した一八七三年一月一七日の李による総理衙門への書翰では、李は副島の謁見に対し「条規で議したとおり、阻止するわけにはいかない」（已於条規中議定、未便阻止）、つまり、条文のとおり日本の使臣を謁見させるべきである、と主張した。李鴻章を代表とする清国官員たちは、四苦八苦の交渉を経て、ついに批准書交換まで辿り着いた。条規が発効されたばかりの時点で、条文を守らない行動は無論とりたくはなかったものと思われる。

第二に、清国側は日本側に「争いの口実」を提供したくはなかった。自らの主張がいれられなかった副島は、六月二〇日に帰国の決定をした。副島が面倒を起こさず帰国したならば、それは清国政府にとって、まさに望んだ通りのことである。しかし、現状は遥かに李鴻章の予想を超えていた。六月二一日（五月二七日）、副島は柳原、鄭永寧を遣わし、憤懣を表明し、朝鮮帰属問題、澳門《マカオ》帰属問題、琉球難民殺害事件について総理衙門に問い合わせをした。この外交行動は、清国政府にとって予想外の出来事だった。謁見の交渉に挫折した日本側はなぜ突然、以上の事を照会してきたのか。六月二一日の夜、孫士達は鄭永寧に日本の意図について打診した。孫は総理衙門の推測を次のように述べた。

日本使節此論ヲ起ハ、謁見ノ議成熟セサルニ由レルカ、若シ其意ニ満ルホドノ議ヲ成シ、遂ニ謁見ヲ為サシメハ、生蕃問罪ノ説或ハ寝ヌヘシ[66]

つまり、副島が謁見問題において十分な扱いをされなかったため、「生蕃問罪」（琉球難民殺害事件と小田県漂流民事件がその原因となる、詳細については、第四章で論述する）という難癖をつけようとしていると、総理衙門は一方的に推測している。これに対し、鄭は、「帰後必問罪ノ挙アルヘシ、何ソ拝謁ノ有無ニ拘ラン」と答えた[67]。換言すれば、謁見が成功するかどうかとは関係なく、日本は必ず生蕃の罪を咎める。日本は他の列強と同じく、不満を利用し、面倒を起す恐れがある。それを防ぐために、なにより目前の謁見問題を順調に解決するのが当然の急務だと、孫は考えたのであろう。李鴻章は同僚への書翰の中で、「日本が台湾へ罪を問いに行くと言い、口調は傲慢で、脅迫の意味がある」（該国欲往問罪等語、詞気傲慢、意存挟制）と書いた[68]。つまり、清国側は六月二一日に日本側から打診された内容を気にかけた。だが、副島の要求した第一グループ、単独の礼節を満たせば、今まで待っていた他国の公使には詰問される可能性も高い。総理衙門は日本との面倒を起こさないように、各国公使に書翰を出し、副島の頭等大臣の身分を確認できる証拠を入手したあと、安心して副島の言ったとおりに謁見させた。総理衙門は列強の横暴で傲慢な品性が分かっていたため、慎重に行動をとらなければならなかった。この総理衙門の慎重な行動から、清国政府のどちらの恨みも買いたくないという弱い立場はあきらかである。

第三に、清国政府は、日本側が自国の味方でいてほしいと考えた。アヘン戦争以降、列強が清国で争いをしたとき、日本は自国の問題に悩まされ、欧米列強の列に入らなかった。故に、総理衙門は日本を対等に取り扱わず、最初の段階で中国の儀礼を日本に要求した。一方、前掲表5を参照すれば、副島は他の使節と頻繁な交流を保っていたことがあきらかである。日本側と列強との親密な交際に対し、清国政府は警戒したはずである。一八七一年、ロシアは伊犂を兵力で攻め取り、清国政府は何回も交渉したが、無効であった。属国のベトナムもフランスに侵入されている。この状況に当たって、まさに日本を自分の「外援」にさせるべきで、敵にすべきではなかった。

第四に、孫士達の役割も看過できない。孫は北京で官職についている人物ではなく、謁見問題の決裁者でもない。にもかかわらず、重要な役割を果たしていた。彼は副島が帰国しようとする局面を押しとどめ、謁見交渉の情報を李鴻章に報告するなど積極的に協力した。彼は最初から副島の単独謁見を主張していた。『晩清洋務運動事類匯鈔』には日本側への第一回照会文の原稿が残されている。その中に六月一日（五月七日）に孫士達の起草した照会文がある。「貴国大皇帝は貴大臣を慶賀通好のために派遣し、厚く情誼がこもっている。ついては、謁見の朝列を別途に一つ設け、優待の意を表したい」（貴国大皇帝欽派貴大臣特来慶賀通好、情誼殷渥、自応另作一班覲見、以示優待）[69]。この提案は結局採用されなかった。その代わりに総理衙門大臣である沈桂芬の「中国の跪拝礼を遵守するかどうか」（是否照行中国礼節）[70]という案が採用された。孫士達の意見は採用されなかったというものの、彼の謁見に対する態度を窺うことができるだろう。孫は中国固有の儀礼にこだわるより、順調に謁見させることが当面の急務だと考えた。李鴻章は、「執事（孫士達）の心血を注いだ計画、考案がなければ、謁見問題はうまく解決できない」（非執事惨淡経営、幾莫能解此囲矣）と孫士達の努力を高く評価した[71]。

第五に、副島の「特命全権大使」という身分も考慮に入れなければならない。当時、北京にいた謁見の諸外国使節は北京に駐在していた公使であった。副島だけは同治帝の親政を祝うため、国書をもち、わざわざ清国に渡来したのであった。身分も他の公使より高く、全権大使であった[72]。

結局、清国政府は副島の単独、かつ第一グループでの謁見を認めた。しかし、「天朝上国」という優越感を抱いていた清国政府は、ほかの方法によって、この体面を挽回しようとした。それが、謁見に選んだ場所であった。中南海の紫光閣は、昔から朝貢国の使臣に面会する場所である。清国政府はわざわざこの場所を選んで謁見した。これは列国を自分の属国だと仮想したのであろう。ある意味では自国の面子が潰れないように対策を取ったのである。以上、副島種臣の謁見成功には単にマリア・ルス号事件の影響のみではなく、当時の複雑な国際情勢が深く影響していたことには、一応注意する必要があるだろう。

当時の新聞はいかにこの謁見問題を報道したのか、『教会新報』のニュースを見てみよう。六月三〇日、「各国駐京公使覲見已畢」との題により、次のように報道されている。

各国の北京駐在公使謁見の件については、すでに先日報道した。昨日、西暦の本年六月二九日、すなわち中国の六月五日の朝九時、フランス、イギリス、アメリカ、ロシア、オランダ、日本の使節が謁見し、国書を献上した。中国の皇帝は大いに喜び、友邦がともに友愛を深める誼を説き、将来長く親睦しあうことを希望した。また、総理衙門が各国の公使と交渉案件を処理する際、必ず和衷、誠実、公平を基準とすると述べた。さらに、返書があるが、総理衙門より公使たちに交付するので待つように、と述べた。その上、各国国主らの言葉にそれぞれ返事を述べ、かくして公使らの謁見は終了した。フランス公使のみしばらく待たされた。前年崇厚が勅使としてフランスに赴き、天津教案の始末のため中国皇帝の書を持参し、フランス皇帝が公使に命じ中国皇帝に返書を提出させたからである。そこで、フランス公使は他国の公使が退場した後、この国書を手渡し、退出した。イタリア、北ドイツ、オーストリアハンガリー帝国の公使はすでに帰国した。これよりようやく謁見するだろうことは少しも疑いの余地がない。中国と外国との不和は緩和され、これからは謁見していない国々は謁見を欲すれば、今回ほど長びかずに済むだろう。(各国駐京欽使覲見之事、已於前報登列、昨於西歴本年六月二九日即中国六月初五日早九点鐘、有法、英、美、俄、荷蘭、日本諸欽使入朝覲見、並親奉国書。中国皇上深為喜悦、且道友邦共愛之誼、惟願永敦和睦、再称凡我総理各国事務衙門与各国欽使商弁交渉事件、必須和衷誠信、公平為妥、又称亦有覆書、俟由総理各国事務衙門交諸欽使転答各国皇等語。継而諸欽使朝罷、独法国欽使稍待、因有前年崇欽使至法国持有中国皇上耑為天津焼燬教堂傷

殺天主教人案之書、法国皇旋覆回書諳命法欽使面逓中国皇上、故此時法欽差俟別国欽差退出方将此書親自呈上之後方纔退出。但意大利、北徳意志、奥斯馬加三国欽使業已回国。未得覲見者、経此始行覲見、両無疑越、嗣後未見之国使欲行覲見定不似此番留連延宕也[73]）

のである。

この報道は当日の状況を大まかに再現している。しかし、日本使節副島種臣の特殊作法については触れなかったのである。

アヘン戦争以後、列強は利益を獲得するため、互いに争いもすれば協力もしていた。今回の謁見問題を処理する際の外国使節の連合と分立により、このことを窺うことができる。強調したいのは、従来中国に相手にされなかった日本が、明治維新以降、隣国の清国に対し、友好的な姿勢だけではなく、外国使節の列に入り、清国側に強硬な態度をも示した点である。謁見の目的を達成するため、外国使節は相互に連繋していた（前掲表5）。一方、外国公使は副島の大使の身分を認め、互いに連合していたように見えるが、実は副島の単独の謁見に対し、「窃ニ聞ク、一ノ公使有リテ閣下（副島）ニ頭班ヲ譲ル事肯セサル」という情報が孫士達から漏らされた[74]。曹雯（二〇〇八）は今回の謁見を「外国列強は連合し、中国はその連合を破壊しようとする、硝煙の見えない外交の戦いであった」（外国相連横而中国力破其連横的一場不見硝烟的外交戦）と指摘したが[75]、実は、この謁見における外国の関係は連合だけではなく、対立の一面も潜んでいたのである。

謁見問題からみる副島種臣と李鴻章

副島は一八七三年北京に滞在中、中国の儀礼に従わず、三揖の礼で皇帝に謁見した。日本側では副島の対清外交は国威を発揚し、成功であったと評価された。これまでの外国使節の謁見礼節を振り返ってみれば、副島のとった態度が中国の「天朝上国」思想への大きな挑戦であったと言ってもよいであろう。彼は中国の伝統的な制度を無視し、謁見の際、自分の考え方が通らなかった時、「帰国」を理由にして清国政府を脅かした。さらに副島は台湾の「民ニ生熟両種有リ、従前我カ王化ニ服シタルヲ熟蕃ト謂ヒ、府県ヲ置テ之ヲ治ム、其未夕服セ不ルヲ生蕃ト謂フテ、之ヲ化外ニ置キ」という情報を清国総理大臣から得た(76)。これはまさに台湾出兵の口実となったものである。そもそも清国は琉球に対し「我カ藩属」と意識していた。そのため、清国側は琉球難民殺害事件が台湾出兵の口実として利用されるとは考えもしていなかった。副島は清国の礼節に従わないだけではなく、裏で台湾出兵の口実を求めていた。故に、中国の歴史学界ではこの時期の副島に対し、「凶悪、横暴」(凶横、跋扈)(77)、「陰険で猛々しい」(陰鷙)(78)などと評価を与えている。同一人物であるが、立場の違いにより全く正反対の評価が出てきたのである。しかし、謁見問題を考えるとき、副島の振るった手腕は保守的な清国の体制に衝撃を与えたに違いない。そして「天朝上国」を固守していた官僚たちに対し、保守的な思想から脱却させる役割も果たしたのであろう。

毛利敏彦は副島の外交行動に対し、「『名』のために『実』を諦めた、つまり、琉球民遭難事件の責任を追及せよとの上諭遵守を実質的には放棄した」と指摘している(79)。この中の「名」は「日清修好条規」批准書の交換と謁見を指し、「実」は琉球難民殺害事件の追及を指す。しかし、前掲表5のとおり、副島は北京に到着した後、北京にいた外国使節と頻繁に交流していた。さらに、他国の使節に先駆け、一人で謁見を成し遂げるために、清国政府のほかに北京に滞在した各国公使の承認を受けるように努力した。結果からみると、副島は順調に各国公使に「頭等欽差」の身分を認められたのみならず、ひそかに清国政府の台湾に対する態度を入手することもできたのである。さらに、英、米などの公使から朝鮮、琉球などの難しい問題への意見も聴取できた（表5、6月3、9、18日参照）。一見、「名」ばかり追求したように見られるが、実は副島は「実」を追及するために色々下準備をしたのではないかと考えられる。つまり、清国に滞在している間、琉球難民殺害事件を処理するため、ひそかに行動をするなど、柔軟な外交手段を取ったであろうことが推測される。

一方、一八七三年の謁見問題を考える際、李鴻章の行動は矛盾に満ちているように思われるだろう。それではここで、もう一度李の謁見の儀礼に対する態度を考えてみたい。

前述のとおり、李は上奏文の中で外国の使節は中国で三跪九叩の礼を守る義務がないと述べたが、儀礼について副島と会談した際、かつて自分が批判した意見を取り出し、中国の作法を守るべきだと主張した。中国の伝統的な礼節に対し、李は自国の古い慣習を批判しながら、自らそれを守ろうとした。

副島は謁見を終え、使命を果たした後、日本に帰る途中に天津を通過した。その際、李鴻章は副島を招待した。送別するとき李は、「大使ト手ヲ握テ泣然涙ヲ含ミ乃チ別ル」という感動的な場面があった[80]。さらに李は副島への書翰の中で二人の関係を「会えたのが遅かった」（相見之晩）といい、日中関係を「唇歯」の関係だと見なした。副島の軍艦が大沽（天津の港）を離れた時、祝砲が発せられた。前述したように、このような待遇を受けた外国使節は副島が最初であった。しかし、孫士達への書翰の中で李は副島の行動に対し、甚だ激怒していたことも一方であきらかである。

なぜ、激怒した李鴻章は副島に再会したとき別人のようになったのか、どちらが本当の李鴻章であるのか。以下この点を論じてみる。

第一に、李は清国の官僚として、一切の行動は清国政府の立場に立たなければならない。「天朝上国」の利益や名誉を損なう行為に対し、無論反対の立場をとる。謁見の儀礼に対する態度からこの点が明らかに分かるだろう。その上、外交問題を処理するとき、当時の総理衙門は力が強かったため、李は総理衙門、世論などの要素を配慮し、慎重に自分の立場をそれらに合わせる行動を取らなければならない。したがって、副島の無礼な行動に怒りの感情を表明せざるをえなかったものと推測される。

第二に、李は洋務運動の代表者として、「自強」のため、日本を手本としたことを第一、二章で論じた。李は「日清修好条規」の批准書が交換されたばかりの時点で、謁見問題で日中両国に不愉快な結果をもたらすことは望まなかった。自分の日本と「連絡」・日本を「牽制」という初志にも合わなかった。副島は順調に「日清修好条規」の批准書を交換し、「頭等欽差」の身分で謁見を済ませた。結果的に事態はうまく収束したのである。この事態の進展を受けて、李は盛大な礼節で副島一行を送別した。これはまさに李がそのときどきの状況に対応して、適切な手腕を振るった外交手段ではないかと思われる。彼は政治家として、いろいろな顔を持っていたのも当然であろう。そして、最終的な目的は「自強」だったものと推測される。

第三に、李は実際的なものを重んじ、彼の考えは他の清国官僚より遥かに進んでいた。「天朝上国」思想に溺れていた官僚たちは、アヘン戦争、アロー戦争を経験したにもかかわらず、積極的にその失敗から教訓を学ぶことをしなかった。そして、清国の衰退している現実も認めようとはしなかった。一方、李鴻章は彼等とは違い、目下の情勢に注目し、清国の実情を正視した。つまり、参考にできる前例はなく、現実の情勢から分析しなければならないと李は考えた。李は孫への書翰の中で、「外観だけを重んじて、弊害の根源を除かなければ、肝心なところに手が届かない」（争門面而不切病根、終搔不到痛痒耳）と、清国政府の態度を批判した。[81] 謁見問題に対し、儀礼作法だけにこだわった清国官僚とは鮮明な差異を示している。吉田宇之助はその書『李鴻章』の中で、「『跪拝の礼』を廃して万国普通の礼に依るべく清廷の古例を打破したるは、実に彼れ（李鴻章）の力也、若し彼れにして傍観するあらば、副島大使如何に厳厲の手段を執るも清廷をして斯く容易に廃止を実行せしむる能はざりしや知る可からざる也」と、「跪拝礼」の廃止における李鴻章の役割を語っている。[82]

第四に、李鴻章は北洋大臣であったとき、彼の権力は、「北洋通商大臣の職にありながら、遥かに朝政を司る」（坐鎮北洋、遥執朝政）と言われていた。[83] つまり、北洋通商大臣という職にいながら北京の朝廷の政治をコントロールしていたのであり、これができたのは李鴻章の優れた予見的な能力、政治手腕と深く関係があったといえよう。この時の謁見問題もまさにそのとおりである。具体的には、李は自分の腹心、孫士達を通して謁見問題を処理したのである。当初、孫の意見は総理衙門に重視されなかったが、結局、難局を打開したのは李の指令を受けた孫士達であった。

以上、李の言行は矛盾に満ちているように見られるが、これはまさに彼の外交家としての手腕そのものといえよう。彼は情況の変化により機敏に対応したのである。この点は十分に認めなければならない。

おわりに

本章は一八七二年のマリア・ルス号事件と一八七三年北京における同治帝謁見を中心に論じた。特に、マリア・

ルス号事件が「日清修好条規」批准書交換及び謁見問題の処理に際して果たした役割を考察した。また、先行研究の中で副島の外交成功の原因と考えられている「マリア・ルス号事件」、「李鴻章の協力」に対し、それぞれ新たに史料を引用し、補強作業をした。本章の結論は次のようにまとめることができよう。

第一に、マリア・ルス号事件の裁判により、副島種臣らは条約を締結したばかりの清国に友好的な姿勢を示した。彼らは日清関係を重要視し、マリア・ルス号事件の裁判を日清友好関係の一環として処理していた。

第二に、「日清修好条規」批准書の交換及び同治帝謁見を論争した際、清国側、とりわけ李鴻章はうまくマリア・ルス号事件を利用し、日本とは友好関係を結ぼうとする意欲が強かった。その結果、「日清修好条規」批准書を順調に交換させ、副島も希望どおりに謁見をさせた。

ところで、一八七三年の謁見問題は中国の対外関係史において、どのように位置づけられるのだろうか。まず、華夷秩序が儀礼の面においても崩壊の兆候を現してきたことを指摘できる。アヘン戦争以後、列強の侵入により経済面では伝統的な経済体制が破壊され、政治面においても不平等条約の締結を余儀なくされ、一部の主権を喪失した。今回の謁見では列強たちは清国の儀礼制度にも挑戦した。

次に、この謁見によって有識者の間にやっと危機感が生まれてきたという点である。例えば、徐桐（礼部右侍郎）は「徐侍郎奏陳安危大計各摺」を上奏し[84]、朝廷では改革に対する活発な議論が展開され始めた。この上奏文の中で人材育成、練兵の重要性を強調し、「平和は維持できない」（和局終不可恃）という危機感も喚起した。この上奏文に対し、朝廷では賛成の声が多数出てきた。さらに、一歩進めて考えるならば、副島の謁見を側面から援助することによって、このような状況を生み出すことを、李は狙っていたのかもしれない。

もう一つ、日中関係への影響も見てみよう。実際、清国に赴く任務の一つとして、副島は「伐蕃ノ由ヲ以テシ、其経界ヲ正ウシテ半島ヲ開拓セン」と上奏している。[85]残念ながら、李鴻章と清国政府はそれを知らなかった。副島は今回の清国派遣を利用し、台湾出兵の口実を得た。それは、まさに翌年に発生した台湾出兵のための布石であった。日清友好の裏には危機も潜んでいた。

一八七四年、つまり「日清修好条規」が発効されてから一年後、日本側が台湾出兵を起こした。「日清修好条規」で意図していた「両国ニ属シタル邦土モ各礼ヲ以テ相待チ聊侵越スル事ナク[86]」という構想は水の泡になってしまった。李はこのような事態にどのように対応していたのか。これらについては第四章に譲ることにする。

（1）日本側において、最も早い段階でマリア・ルス号事件を研究した研究者は田保橋潔である。田保橋は外務省刊行の資料と神奈川県庁編纂の公文書などを利用し「明治五年の『マリア・ルス』事件」（『史学雑誌』四〇、二-四、一九二九）という論文を発表した。史料が徐々に公開されるにつれて、マリア・ルス号事件の研究も進展を見せ始めた。柳田利夫（一九九〇）「スペイン外務省文書館所蔵日本関係文書について―マリア・ルス号に関する一史料の紹介」（『史学』五九（四）慶応義塾大学）は、スペイン外務省文書館所蔵の文書を紹介した。森田朋子（二〇〇五）『開国と治外法権―領事裁判制度の運用とマリア・ルス号事件』（吉川弘文館）は、イギリス国立公文書館の文書も引用し、活用している。そして、事件だけに拘らず、森田三男（一九九二）「マリア・ルズ号事件と日露関係」（『創価法学』二一（二・三）、創価大学法学会）、笠原英彦（一九九六）「マリア・ルス号事件の再検討―外務省『委任』と仲裁裁判」（『法学研究』六九（一二））では、マリア・ルス号事件と日露関係を対象とし、分析を行っている。なお、苦力売買を題材とした早乙女貢（一九六八）の作品『僑人の檻』（講談社）は第六〇回直木賞を受賞し、その後、海島隆（一九七七）『マリア・ルーズ号事件―奴隷船解放始末記』（国土社）、武田八州満（一九八一）『マリア・ルス号事件―大江卓と奴隷解放』（有隣堂）等のマリア・ルス号事件を内容とする本も出版されている。永野嘉子（一九八四）は「マリア・ルス号事件に関する一考察」を題として卒業論文を作成し、その中で苦力たちの名簿をある程度復元した。

（2）胡連成（二〇〇四）「一八七二年馬里亜老士号事件研究―近代中日関係史上的一件往事」『暨南学報』（人文科学与社会科学版）二〇〇四年六期、王士皓（二〇〇九）「瑪也西号船事件及其国際影響」『史学月刊』二〇〇九年五期。

（3）劉岳兵（二〇一二）『近代以来日本的中国観』第三巻（一八四〇－一八九五）（楊棟梁主編、江蘇人民出版社、二〇一二）一八二頁。

（4）『籌弁夷務始末』（同治朝）八九巻、三五八〇頁。

（5）『華工出国史料匯編』第一輯（三、陳翰笙主編、中華書局、一九八五）九七六頁。

（6）同右、九七九頁。

（7）同右、九八六頁。

（8）『上海名人辞典』は陳福勲について次のように記している。

陳福勲　清朝浙江銭塘（現在の杭州）人、字は宝渠である。初めて上海に来たとき洋務に関心をもった。咸豊末年、会防局を補佐し、海防同知に抜擢された。同治初年、機械鉄工場を取り扱った。一八六八（同治七）年、初等審判官に任命され、上海公共租界新建理事衙門に駐在し、外国との交渉事件を処理した。後に娼妓、賭博の取り締まりに取り組んだ。一八七二（同治一一）年、マリア・ルス号事件を審理するため、日本に行き、苦力二二六人を清国に連れ戻した。一八七五（光緒元）年、湖広総督李瀚章（李鴻章の実兄）と共にマーガリー事件を担当した。一八七七（光緒三）年、命令を奉じ、褚蘭生とイギリス領事館へ代価を納め、淞滬鉄道を回収した。一八七九（光緒五）年、沪北栖流公所の建設に参与し、失業、貧乏、病気にかかる流民を収容した。一八八〇（光緒六）年、知府に任命された。一八八三（光緒九）年、アメリカ副領事と共に上海英租界の報復殺人事件を裁判にかけて、租界での役所で予審手続きを行う先例を開いた。（陳福勳、清浙江銭塘（今杭州）人、字宝渠。初至滬、留心洋務。咸豊末年、佐理会防局、擢海防同知。同治初年、弁理機器鉄場。同治七年（一八六八年）、為会審讞員、駐紮上海公共租界新建理事衙門、弁理華洋交渉事件。後禁娼、賭。十一年、赴日本会同審弁秘魯船瑪也西号拐賣華工事、帯華工二百二十六人回滬。光緒元年（一八七五年）、随湖広総督李瀚章赴滇処理馬嘉理案。三年、奉命与褚蘭生赴英領事館将価銀交清、収回淞滬鉄路。五年、参与籌建滬北栖流公所、収養失業貧病流民。六年、授為知府。九年、与美副領事会審上海英租界捕房包探曹錫栄挟嫌報復殺人一案、開租界公廨実行預審程序之先例）呉成平主編（二〇〇一）『上海名人辞典』上海辞書出版社、二九五頁。

（9）『明治文化全集』第一一巻、外交篇（日本評論新社、一九五六）六四頁。

（10）『華工出国史料匯編』第一輯（三）九九三頁。

（11）『晩清洋務運動事類匯鈔』（下）一三四九－一三五二頁。また陳福勲の日本での行動については、拙稿（二〇一一）「一八七二年における日本政府の琉球政策―清国使節と維新慶賀使の邂逅をてがかりにして」（『社学研論集』一八、早稲田大学社会科学研究科）を参照されたい。
(12) 日本の旧暦は九月一三日である。
(13)「論皮魯国遣使東洋事」を題とする。『申報』(三)中国史学叢書一七、呉相湘主編(一九六五)一九四五頁。『申報』(しんぽう)は近代中国において最も発行期間の長い、そして強い影響力を持っていた新聞の一つである。一八七二年四月三〇日(同治一一年三月二三日)に創刊され、一九四九年五月二七日に廃刊になるまで、通算七七年間継続し、二五六〇〇号までを発行した。
(14)「弁東洋報論使臣来議台湾逞凶事」を題とする。前掲『申報』(四)二二七三頁。
(15)「陳司馬至東洋」を題とする。『上海新報』林楽知、傅蘭雅主編、近代中国史料叢刊三編、第五九輯(文海出版社有限公司印行、一九九〇)全一〇冊、第一〇冊、四〇八六頁。『上海新報』は一八六一(咸豊一〇)年に上海で創刊され、イギリス商字林洋行が発行された。一八七二年年末に廃刊。
(16)「横浜信息」を題とする。同右、四一五八頁。
(17) その上、副島種臣は「贈陳宝渠」を題とし、「氓之有需。不能無訟。陳君理刑。中外咸頌。曩時卑人。掠買編氓。我実出之。陳君生之。陳君報国。忠尽在躬。陳君行事。公幹奏功。陳君与我。各国異地。雖則曰異。交誼不二。」と、詩を作った(『副島種臣全集』一、二三三頁)。
(18) 日本は小規模ながら最強の軍艦(龍驤、筑波)を使った。ドナルド・キーンは、「これは明らかに、清国に対する威圧を意図したものだった。日本の軍艦の海外派遣は、これをもって嚆矢とする」と述べている。ドナルド・キーン著、角地幸男訳(二〇〇一)『明治天皇』(上)新潮社、三五六-三五七頁。
(19)『大日本外交文書』第六巻、一二五頁。
(20)「大日本国与中国和約更定」を題とする。『教会新報』(五)清末民初報刊叢編之三、林楽知等(京華書局、一九六八)二四七四頁、読点筆者。
(21)『李鴻章全集』五巻、一九九頁。
(22)「日清往復外交書翰文」(二)長崎歴史文化博物館所蔵、番号一四-九二三-一。
(23) 国立公文書館所蔵、請求番号本館-二A-〇〇九-〇〇・太〇〇三一六一〇〇、件名番号〇二〇。
(24)『大日本外交文書』第六巻、一三七頁、読点筆者。
(25)『大日本外交文書』第六巻、一四七頁、読点筆者。

(26)『大日本外交文書』第六巻、一九六–一九七頁。
(27)「明治初年外交実歴談」（『副島種臣全集』三、三八七頁）を参照されたい。また、副島は「発天津」を題とし「悠悠白水向東馳。陸堡海船装置宜。斉発砲声為我寿。薫風吹動両朝旗。」と、詩を作った（『副島種臣全集』一、九頁）。
(28)『籌弁夷務始末』（同治朝）九七巻、三九三一頁。
(29)中国の統治者たちは他の国より優れるという考え方を持ち、また中国を天命を授けられた唯一の皇帝が君臨する中心の国であると自称していた。
(30)中国の世界観が西洋領土主権国民国家関係と相容れなかった。これに関しては、Mary Clabaugh Wright *The Last Stand of Chinese Conservatism–The Tung-Chih Restoration, 1862-1874* (Stanford University Press 1957)、Hosea Ballou Morse *The International Relations of the Chinese Empire* (Longmans, Green, and Company. 1910)、坂野正高（一九七三）『近代中国政治外交史』（東京大学出版会）らの研究がある。
(31)この辺りの経緯については、王開璽（二〇〇九）『清代外交礼儀的交渉与論争』（人民出版社）に詳しい。
(32)『乾隆英使観見記』馬戛爾尼著、劉復訳、台湾学生書局、一九七三、九一頁。
(33)『中外関係史論叢』第三輯（中外関係史学会編、世界知識出版社、一九九一）一五六頁。
(34)『籌弁夷務始末』（同治朝）八九巻、三六〇二頁。
(35)『籌弁夷務始末』（同治朝）八九巻、三六一三–三六一四頁。
(36)『籌弁夷務始末』（同治朝）八九巻、三六一八–三六一九頁。
(37)『籌弁夷務始末』（同治朝）八九巻、三六二〇頁。
(38)『籌弁夷務始末』（同治朝）九〇巻、三六二五頁。
(39)『籌弁夷務始末』（同治朝）九〇巻、三六二六頁。
(40)『籌弁夷務始末』（同治朝）九〇巻、三六四二頁。
(41)『大辞泉』下巻（小学館大辞泉編集部編、小学館、二〇一二）三六七八頁。
(42)『中日大辞典』（第三版、愛知大学中日大辞典編纂所編、二〇一〇）九一五頁。
(43)同右、六四七頁。
(44)同右、一四七三頁。

(45)　史料番号六六。
(46)　マーティン（William Alexander Parsons Martin　一八二七–一九一六年）アメリカ合衆国のプロテスタント中国宣教師。中国名丁韙良。一八五〇年から中国で伝道する傍ら清国政府の国際顧問をも担当し、中国外交の啓蒙に努め、欧米の近代学術を積極的に中国に紹介した。西学を紹介する著作が多数残されており、幕末明治期に日本に流入した。その内『万国公法』は幕末明治の外交界の指針となり、『天道溯原』は明治初年の代表的キリスト教書となった。その他、英文著書も多数。中国文化や中国の諸事情を広く欧米人に紹介した。
(47)　『晩清洋務運動事類匯鈔』（中）、七七六頁。
(48)　JACAR（アジア歴史資料センター）Ref. A03031119000、単行書・処蕃提要・第一巻（国立公文書館）。
(49)　『明治文化全集』第一一巻、七一頁。
(50)　毛利敏彦（二〇〇二）『明治維新政治外交史研究』吉川弘文館、曹雯（二〇〇八）「日本公使覲見同治帝与近代早期的中日交渉」『江蘇社会科学』二〇〇八年六期。
(51)　『大日本外交文書』第六巻、一四八頁。
(52)　この謁見について、清国側は屈辱を受けたと思い、詳しい記載を残さなかった。朝廷政務を記載する『清実録』（五一）の『穆宗毅皇帝実録』（七）（中華書局、一九八七、巻三五二、六六四頁）と毎日の皇帝の行動を記載する『清代起居注冊』（同治朝四〇冊、〇二二三三一頁）も簡単な記録を残すだけである。『清史稿』（巻九一志六六、二六八〇頁）には次のように記載されている。「其年夏、日本使臣副島種臣、俄使臣倭良嘎哩、美使臣鏤斐迪、英使臣威妥瑪、法使臣熱福理、和蘭使臣費果蓀瞻覲紫光閣、呈国書、依商訂例行事。接見時、帝坐立唯意、賜茗酒、恩自上出。使臣訊安否、謹致賀辞。未垂問、毋先言事。西例臣見君鞠躬三、今改五鞠躬」。
(53)　丸山幹治（一九三六）『副島種臣伯』大日社。
(54)　「副島がこの成果をおさめることができたのは、かれの卓越した漢学力の寄与もまた大きかったにちがいない。さらには、マリア・ルス号事件の陰徳もきいたのかも知れない」毛利敏彦（一九九五）「副島種臣の対清外交」『大阪市立大学法学雑誌』四一（四）、大阪市立大学、五一二頁。
(55)　前掲ドナルド・キーン（二〇〇一）『明治天皇』。
(56)　森田朋子（二〇〇五）『開国と治外法権―領事裁判制度の運用とマリア・ルス号事件』吉川弘文館。
(57)　『李鴻章全集』三〇巻、四九〇頁。

(58)『李鴻章全集』三〇巻、五一四頁。
(59)同右。
(60)同右。
(61)『大日本外交文書』第六巻、一三九頁、読点筆者。
(62)『李鴻章全集』三〇巻、五三一頁。
(63)『李鴻章全集』三〇巻、五一三頁。
(64)『大日本外交文書』第六巻、一七九頁、読点筆者。
(65)『大日本外交文書』第六巻、一九三頁、読点筆者。
(66)同注(48)、読点筆者。
(67)同右、読点筆者。
(68)『李鴻章全集』三〇巻、五三九頁。
(69)『晩清洋務運動事類匯鈔』(中)七八四頁、読点筆者。
(70)同右。
(71)『李鴻章全集』三〇巻、五三一頁。
(72)坂野正高(一九七三)『近代中国政治外交史』(東京大学出版会)二九三頁。
(73)『教会新報』五巻、清末民初報刊叢編之三、林楽知等、京華書局、一九六八、二五九五頁、読点筆者。
(74)『明治文化全集』第一一巻、七〇頁。
(75)前掲曹雯(二〇〇八)二〇九頁。
(76)『大日本外交文書』第六巻、一七八頁、読点筆者。
(77)王開璽(一九九四)「従清代中外関係中的『礼儀之争』看中国半殖民地化的歴史軌跡」『北京師範大学学報』社会科学版、一九九四年二期、一七頁。
(78)前掲曹雯(二〇〇八)二〇六頁。
(79)前掲毛利敏彦(二〇〇二)一六五頁。
(80)『大日本外交文書』第六巻、一九五頁。

(81)『李鴻章全集』三〇巻、五三一頁。
(82)吉田宇之助『李鴻章』民友社、一九〇一、九一頁。
(83)劉体智（一九八八）『異辞録』中華書局、八四頁。
(84)『晩清洋務運動事類匯鈔』（上）一〇五－一〇八頁。
(85)『明治文化全集』第一一巻、六五頁。
(86)『大日本外交文書』第四巻、二〇四頁。

第四章　台湾出兵

はじめに

日清両国は一八七一年に「日清修好条規」を締結し（第二章）、七三年にその批准書を交換したことにより（第三章）、正式な国交を結んだ。しかし、翌年の一八七四年に日本は台湾に派兵した。この行動が日清関係に大きな影響を与えたことは多言を要しないだろう。

台湾出兵は日本側が琉球難民殺害事件と小田県漂流民事件を口実として起こした事件である[1]。明治政府は蕃地事務局を設置し、参議大隈重信を長官、陸軍中将西郷従道を事務局長に任命し、さらに全権を与えた。出兵は内外の障害に妨げられて難航したが、西郷従道は征討軍三〇〇〇名を率い、参軍（陸軍司令官）谷干城、参軍（海軍司令官）赤松則良に命令し、出兵を決断した。事件を収束させるため、日本側から柳原前光を特命全権大使、その後、大久保利通を全権弁理大臣に任命し、清国に派遣した。結局、一〇月三一日（九月二二日）、日清両国の間に互換条款「北京専約」と互換憑単が締結され、清国側は難民の遺族に「撫恤銀」一〇万両、日本が台湾に残した施設の補償金四〇万両、合計五〇万両を日本に支払った。これにより台湾出兵は妥結したのである。

台湾出兵に関しては多数の先行研究がある。本章ではそれらの先行研究を参考にしながら、引き続き李鴻章の対日認識を考察したい。

一　台湾出兵前の李鴻章

台湾出兵の一年前、李鴻章はすでにその情報を入手していた。一八七三年四月二三日（同治一二年三月二七日）、李鴻章は総理衙門に日本が生蕃を征討するという情報を報告した。[2] また、同年五月三日（四月七日）、李は総理衙門への書翰の中で、沈秉成（上海道台）に報告された台湾出兵に関する情報を具申した。[3] しかし、孫士達（江蘇記名道）への書翰では、李は琉球が清国の朝貢国であり、琉球難民殺害事件が日本とは関係がないことを理由にし、出兵に関する情報を重要視しなかった。[4] 総理衙門は李の意見に影響されたと考えられるが、何の対策も取らなかったのである。

第三章で述べたとおり、同治帝への謁見問題をうまく解決できず、清国側との交渉が膠着状態に入ると、六月二一日（五月二七日）に外務卿副島種臣は外務大丞柳原前光、外務少丞鄭永寧を遣わし、総理衙門の毛昶熙、董恂と会談させた。その際、柳原は三つの問題について清国側の見解を打診した。マカオ、朝鮮の帰属問題と琉球難民殺害事件である。さらに、柳原は台湾の生蕃を討伐しようとする日本側の行動を総理衙門の官員に伝えた。総理衙門の大臣たちは、台湾征討が当時論争になっていた謁見問題と関連があると考え、副島に順調に謁見させるのであれば、「生蕃問罪ノ説或ハ寝ヌヘシ」[5] と単純に考えていた。[6]

李鴻章は、七月九日（六月一五日）に総理衙門へ書翰を差し出し、伝え聞いていた琉球難民殺害事件について自分の見解を述べた。まず、副島が北京から帰国する途中で天津を通った時、琉球難民殺害事件の話について一切触れなかったこと、次に、琉球は中国の属国であり、何か問題があったならば自ら中国に上申すべきで日本とは関係がないこと、さらに、前には英、米の商船が生蕃に侵害され、英、米は軍隊を派遣したが、うまくいかなかったことを持ち出し、李は、「日本は生蕃征討の意志があっても、我々は心配はいらない。この事を議論する必要はなさそうである」（倭即生心亦無他慮、此節似可無庸置議）と、関心を示さなかった。(7) 同書翰では、琉球より朝鮮のほうがもっと注意すべきであると李は警戒していた。

翌年の一八七四年、台湾出兵の情報が再び李鴻章の耳に入った。四月二七日（三月一二日）、李はこの情報を総理衙門に報告した。情報によると、「旧藩の武士たちは最近内乱を起こし不満を抱いている。政府は彼らに朝鮮征討を要求されたが、受け入れなかった。しかし、再度乱を起こされるのを恐れ、ひとまず武士たちに生蕃征討を許可しようとしている」（旧藩部属武士新近内乱不悃、国家請征高麗不允、恐再作乱、姑使之往打生蕃）と、台湾出兵は征韓論の収束策であり、士族の不満を外に転化させる方法であると認識されている。(8)

李は翌日の四月二八日（三月一三日）、総理衙門への書翰の中で、前掲の情報を報告し、台湾出兵の信憑性を疑っていた。

日本はわが国とはじめて条規の批准書を交換し、同治帝謁見も円満に終えた。台湾生蕃の一件について、日本は我々に予め協議もしていないのに、どうしてにわかに兵を起こすことができようか。軽率に兵事を起こすにしても、どうして一言も通知しないことがあろうか。この情報は道理から考えれば、なお信憑性に疑いがあると思われる。日本国内では、内乱を鎮圧したばかりで、国力の上で大胆な企てはできないはずである。また、兵を加えるとすれば、朝鮮のほうが先である。（中略）中国がもし全力で戦おうとすれば、日本は必ずしも勝てるとは言えない。ゆえに、日本側はあえて義に背き、和を失うような行動を取らないだろう。（日本甫経換約、請覲和好如常、台湾生蕃一節并未先行商弁、豈得遽爾称兵、即冒然興

兵、豈可無一語知照、此以理揆之而疑其未確也。日本内乱甫平、其力似尚不足以図遠、即欲用武、莫先高麗（中略）若中国以全力争之、未必遂操全勝、徒自悖義失和[9]）

さらに、李は出兵に関する情報の出所を分析した。「日本の情報は雑多で、偽りも多い。パークスは日本との関係が最も良好であるから、日本に代わって虚勢を張り、わざとおとり兵の役割をしているのである」（東洋新聞百変、詐偽多端。巴夏礼与該国情好最密、代為虚張声勢、故作疑兵[10]）。李はこの情報が、駐日イギリス公使パークス（Harry S. Parkes 巴夏礼）が仕組んだ中国を騙す手段であると推測した。

しかしながら一方で、この情報が真実か否かにかかわらず、出兵が「遅かれ早かれ免れず」（早遅正恐不免[11]）と李は警戒心を抱き、防備をしたほうがよいと考えていた。

実際、李の書翰が届いた前日の四月一八日（三月三日）、総理衙門はイギリス公使ウェード[12]から出兵に関する情報を得ていた。ウェードの通知には、「生蕃の居住地は中国の領土であるか、日本は予め出兵のことについて中国に照会をしたのか」等の問い合わせがあった[13]。しかし、総理衙門はすぐには対策を取らなかった。

第二章で論述したとおり、日本との関係を構築する際、李は日本を「羈縻」しようと考えていた。「羈縻」の一環として、李は「防日」論を唱え、日本に対して終始「警戒」を抱き続けた。李の防備の増強を呼びかけていたことはその証左となろう。

二　台湾出兵時の李鴻章

李鴻章と総理衙門

イギリス、ドイツなどの外交官から出兵の事実を確認した李は、五月一〇日（三月二五日）、総理衙門への書翰で対策を提言した[14]。まず、船を貸与したアメリカの行動が万国公法に違反するのみならず、米中間の条約（「天津条約」）中にある「協同して対処する」（相助調処）という内容にも背くと指摘した。さらに、李は二つの提案をした。第一に、総理衙門はアメリカ使節と交渉し、日本の出兵に協力する行動を直ちに中止させること、第二に、閩省（福建省）から船を台湾へ派遣し、各港の様子を取り調べ、出兵の軍艦に出会った場合、直ちにその行動を阻止することである。また大砲と連絡拠点などを設置していない生蕃の居住地の情況に対し、陸軍を凰山、瑯嶠、つまり、原住民の居住地周辺に駐在させ、日本の機先を制する。日本軍と出会ったならば、「情理を説いて極力撤兵させると同時に、兵を整えて対峙する」（一面理論情遣、一面整隊以待）との対策を提示した。そして、その適任者として、福建省出身の沈葆楨（総理船政大臣、一八二〇―一八七九年）を推薦した。李は最初から日本側に乗ずる隙を与えないよう提言した。

李の提言はすぐに総理衙門により実現された。まず、総理衙門は五月一四日（三月二九日）にアメリカ、イギリス公使と会談し、抗議した。また、同治帝は沈葆楨を台湾へ派遣し、生蕃居留地の視察を命じ、南、北洋大臣に随時情報を報告するよう命令を下した。さらに、日本の行動を確認するため、日本外務省へ照会文を送った[15]。

五月一九日（四月一四日）、総理衙門の恭親王らは上奏し、沈葆楨を台湾へ派遣し、「一方で情理を諭し、一方で兵威を示すように」（或諭以情理、或示以兵威）との対応策を提出した。さらに、「各国は中国と通商してより、長らく台湾の獲得を狙っている。日本がもっとも台湾に近く、侵略し占拠する意図があるかもしれない。さらに西洋各国はみな軍艦を台湾に派遣し、巡回調査と名乗って、それに便乗する意図がないとは言えない」（各国通商以後、覬覦已久、日本相距尤近、難保不意図侵占。且各国均有兵船駛往、以巡査為名、未始無因利乗便之意）と警戒感を示している。[16] 総理衙門は、前掲した李鴻章の五月一〇日（三月二五日）の提案を参考にし、対策を打ち出したことが明らかである。

しかし、日本側の先発隊は四月二七日にすでに長崎を出帆しており、五月一七日に陸軍中将西郷従道も長崎を後にしていた。李鴻章が五月一〇日に二つの提案をした時点で、日本の先発隊はすでに瑯嶠に到着し上陸していたのである。栗原純（一九八九）が、「李の対応策も端緒において頓挫した」と指摘しているとおり、[17] 清国及び李鴻章の対応は手遅れだったのである。

日本軍の台湾上陸の事実を確認した清国政府は、五月二九日（四月一四日）総理船政大臣沈葆楨を「欽差弁理台湾等処海防兼理各国事務大臣」に任命した。沈葆楨はジケル（Prosper Marie Giquel　日意格）、潘霨（福建布政使）を率い、六月一四日（五月一日）に台湾へ赴いた。

李は日本軍が上陸したとの情報を得た後、六月一日（四月一七日）に総理衙門に書翰を提出し、以下のように提言した。[18] 日本側は鉄甲艦が二隻しかなく、戦争が起こった場合、必ずしも我が国に勝てるとは言えない。しかし、我が国では軍の指揮官は、「まだ厳しい訓練を受けたことはなく、またおそらくはその要領も得ていない」（向未見仗操練、亦恐未尽得法）という現状である。さらに、ハート（Robert Hart　赫徳　中国海関の総税務司）の話によると、中国は「恐らく（日本には）対抗できない」（恐敵不住）という情況であった。その情況を打開するためには、日本側にアメリカ人の雇用を中止させるか、あるいは、我が国も同じく外国の勢力を借りるしかない。李は総理衙門へフランス人ジケルを推薦した。ジケルはかつてフランス海軍に奉職し、のちに清国の福建造船場の監督を担当していた。また太平天国の反乱を鎮圧する際に戦功を立て、沈葆楨に信頼されていた人物である。そこで、台湾出兵のとき、ジケルを活用すべきであると、李は総理衙門と沈葆楨への書翰の中で提言したのである。

六月二四日（五月一一日）に李鴻章は総理衙門へ書翰を差し出し、「表面では平和的解決を進めながら、密かに戦備を整えておくことが必要である」（明是和局而必陰為戦備）と提案した。[19] さらに、西洋人の「力を問題にし、道理は問題にしない」（論勢不論理）[20] という情況に対し、我が国は軍事力を高めなければならないと呼びかけた。その後、李は西洋式兵器、軍艦を購入するように、再三書翰を総理衙門に差し出し、軍事力増強の重要性を説いている。[21]

李鴻章と沈葆楨

沈葆楨は台湾へ派遣されてから最前線で日本軍と接した。『李鴻章全集』には、李鴻章より沈葆楨への書翰が多数収録されている。

六月二日（四月一八日）、李は沈葆楨への書翰の中で、台湾に派遣した軍事力が日本に劣るため、日本の軍隊に対する方針について、「情理を諭し、兵の威力を示すように」（諭以情理、示以兵威）と強調した。[22] 具体的には、「ただ軍隊を駐屯、訓練し、我が威勢を強めるにとどめ、日本との開戦は回避する。一方、生蕃を帰順させ、我等の支配下に置き、日本側につかないようにさせる。そうすれば、日本側の野望を防ぐことができ、あるいは戦意を失って帰っていくかもしれない」（只自箚営操練、壮我声勢、而不遽動手、招撫生蕃、就我約束、而不至外叛、彼当無可覬覦、或者興尽而返）という意見を示した。[23]李は沈に積極的に戦うのではなく、日本軍に自ら撤兵させるよう仕向ける対策を講じようとしていた。

軍事力の欠如を痛感した李は、六月一五日（五月二日）、沈への書翰で、軍隊を増派し武器を支援すると約束した。[24]その後、李は徐州の記名提督唐定奎と兵士一三営（約六五〇〇人）を台湾に赴かせた。この軍隊は、太平天国と北方の農民反乱を鎮圧した際に活躍した兵士から構成され、精鋭部隊であると評価されていた。

李は沿海地域の安全にも気を配った。いざ開戦となれば、沿海の安全対策を整えなければならない。李はアモイ、福建の防衛任務を担当する孫庚堂、[25]江蘇の呉広庵、[26]両江総督の李宗義[27]と書翰を往復し、互いに意見、対策を交換した。

このように、日本による台湾出兵に際して、李は積極的に総理衙門や同僚に書翰を差し出し、献策をした。李の提案は総理衙門に採用され、これがうまく機能していたことは明らかである。

三　「撫恤銀」をめぐる外交交渉

日本側は台湾出兵問題を処理するため、柳原前光、大久保利通を使節として清国に派遣した。交渉中、賠償金問題が大きな論点となり、激しく議論されていた。以下、史料から賠償金に関連する内容をピックアップし、その経緯について述べてみたい。

西郷従道と潘霨の交渉

外交交渉は主に北京で、日本使節と総理衙門との間で行われた。一方、それと同時に、台湾では西郷従道と清国官僚との間で交渉が展開された。北京での外交交渉ほど正式ではないが、出兵の最前線における日清双方の折衝として、その具体的経緯は、看過することができないだろう。

ここで、史料『甲戌公牘鈔存』を利用して考察する。この史料は、福建閩県人王元穉の手抄本である。彼は台湾出兵の際、台湾の役所に勤務していた。したがって、出兵に関する多数の一次史料を入手できる立場にいた人物である。[28]

潘霨は福建布政使であるが、清国政府から沈葆楨と共に台湾出兵を処理するようにと命令され、台湾に赴いた。潘は台湾に到着したあと、日本軍の駐在地へ赴き西郷従道を訪れた。『甲戌公牘鈔存』の記録によると、出兵を収束させるため、潘は西郷と六月二二日、二五日、二六日と三回の会談をした。会談では潘と西郷が賠償金の件に言及していた。

三回目（六月二六日）の会談の様子を見てみよう。

潘は夏献綸（台湾道）とともに日本軍の駐在地を訪れたが、前二回の会談と同じように、生蕃の帰属について、話はうまくまとまらなかった。西郷は軍費を多数費やしたため、清国側が「軍費を補償すべきである」（須貼補）と表明した。[29]出兵する前に二一〇万円の金を調達し、現在はすでに一二〇万円を使い尽くしたという。これに対し、潘は、「牡丹社は貧しい蕃社であり、補償する余力はない」（俱係窮蕃、従何貼補）と言明した。[30]さらに、「軍費を補償することは体面に関わることであり、中国にはできない」（貼補兵費、是不体面之事、中国不能弁理）と、潘は表明した。(31)第三回の論争で、日本側から賠償金を条件に撤兵するという提案がなされたのであるが、潘はこれを完全に拒否したのである。最後に西郷は、今回の出兵については、「我々は西洋人に欺かれて、日本と清国が不和に陥ったことを理解している。ただ事態がすでに今の状態まで進んでしまった以上、万やむを得ず、できるだけ早く事態を収めたいと願っている」（亦知為西洋人所欺弄、使伊国与中国不和、惟事已至此、無可如何、総願及早了結）と語った。(32)この時点で、賠償金で出兵を収束させたいという西郷の意図は明らかである。実際、西郷は出兵を決断した際、五〇万円で収まると大言壮語をしていた。(33)西郷は自分の「失言」の挽回策をもかねて、非公式な外交交渉でありながら、賠償金を取り上げたのであろう。

潘と西郷との会談を見てみると、談判は生蕃の帰属にポイントを置き、次に賠償金問題が双方の議論の中で取り上げられたことがわかる。しかし、潘は西郷の要求した軍費賠償を拒否した。

特命全権大使柳原前光の外交交渉

柳原前光は特命全権大使に任命され、台湾出兵問題を解決するため、五月二八日（四月一三日）に上海に到着した。柳原は六月一一日（四月二七日）に直隷総督北洋大臣李鴻章を訪れ、李と激しく論議した。(34)

李鴻章は柳原に、「なぜ台湾生蕃地は中国の領土ではないと言うのか」（如何説台湾生蕃不是中国地方）、「三つの用件はすでに処理したが、なぜ撤兵しないのか」（三件事已弁了、為何還不退兵）などと詰問した。ここでいう「三つの用件」とは柳原と潘霨が議定した三箇条を指している。具体的には、漂流民加害者である先住民を捕えて処罰すること、

その処分を妨げる者を敵として殺害すること、今後漂流民の被害が出ないように先住民に教化を施すこと、の三件である。(35)

李は、台湾は中国の主権下にあることを強調し、「片方ではわが国に派兵し、片方では修好のために人を派遣する。表向きは友好的に振る舞うが、その行動は友好的ではない」（一面発兵到我境内、一面叫人来通好、口説和好之話、不做和好之事）と日本側の行動を強く批判した。

次に、李は「日清修好条規」が発効された翌年に日本が出兵の不祥事を起こしたのであり、このような事態になるのならば条規締結の意味はどこにあるのか、と日本の態度を批判した。その上、李は日本の行動が彼自身の面目を失わせ、さらに不利な立場に置かせたのであると抗議した。

さらに、李は、昨年副島全権大使が清国に滞在していた時、台湾のことについて一言も言及せず、出兵について正式な通知もなかったこと、中国は一八カ省もあり、本当に戦争を起こしたならば、人数も少なく、領土も小さな日本が勝てる確率は低いことを指摘した。

李は柳原と会談した際、強硬な態度をとったことが明らかであり、日本側の出兵に対し、激怒していたことが窺われる。一方、柳原は弁明する言葉に詰まり、話の筋が通っていなかった。その後、柳原は国書を持参して北京に行きたいと李に伝え、賠償金のことには言及せずに、天津を後にした。

北京滞在中の柳原の行動に関し、総理衙門との往復書簡（一七通）が『籌弁夷務始末』（同治朝）に収められている。それによると、双方は主に生蕃の土地が清国の領土であるかどうかをめぐり、論争を繰り返したが、本質的な進展は見られなかった。柳原は、前年（一八七三年）特命全権大使副島種臣に随従し、清国に滞在したとき、総理衙門大臣から生蕃は「化外」であるという言明があったため、出兵を行ったと主張した。しかし、被害者は琉球民であり、琉球は中国の属国である。したがって、清国側は、何か不公平な待遇を受けた場合は中国に処理を請うべきであること、日本側がそれに干渉するのであれば、総理衙門にあらかじめ照会すべきであることを主張した。さらに、昨年に「日清修好条規」が発効され、条規には「両国所属の領土を侵越してはならない」という条目があり、日本側の行動が「日清修好条規」に違反していることを批判していた[36]。

七月一五日、日本政府から柳原に下された訓令には、以下のような内容がある。

清国政府其接壌ノ地ニ在リテ、其人ヲ化スルノ義務ニ怠リタルニヨリ、我日本政府不得止コレヲ勦撫懐柔スルニ至リ、我日本政府ニテ糜スル所ノ財貨、所費ノ人命モ、亦清国政府ヨリコレカ相当ノ償ヲ出サシメン事ヲ要ス[37]

この訓令には矛盾がある。生蕃が清国に属していないと主張している日本側はなぜ清国政府に賠償金を請求するのか。清国が、「其接壌ノ地ニ在」るということを理由とするのは、明らかに無理である。また、訓令では賠償金を請求する対象を西郷が主張していた牡丹社から清国政府に変えている。さらに訓令の第一〇条には、「琉球両属ノ淵原ヲ絶チ、朝鮮自新ノ門戸ヲ開クヘシ[38]」とあり、台湾出兵の背景には琉球と朝鮮問題が絡んでいることがあきらかである。

七月一六日に柳原は総理衙門へ書翰を差し出し、日本政府から下された訓令を伝え、清国側の解決策を求めた。清国側は相変わらず生蕃地は中国の領土であることを強く主張し、日本側が撤兵した後、自ら処理すると返事した。柳原と総理衙門との交渉がうまく噛み合わなかったのである。

柳原は、交渉の中で賠償金については一言も口に出さなかった。これは日本政府から受けた、「償金ヲ得テ攻取之地ヲ譲与スルニ在リト雖モ、初ヨリ償金ヲ欲スルノ色ヲアラハスヘカラス[39]」という指示を守ったからであろう。八月二〇日（七月九日）に柳原は総理衙門に、「我が国によるこの役を徒労には終わらせない」（使本国此役不属徒労）と意見を表明しただけで[40]、賠償金のことを、「なお口に出していない」（未明言）という態度を取っていた[41]。

大久保利通の「両便弁法」とイギリス公使の調停

柳原による清国側との交渉が難航したため、日本政府は八月二日、大久保利通を清国に派遣する辞令を下した[42]。大久保一行は一八名で、お雇い外国人のフランス人ボアソナードが弁理大臣顧問として随行した。大久保は九月一〇日に北京に到着し、柳原と共に外交交渉に取り組み、前後七回にわたり（九月一四日、一六日、一九日、一〇月五日、一八日、二〇日、二三日）、総理衙門と会談した。

大久保は今までの交渉情況から、「支那ニ於テハ台蕃ヲ其管下トシ、我国ニ於テハ之ヲ無主ノ地トシ」と、争点を明確にしていた[43]。大久保はボアソナードらの意見を参考にし、国際公法と国際法学者の話を引用し、清国の「政教」が「生蕃地」に及んでいないと論じた。これに対し、軍機大臣文祥は三回目の会談の際、「万国公法ナル者ハ、近来西洋各国ニ於テ編成セシモノニシテ、殊ニ我清国ノ事ハ載スル事無シ、之ニ因テ論スルヲ用ヒス、正理ヲ以テ熟ク商談スヘシ」といい[44]、日本側の論点の拠り所を認めようとはしなかった。さらに、清国側は「台湾府志」及び「日清修好条規」を用い、日本の行動が条約に背き、清国の「邦土」への「侵越」行為に相当すると批判し、生蕃地の領有を主張し続けたのである、両方の議論は平行線をたどるばかりであった。

このような情況において、駐清イギリス公使ウェードが両国の仲裁に動き始めた[45]。九月一六日、ウェードは大久保を訪問し、もし清国側が日本の出兵を正当と認めるならば、日本側が撤兵するかどうかを大久保に打診した。しかし、大久保は、「此説ハ大ニ異レリ」と、ウェードの打診を否定した[46]。九月二六日、ウェードは再び大久保を訪れ、調停する意欲を表明したが、大久保は、「不日両国政府ノ間ニテ決定ス可クト思ヘリ、故ニ勉テ配意ヲ煩サ、ラン事我カ希フ所ナリ」と答え、ウェードの調停を受け入れなかった[47]。日清の交渉論議は難航し、大久保は帰国の姿勢を示した。ウェードは一〇月九日にも日本公使館を訪問し、仲裁斡旋の意向を表明したが、柳原に拒否された。この時点で、日本側は外国の調停を頼もうとは考えていなかったのである。

日本側から積極的な反応を引き出せなかったウェードは、また清国側に目を向けた。九月二八日、ウェードは恭親王に書翰を差し出し、賠償金の支払いと引き換えに、台湾から日本軍の撤兵を実現させることが賢明であると勧告した。一〇月三日に総理衙門大臣沈桂芬はウェードの官邸を訪れた。清国側の官員は、「賠償金」に関するいかなる提案にも同意しないと明確に表明したものの、沈桂芬は日本を撤兵させるための解決案を述べた[48]。清国側はもしここで譲歩しなければ、日本側が速やかに撤兵しないであろうと認識していた。ゆえに初めて補償金の問題を取り上げたのである。

日清交渉の膠着状態を打開したのは、一〇月一〇日、大久保から総理衙門へ差し出した照会であった。大久保は照会文で「両便弁法」（両国が納得できる方法）を求めた[49]。

一〇月一四日、大久保は北京イギリス公使館を訪問して「速カニ帰国スヘシ」と伝える一方[50]、日本側の行動には正当性があると主張し、「其名誉ヲ保ツ事ヲ得ハ退兵ス可キナリ」と、本心を明らかにした[51]。さらに、大久保は日本軍が大変辛苦し、死傷者も多数出ており、「我国政府ノ満足スル所ト、人民ニ対シ弁解ス可キ条理有ルニ非スンハ、未タ退兵シ難シ」と主張した[52]。同日、大久保はまたフランス公使館を訪問した。フランス公使ジョフル[53]に、日本側が莫大な経費を費やしたことを伝えた。大久保は賠償金請求の布石を打ったのである。

一〇月一八日、大久保は清国大臣と五回目の会談をし、「両便弁法」を落着させようとした。その内容は、「貴政府ノ我ニ償フ可キ事」という明確な賠償要求であった[54]。一方、清国側は日本側の行動を「不是」とは責めないが、償金は政府の面目に係るため、即答できないと答えた。それに対して、大久保は帰国の日が迫っていると、返事を催促した。

しかし、二日後の二〇日、六回目の会談で清国側は、「労兵ノ為メニハ出金シ難シ、我カ大皇帝ヨリ貴国ノ難民ニ償フナリ、能ク此義ヲ領セラレ勘按セラルヘシ」と答えた[55]。つまり、「兵費」の賠償ではなく難民への「撫恤銀」であれば応じると述べた。

翌日の二一日、日本側の鄭永寧は沈桂芬と金額についての交渉を開始した。鄭は、出兵の費用が五〇〇万弗であり、その内、戦艦、機械買収費が二〇〇万弗、生蕃地での実費が三〇〇万弗である。どのように勘案しても、賠償金が三〇〇万弗より下るべきでないと表明した。この言行は大久保の指示を受けていたと考えられる。一方、同席の総理衙門章京周家楣は、「風聞ニハ貴国ノ実費五六十万ト云フ」と述べた[56]。双方の言い出した金額は非常に異なっており、談判の結論はでなかった。

一〇月二三日、大久保は柳原、鄭永寧等を率い、総理衙門を訪れ、償金の名目、金額について打診した。清国側は依然として、賠償金という名称は「体裁悪シ」と主張していた。一方、大久保は、「貴国ノ便ニシテ、我ノ便ニ非ス」と清国側の提言した解決案を拒否した[57]。この日の交渉もうまく進まなかった。

一〇月二四日、大久保は自らイギリス公使ウェードを訪れた。清国との会談が決裂し、明後日に帰国することをウェードに伝えた。

翌日、ウェードは大久保の滞在先を訪ねて、清国側の意見を伝えた。つまり、一〇万両は難民への「撫恤銀」、四〇万両は日本側へ贈る諸雑費（台湾に残した施設の補償金）という案である。大久保はついにこの解決案に同意すると表明した。さらに、ウェードの協力を得て、大久保は自ら三ヵ条の要求を作成し、清国に打診した。これは後の「北京専約」の前案となった。その後、支払い日について双方はいささか論争したが、交渉はこれで終結を迎えた。

実際、日本側はどれぐらいの金額を費やしていただろうか。『対支回顧録』には、「征台の役に費した経費は討蕃費及び弁理大臣派遣費を加へて三百六十一万八千余円となり、之に兵器、船舶購入費として五百九十三万二千余円を支出してゐる」と膨大な出費記録が残されている。[58]さらに、日本国内では台湾出兵を失政として明治政府を批判する声もあった。[59]

以上、日清双方の史料を参考にし、「撫恤銀」に関する交渉の粗筋を概括した。金額の名称が賠償金から「撫恤銀」と施設補償金になった経緯が明らかである。金額も三〇〇万弗（三〇〇万円）から五〇万両（約七七万円）となった。

日本の『郵便報知新聞』では、一一月一〇日の「公布」欄に「賠償金」に関する記事が載せられた。この記事で「賠償金」という用語を使用した根拠は、一一月八日太政大臣三条実美より院省使庁府県への達し書である。「彼政府より償金可差出結約の趣」という内容であり、[60]明治政府ははじめから「償金」という名称を使った。その後、日本では「償金」という名称がしばしば使われるようになるが、その根源は政府の「達し書」と新聞紙の宣伝にまで遡ることができよう。

しかし、「賠償」とは「他に与えた損害をつぐなうこと」である。一方、「撫恤」とは「いつくしみあわれむこと」のことである。[61]この一〇万両の「撫恤銀」には、皇帝の「恩典」の意味が含まれている。史料を解読すればあきらかなように、清国側は終始「兵費」、「賠償金」、「償金」という名称に反対し、「撫恤銀」を称したことはここで確認できる。このように、清国政府は公式見解としてはあくまでも「撫恤銀」である。しかし、清国政府が「撫恤銀」を支払ったことをうまく利用して、日本政府はそれを「賠償金」と国内外に宣伝したことになる。以上が交渉の経緯である。それでは、交渉終結において、李鴻章がどのような役割を果したのかについて考察したい。

四　収束案の提出と李鴻章

賠償金に対する清国官僚の意見

まず、台湾を管轄していた閩浙総督李鶴年の論述を見てみよう。「臣らがひそかに考えるに、日本は出兵を後悔しているが、我々の軍隊は、兵器が不備でその力が充実していないことを察知し、久しく蓄えていた貪欲の念を解消できない。ゆえに撤兵を望んでおらず、損失の補償を要求しているのである。我々がもし賠償金を認めないならば、かならず通商を求めるであろうが、これらはどうしても許してはならないことである」（臣等窃思倭奴雖有悔心、然窺我軍械之不精、営頭之不厚、貪鶩之念、積久難消。退兵不甘、因求貼費。貼費不允、必求通商。此皆万不可開之端[62]）。つまり、李鶴年は日本の目的は賠償金と通商だと認識し、その「貪欲」に歯止めをかけるため、その要求に反対すると表した。

沈葆楨も、日本の理不尽な要求を厳しく拒否するように上奏文で意見を表した[63]。さらに、沈は直隷総督北洋大臣である李鴻章への書翰で、大久保は早くこの事件を終結するために清国にきたわけで、我々は、「逸を以て労を待ち、主を以て客を待つのであるから、自ら急いで終結を求めなくてもよい」（以逸待労、以主待客、自不必急於行成）と述べた[64]。これは総理衙門の延引策と同工異曲であるとも言えよう。実際、清国側はこの時間を利用し、軍備を整えたのである。李鴻章は沈葆楨の意見を朝廷に上奏し、これには賛成の声が寄せられた。

李鴻章は、最初に日本側が賠償金を請求しているという情報を得たとき、以下のように沈葆楨に返答した。「我々は、生蕃は中国と関係はない、ゆえに軍費の補償について論ずることはできないと答えるのが最も簡明である」（若回以生蕃与中国無干、豈能議及兵費、最為直截[65]）。つまり、李も賠償金を支払うことに反対した。李はまた、「この事件がもし賠償金を支払う形で終結したならば、以後は日本の野心は一層深くなり、我が国が切り刻まれる憂いは一層甚だしくなろう」（此事若以兵費結局、以后覬覦更多、魚肉更甚）と考えた[66]。李は賠償金を払った場合、日本の要求がさらにエスカレートすると警戒したのである。

一方、総理衙門は日本の賠償金請求に対し、いかなる意見であったのか。北京で行われた五回目の会談で、大久保が「両便弁法」を述べたあと、沈桂芬は以下のように反論した。

古来、両国の兵事にはただ勝敗の別のみがあり、軍費に言及することはなかった。また、軍費の賠償は西洋各国のルールであるが、両国が戦争し、勝敗が決したあと、敗者が勝者に軍費の賠償金を払うのである。しかし、現在、我々両国は平和状態を失わず、戦争をしたわけではない。それなのに何故、賠償金まで問題にすることができようか。中国は金の多寡を云々しているのではない。今回の案件はこのルール自体に関わる問題なのである。（古来両国用兵、但分勝敗而已、無所謂兵費也、賠給兵費係泰西各国規矩、然亦両国開仗、勝負既分、負者始給勝者兵費、今我両国並未失和並未開仗、如何能講償費、中国不在銭之多寡、而事関体制[67]）

沈は、軍費賠償は欧米各国間のルールであり、日清両国は戦争に至らず、勝敗の決着がつかない情況で、日本に賠償金を支払う道理がないと大久保の要求に反対した。その上、軍機大臣文祥も、「一銭たりとも渡さない」（不給一銭）と表明した[68]。

以上、賠償金を支払わない方針が清朝政府官僚の多数意見であった。

李鴻章の提案

日中双方が対立し、互いに譲らない情況に陥ったため、李は自ら解決策を考え、八月二五日（七月一六日）に総理衙門へ以下のように表明した。

率直に言えば、琉球難民殺害事件が三年も経つにもかかわらず、閩省（福建省）はまじめに調査し、（関係者を）処罰していなかった。これは弁解の余地のないことで、中国側にも落ち度はあった。そこで、万やむを得ず、日本が人命の問題から事を起こした意に従い、難にあった琉球人をどのように救恤するかを検討する。あわせて、かの国の兵士の辛苦を思いやり、恩を乞うているのに応じて若干の軍資を彼らにねぎらい賞する。しかし、これはいかなる金額であろうと、軍費への賠償ではない。（中略）国内においては天朝の辺夷を包容する度量を失わず、外国に対しては羈縻を絶やさない心を示すのである。（平心而論、琉球難民之案已閲三年、閩省并未認真査弁、無論如何弁駁、中国亦小有不是。万不得已、或就彼因為人命起見、酌議如何撫恤琉球被難之人、并念該国兵士遠道艱苦、乞恩犒賞餼牽若干、不拘多寡、不作兵費（中略）内不失聖朝包荒之度、外以示羈縻勿絶之心[69]）

ここで、李は清国側から琉球難民に「撫恤銀」、日本軍に「賞与」を出し、事態をおさめることを提案した。さらに、この史料の中から、「羈縻政策」の影響も窺われる。李は日本を「籠絡」、「牽制」する初志を変えておらず、内心では日本を警戒しているけれども、とにかく「籠絡」し、自分側に好意を抱かせてつなぎとめておく、という趣旨を貫徹している。それに基づき、李は解決案を作り出したのである。一方、李は「撫恤銀」と「賞与」で終結する案が「世論に糾弾されるだろう」（為清議所不許）と覚悟したうえで、上記のように提案したのである。

李はなぜこのような考え方を持つに至ったのか。

まず、清国の国内の実情を見てみたい。李は同僚への書翰の中で、「司と関の両局は収支がつりあっていない、厘税（商品の地方通過税）も減少する傾向にある。貧弱は今日の国の大病である。（中略）このような状況で富強を求めようとするのは、車の向きを南にして北に向かうのと同じである」（司、関両局入不敷出、厘税又復減収、貧弱為今日大病（中略）欲求富強、是尤南轅而北轍也）と述べた[70]。つまり、清国の財政はすでに収支がつりあわない情況に陥っていたのである。その他、新疆での叛乱が未だ収束していない事情も見逃してはならない。すでに「内憂」に悩まされた清国側が、日本の挑発を迎え撃つことは不得策であり、現今の自強という目標と正反対となるのである。

次に、日中双方の軍事力を見てみよう。前掲した六月一日（四月一七日）に総理衙門へ差し出した書翰（注⒅史料）でも述べたとおり、船舶と大砲の数などの軍事力から見れば、日本が必ずしも勝つとは言えないが、清国の兵士は厳しい訓練を受けたことがなく、戦争を経験したこともない。一方、日本側は戦艦二隻を動員し、指揮官にはアメリカ人を雇用している。つまり、もし軍事行動を起こしたとすれば、海防能力の欠如している清国側は有利ではないだろう。

さらに、李は戦争の害を避けたいと考えていた。醇親王への書翰の中で、李は、「もし正理をもって戦争を防ぎ、戦争の勃発を抑えることができれば、これはまさに東南各省の大幸である。そうでなければ、後の憂いは言い尽くせないほどになるだろう」（若能据理阻止、息此兵端、誠東南数省之幸、否則後患何可勝言）と述べた[71]。つまり、一旦戦争が起こったならば、東南の沿海地方はその害を避けることができない。むしろ、正論を通して、戦争を阻止するほうがよいと李は主張した。沈葆楨への書翰でもにわかに戦ってはならないと命令した。まさに李の「静を以て動を制す」（以静制動）、「逸を以て労を待つ」（以逸待労）という戦略であろう。

このような対応をした理由は、李が「自強」という目標を念頭に置いていたからである。李は同僚への書翰の中で、「目下軍隊の財源が枯渇しており、大兵の動員はまことに容易ではない。また自強も空談にて実現するものではない。諸将領は臥薪嘗胆をし、財源を確立して強兵の道を探る必要がある。そうすれば自ずから敵は恐れて服従するだろう」（目前餉源枯竭、大挙本不易言、自強亦非可徒恃空談、要在諸将帥臥薪嘗胆、精求理財強兵之術、自漸懾服銷弭）と表明した。[72]清国は洋務運動により国力が向上し始めたばかりで、この時点で日本側と戦争をしても、清国にとって有利に展開しない。むしろ最小限の譲歩で日本を撤兵させる。それによって、自国の「自強」のために環境を守り、国民の危機感と「臥薪嘗胆」の意志を鼓舞させようと考えたのであろう。

なお、李の提案は大久保使節が清国に到着するまえに出されたものであり、他方で賠償金に反対する意見を終始貫いていた。こうしてみると、李の行動は清国のおかれた状況から現実的な次善の対応策をとったのであり、これを「軟弱外交」と評価するのは認識が不十分であろう。

李鴻章と外国使節との交渉

台湾出兵に際し、李は外国使節と頻繁に接触し解決策を模索し続けていた。

①　李鴻章とフランス、イギリス公使

李は七月二七日（六月一四日）、総理衙門への書翰の中で、フランス公使ジョフル、イギリス公使ウェードの調停案を取り上げた[73]。

フランス公使ジョフルは天津を通過した時、調停しようと提案したが、李はこれを拒否した。なぜなら、調停するならば賠償金で収束させられるだろうと李は推測したからである。彼は最初から金銭で事態を収めることを望まなかった。

一方、駐清イギリス公使ウェードは李鴻章に、「日本の軍費を補償するやり方ははなはだ優れている」（日本兵費一節、総近嘉音）と意見を表明した[74]。ウェードは賠償金で出兵を収束しようと考えたのである。さらに、「各国は明らかに日本人を助けるのではないが、必ずしも日本人の勝利を望まないとは言えない。誠意をもって我々を助けるものはいない」（各国雖未明幇日人、未始不望日人之収功獲利、断無実心幇我者）と、李は外国使節が暗に日本側の成功を期待している様子を見破っていたのである[75]。

九月二九日（八月一九日）、李は再びフランス公使ジョフルと台湾出兵の解決案について会談した。ジョフルは、もし清国政府に仲裁を頼まれた場合、イギリス、ロシア公使とともに公平に仲裁裁判をすると約束したが、李は終始「（日本が）生蕃の土地を占拠する」（占蕃地）、「日本の軍費に補償金を支払う」（貼兵費）ことに反対する態度を表した[76]。

②　李鴻章とアメリカ天津副領事

ペシックス（William N. Pethick　畢徳格）は一八七四年に清国に駐在し、アメリカの天津副領事でありながら、李鴻章の翻訳も担当していた。李はペシックスのことを、「頗る仕事に勤勉で、西洋の律法に精通し、才識も優秀で、漢

語にも堪能である」（頗忠於所事、精通西洋律法、才識尚優、漢語亦甚清楚）と評価している[77]。九月四日（七月二四日）李はペシックスと大久保使節派遣のことをめぐって秘密会談をした後、その概略を総理衙門へ上奏した。ペシックスは以下のような提案をした[78]。

まず、今回の出来事は薩摩の有力者による強行出兵であり、日本政府自体は清国と友好関係を継続させたい意向である。また大久保利通は薩摩のリーダーで、使節として西洋諸国を訪れたことがあり、見識のある人物である。もし北京で総理衙門との意見が合わなければ、日清関係及び日本内部の情勢にも深く影響するだろうという認識を示していた。

つぎに、以下のような提言をした。大久保利通が北京に着いた時、総理衙門から積極的に清国政府の意見とこれからの対応を照会文で示したほうがよい。前日、柳原と潘霨が議定した三箇条をもとに、清国は犯人を捕まえ、これから被害を与えないように約束する。大久保はこのような丁寧な照会文を読んだならば、賠償金のことを言い出せないだろう。

さらに、大久保がもし、どうしても軍費の賠償金を請求するならば、清国は一八七二年のマリア・ルス号事件を参考にし、仲裁裁判を頼んだほうがよい。各国は公平に仲裁し、賠償金のことは沈静化するであろう。もし、清国は外国の仲裁を望まなければ、三箇条に従い、撫恤方法で収める策が周到である。

以上、明らかのように、ペシックスは清国と日本との決裂に賛成せず、日本を迎え撃つのが不得策であると忠告した。

李も日中関係を悪化させることに反対し、和局を維持させたかった。ペシックスに似た意見を持っていた李は、アメリカに調停してもらうことに目を向けた。

③　李鴻章とアメリカ新任公使

アブエリ（Benjamin Avery　艾忻敏）は、一八七四年一〇月にアメリカ全権公使に任命され、清国に赴任してきた。アブエリが天津を通過した時、李はアメリカ天津副領事ペシックスを通し、アブエリと会談した。李はアブエリのことを、「慎み深く誠実で、口には妄言がない。中国に来たばかりで、まだウェード、ジョフルら使節のような狡猾で、ひそかに結託する風習に染まっていない」（謹慎篤実、口無妄言、甫到中華、尚無威、熱等使狡猾勾串習気）と好印象をもっている。[79]

さらに、李は一〇月一九日、二〇日、二一日（九月一〇日、一一日、一二日）の三日間にわたって、アブエリと密談した。また、その内容を後日、総理衙門へ報告した。[80] 李の報告書によると、アブエリは中米、日米の条約に従い、仲裁の義務を持っていると言明し、さらに台湾は中国の領地であるとの立場を表明した。そこで、李は、「総理衙門はアメリカ公使の調停を暫く待つほうがよい」と述べた上、書翰の最後に「大切、大切」（切要、切要）と呼びかけ、総理衙門が慌てて事を終結させないよう提言した。この報告書の内容から、李のアメリカ公使の調停による妥結に期待をかけたことが分かる。

④出兵における外国使節の態度

一見すれば、台湾出兵は日本の単独の軍事行動であるが、実際には、西洋各国使節が果たした役割は無視できない。以下、この問題に関する外国使節の動向をまとめてみよう。

台湾出兵の情報を聞いたイギリス公使はすぐさま反応した。駐日公使パークスは四月九日に寺島宗則外務卿に、「台湾開港場に於て我国人民所持致候物貨利益等不少候[81]」と出兵のことについて打診し、台湾における貿易利益のことを強調した。徐興慶（二〇〇四）はイギリスの貿易利益について、「同期のアメリカ船やフランス船の数及び取引量と比べれば圧倒的に多い」と指摘している。[82] ゆえに、イギリス公使は貿易利益のため、日本の出兵行動に敏速に反応した。駐清イギリス公使ウェードは出兵の情報を総理衙門へ伝え、最後に仲裁の役を演じた。それは自国の利益のため、アメリカと日本との連合を阻止するのが狙いであった。この行動からイギリスがアメリカを牽制したかったことは明らかである。

周知のとおり、アメリカの日本駐在公使デロング（Charles E. DeLong　徳朗）は最初から日本の行動を支持していた。デロングは台湾の地図や参考資料を提示し、ル・ジャンドル（Charles William Le Gendre 李仙得）を紹介するなどの支持策をとり、出兵を実現させた。しかし、彼は後に台湾出兵計画に参与し、国の信用を失わせたため、アメリカ政府に召還された。その後、ビンハム（John A Bingham　平安）が後任の駐日公使になり、出兵における米人参加・米船の使用の禁止を通告した。アメリカ公使の行動における前後一八〇度の転換は、国際世論に批判されたことに原因があるのであろう。

ル・ジャンドルは九月一二日（八月二日）、アモイのアメリカ領事に捕われ、上海に駐在した総領事のもとに移送されたが、のちに釈放された。アメリカの彼に対する対応に関して、李鴻章は、「ル・ジャンドルは多方面にわたりアメリカ領事を脅迫・強制した。しかし、アメリカ公使、領事はたちまちにまたル・ジャンドルを釈放した」（多方脅制美領事、而該公使、領事忽又縦之）と述べた。[83] 一見、国際世論及び清国政府の抗議により、アメリカ政府は行動を慎んだように見えるが、実際、アメリカ公使は裏で事態の動きを洞察し、日本の行動を放任していたのである。

一方、清国にいるアメリカ天津副領事ペシックスは積極的に李に献策し、さらに仲介人として、アメリカ新任公使アブエリと李との密談を実現させた。李は、「アメリカは一大陸にまたがる大国であり、また英、仏の異議を恐れない。アメリカ新任公使は日本の出兵に対し、大に役に立つであろう」（美国雄居一洲、亦不惧与英、法異議、此行当於東事大有裨助）と考えた[84]。李の考えには、アメリカを利用し、英、仏の協調と介入を破壊しようとする「夷を以て夷を制する」（以夷制夷）という政略が窺われる。

なお、スペイン、ロシアなどの国は、出兵に中立の態度を取った。

一方、李は外国人使節たちについて、一〇月二一日（九月一二日）に総理衙門への書翰の中で次のように述べている。

> ウェードは狡猾なことで著名である。また日本に駐在しているイギリス公使パークスとぐるになって、悪事を働く。マイヤーズ[85]もまた陰険、凶猛であることがよく知られている。ジョフルはウェードと互いに結託し合っており、彼らが私利を図らないとはいえない。（威使著名狡詐、又与駐東洋之巴夏礼狼狽為奸、梅輝立亦甚陰狠、尽人知之、熱使向与威妥瑪一鼻孔出気、亦難保無自利之心）[86]

つまり、外国使節は調停とはいえ、実際は各自の利益のために動いたのである。李は、「各国は日本の無法な出兵に反対しているが、実際にはその成功を望んでいる」（各国雖譏倭兵妄動、而実幸其成功）と各国の意図を見抜いていた[87]。

五〇万両の由来

台湾出兵の事実を確認した後、清国側も「着々と戦備を整へて」いた[88]。『パークス伝』にも当時の情勢に関し、「中国はのんびり交渉を続けてきた結果、戦争準備の時間をかせぎ、その間に日本はますます失態を重ねることになる。

一日の遅れは、中国にとって得であり、日本にとって損となる」と分析していた。[89] 清国側は交渉の際、延引策をとり、軍備を整えていたのである。これに対し、大久保利通は、日本軍が膨大な軍費を費やしたため、「三百万ノ数ハ増減ナキ者」と鄭永寧を通して、清国側に賠償金を要求し続けた。[90]

総理衙門との交渉が難航し、大久保は帰国すると言い出した。『籌弁夷務始末』によると、イギリス公使ウェードが、「最初は親切に、つぎに恫喝的な言葉で、日本側の望む二〇〇万両は決して多くはない、これがなければ終結できない」（初示関切、継為恫喝之詞、並謂日本所欲二百万両、数並不多、非此不能了局）と、総理衙門に迫った。[91] その結果、総理衙門はやむを得ず、五〇万両の支払いを言い出したのである。

清国側はなぜ五〇万両を渡したのか。その金額の拠り所は何であったのか。筆者は、この金額は一八七〇（同治九）年の天津教案を参照したと考える。

第一章で述べたとおり、清国政府は四九万七二八五両の賠償金を支払い、天津教案を終結させたが、李鴻章はこの天津教案の収束に尽力した人物であった。

清国政府はアヘン戦争の後、欧米列強といくつかの不平等条約を締結し、賠償金を支払った。しかし、台湾出兵はそれらの事態とは異なっていたため、清国政府もそれらと台湾出兵とを同一視しようとしなかった。一方、天津教案は、ちょうどその前に起きた人命殺害を含む事件である。したがって、総理衙門は天津教案を参考にし、五〇万両という金額をとりあげたことが十分考えられる。このことは、後で取り上げる李鴻章の意見からも読み取ることができる。

五〇万両の収束案に対し、恭親王は次のように上奏文を提出した。

臣らは利害の調整を行い、差し迫った情況を検討したが、もし少しも日本に好転の兆しを見せなければ、日本側は、無謀な行動に出るのみならず、事はその思惑通りとなる。これに対し、我々の軍備は未だ十分ではないので、憂慮すべき事態となるだろう。加えて、ウェードの面子を潰したならば、ウェードはかえって日本を援助するかもしれず、我方の敵を増やすことになる（中略）台湾出兵のことは日本が同盟の約（「日清修好条規」）に背き、軍をむけたことにある。もし沿海地方の軍備がどこも完全であれば、互いに論じ合うまでもなく、決裂しても何の心配もなかったはずである。（臣等権衡利害重軽、揣其情勢迫切、若不稍予転機、不独日本鋌而走険、事在意中、在我武備未有把握、随在堪虞、且令威妥瑪無顔而去、転足堅彼之援、益我之敵（中略）伏査此案実由日本背盟興師、如果各海疆武備均有足恃、事無待於論弁、勢無虞乎決裂）[92]

恭親王も同様の意見を率直に述べている。日清両国は緊張状態に置かれており、転機を探さないと両方とも不利になる。日本側がもし無謀な行動をとった場合、清国側は軍備が欠如しているため、勝つ見込みがない。さらに、仲裁役を演じているウェードの面子を潰してしまえば、ウェードは日本を援助するかもしれず、我々にとっては、決してよい結果にならない。恭親王の論点は、欧米への外交的配慮と自国の海防の不備との二点にあったと読み取れる。

五　「撫恤銀」に対する清国側の態度

李鴻章の意見

総理衙門はウェードの提案を受け入れ、事件を解決した。李は果たしてこの終結案に賛成したのか。一一月一一日（一〇月三日）に李鴻章は兄の李瀚章（湖広総督）に手紙を差し出し、交渉の内幕と自分の気持を漏らしている。それによれば、最初、軍機大臣文祥は台湾での通商と引き換えに、日本軍の撤兵を実現させようと考えた。しかし、通商した場合、後患が絶えなくなると沈葆楨に反対された。その後、李は「撫恤銀」による解決を提案した。この案について、「総理衙門によるたびたびの上奏文では、みな私の意見を引用し、それを裏付けている。だから、私はそれに対する非難も甘んじて受けるつもりだ。しかし、私ははじめに二〇、三〇万の見積もりで交渉する考えであった。表向き天津教案と区別をしなければならないのである」（是以総署迭奏、皆引鄙言相印証。以之分謗所不敢辞、但初意或酌給二、三十万敷衍、外面須与津案稍有区別）と李は語っている。[93]

李鴻章の意見によれば、生蕃が殺したのは琉球人であって日本人ではない、一方、天津教案では領事、宣教師を殺害し、外国人の人命に傷害を及ぼしたのである。したがって、両者は「比べられない」（碍難比例）と考えた。[94]つまり、台湾出兵を終結するために、同じ五〇万両を渡すのは不得策であると主張した。五〇万と二〇万ないし三〇万は、五十歩百歩のようではあるものの、李は総理衙門の行動を「甚だ愚かで、惰弱である」（庸懦之甚）と批判した。[95]

その理由は、総理衙門が日本と締結した互換条款の第一条に対し、「甘んじて日本の行動を、民を守った義挙だと認め、その不当性を批判していない」（甘允日本保民義挙、不指以為不足）という点にあろう。[96]

李鴻章は、清国政府が日本との関係を決裂させないことだけに満足する対策を批判した。実際には、一〇月二一日（九月一二日）に李が総理衙門へ提出した書翰では、大久保の行動をすでに予言していたのである。もし大久保が帰国すると脅かしてきたとしても、それは副島の昨年の行動――清国側に圧力を加える策略――と同様であり、気に掛けなくてよい、と李は助言し、さらに総理衙門が「定見を堅持し、静を持って動を制し、徐々に挽回を図る」（堅持定見、以静制動、徐図挽回）べきであると提言した。[97]

しかし、「清側の妥協を引き出すための賭け」事[98]に過ぎない大久保の帰国の姿勢を、総理衙門は見破ることができなかった。さらに、総理衙門は調停役を買って出たウェードとの決裂を恐れ、慌てて五〇万両の額を言い出した。実際、李はアメリカ新任公使アブエリと会談した際、その金額が最大一〇万両であると合意したのである。総理衙門は五〇万両で日本軍を撤兵させられれば、幸いだと考えたのであろう。一方、李鴻章が工作していた米国公使の調停策は途中で失敗してしまった。

なお、すでに五〇万両が定説になった時点では、李は、「あるいは考えるに、もし開戦に至った場合、どっちが勝つにしても、沿海、長江地方の被害総額は数千万ではすまないだろう。この少ない予算で生蕃地を回収し、さらに他の余裕金で続々と海防を整備する。小さな怒りを忍んで、遠大な計画を図る。これらはそもそも交渉責任者たち（総理衙門）の意図であろう」（或謂若啓兵端、無論勝負、沿海沿江糜費奚啻数千万。以此区区収回蕃地、再留其有余陸続籌備海防、忍小忿而図遠略、抑亦当事諸公之用心）という臥薪嘗胆戦略を示した。[99] 李は再び海防整備の重要性を主張したのである。

ほかの意見と当時の新聞報道

当時の清国官僚たちの態度と日中両国の実力を対比して見れば分かるように、清国側は事件を終結させるため、自ら進んで「撫恤銀」を支払ったわけではなかった。むしろ、延引策をとり、軍備増強に力を注ごうとしていた。にもかかわらず、清国はなぜ日本に「譲歩」したのか。

この点について黄遵憲は『日本国志』で、以下のように述べている。

日本はごく近いところにあるが、その欲を満足させていない。それでは、アジアの今後の平和を妨げるかもしれないので、ついに撫恤を許し、銀を支給することにした。日本側に期限を切って撤兵させ、両国は遂に最初のように友好を取り戻した。（念日本近在肘腋、無以餂其欲、恐有妨亜細亜洲後来和局、乃終許撫恤、籌補銀、限期撤兵、両国遂和好如初[100]）

黄は、清国政府が日本との友好関係を保ちたいとの考えを持っていたため、日本に金を支払ったと述べている。清国側が目指したのは両国の友好である。日本は清国の近隣であり、日中関係はアジアの平和と深く関係があると考えていた。

郭嵩燾は出兵の終結について、以下のような意見を表した。「聞くところによると、日本との一件はすでに終結した。台湾に出動した軍隊はみな本国に撤退した。わずか五〇万両で撤兵させた処置は適切であった」（聞東洋事已了、台湾屯田之兵均自撤回本国、去兵費五十万金而已、弁理尚属妥協[101]）。郭はわずか五〇万両で台湾に駐在している日本軍を帰国させた清国側の処理を、「適切」だと評価した。

次に、『申報』の意見を見てみよう。一八七四年一一月一〇日（同治一三年一〇月二日）に「書喜息兵論後」という記事が掲載された。

　ある人はこの事に関して、中国には理があり、日本には理が欠けているのだから、本来であれば中国から撫恤金を出すべきではないと言う。しかし、我々はすべて計算をした上で、次のように指摘できる。この少しばかりの銀五〇万両で戦争の患いを除き、さらに、数年の間、国力を損なうことを免れたのである。これは、大きな問題を縮小し、小さな問題を無にする方法である。このやり方より優れた方法はない。（或者曰、此事中国理直、日本理曲、実不宜中国補銀。乃吾為之合盤計算而告之曰、以此些須五十万銀得除戦患、並免数年損虧元気、是以大化小、以小化無之法、未有善於此挙者也）[102]

この記事も前掲の郭嵩燾と同様、清国側がわずかな全額五〇万両で戦争を抑えることができたのは良策であったと称賛している。その上、『万国公報』も「戦争を防ぎ、国民を安んじたことは、中外とも甚だ幸いであった」（息兵安民中外幸甚）と評価した[103]。つまり、清国の新聞や官僚の評価からみれば、五〇万両で事件を終結するのはよい方法だと考えられていた。

一方、日本側はいかに評価したのか。中村正直は「支那不可侮論」を題とし、以下の意見を述べた。

　前日日支ノ事アリシ時、李鴻章オモヘラク、今若シ戦ヲ交ヘバ、英仏必ズ休兵ノ事ヲ迫ルベシ、他国ニ迫ラレテ休兵スルハ、其恥更ニ甚シト、因テ、大国ヲ以テ小国ニ屈シ、償金ヲ以テ事ヲ済スハ、ソノ度量弘大ニシテ、裁決ノ善ヲ知ルニ足レリ[104]

中村は李鴻章の対応を「度量弘大」と高く評価し、その裁決は「善」であると理解している。

駐日英国公使パークスは、次のように感想を記している。

幸運が日本に舞い下りたが、日本にはそれを受ける資格がない。私はとても残念だ、海の向うの老大国のほうが正しいというのに、この若造の国に屈服するとは。戦争がなくて嬉しいが、びた一文もらわなくとも、日本は平和を喜んだことであろう。もらう権利がないことは、日本人はよく承知している。(105)

パークスはこの収束策に対し、いささか理解できないとする意見を残している。

海防論の提出

台湾出兵の際、李は総理衙門に書翰を差し出し、清国の現在の兵器、軍艦は日本より遥かに劣っていることを報告した。(106)

この書翰では、また次のように指摘している。同治初年、武装歩兵が使用した兵器は前門銃器（前部で銃弾を補充する銃）であったが、近年各国は後門銃器（後部で銃弾を補充する銃）に換えたらしい。この後門銃器は前者より、スピードも射程距離もはるかに上回る。外国では使わなくなった前門銃器を中国、日本に投げ売りしているが、日本は近年、すべて後門銃器に換え、また、不要な前門銃器をすべて香港まで運び、投げ売りした。これに対し、清国では近年大きな戦争がなく、軍費も足りない。ゆえに後門銃器を購入せず、各国の使わない前門銃器を購入している。つまり、中国の現在の兵器は日本では淘汰された兵器で、戦闘力に関しては日本と比べものにならない。それにも関わらず、国内では「将帥は兵器に関心を寄せず、朝廷も些少の金を惜しんで間に合わせの物を好む」（将帥之不究心利器、中土之惜小費、好便易）という現状である。目下、日本側の台湾出兵をきっかけに、清国内部にはようやく後門銃器を購入する声が出始めてきた。

李はまた、「後門大砲、小鋼砲があれば、陸での戦闘は十分戦える。もし装甲艦、水上砲台があれば、海上での防衛も可能である。このことは軍を強くする大切な要点であり、立国の基礎でもある」（有後門槍、後門小鋼炮、則陸路戦事可保、有鉄甲船、水炮台、則水路防務可保。此強兵之要務、立国之根基）とも指摘している。[107] 今回の出兵における日本の行動を見れば、「小国日本は西洋人の上っ面を形ばかり学習しただけで、格上の国を見下すほどになっている。しかし、このような状況になったのは、ただ日本がいくばくかの後門大砲を持っていることと、二隻の小さな装甲船を所有しているからにすぎない」（蕞爾日本略効西人皮毛、亦敢睥睨上国、実逼処此、所恃多幾件後門槍炮、両個小鉄甲船耳）と、認識していた。[108] 李は依然として日本が西洋式兵器を所持していることに注目し、それを自強運動の参考例にして、総理衙門に新式西洋兵器と装甲艦の必要性を説得し続けている。海防問題に注意を喚起するため、李は唯兵器論的な言論をしていた。

台湾出兵後、清国内部では海防建設や西洋式兵器購入が停滞していたことに、反省の声が高まってきた。たとえば、総理衙門は同治帝に上奏文を差し出し、「さかのぼれば、一八六〇年に発生した敗戦により、清国は深い打撃を受けた。当時はしばらく羈縻を続け、我々においては速やかに国力を発展させようと図った。人びとはみな自強の心を持ち、また自強の話を語った。しかし、今日に至っても自強の実績はなく、昔の屈辱は長らく忘れ去られたようである」（溯自庚申之衅、創巨痛深、当時姑事羈縻、在我可亟図振作、人人有自強之心、亦人人為自強之言、而迄今仍並無自強之実、従前情事幾於日久相忘）[109] と「同治中興」[110] の実態を喝破し、「練兵」「簡器」「造船」「籌餉」「用人」「持久」という六箇条の対策を提言した。

総理衙門の上奏文を皮切りとし、清国内部では海防をめぐり大いに議論が戦わされた。李も「籌議海防摺」を上奏し、さらに「今日において海防を整備しようとするならば、変法と人材抜擢のほかに方法はない」(今日而欲整頓海防、舎変法与用人別無下手之方)と、「変法」「用人」の重要さを取り上げた[111]。また、六箇条に対し、それぞれ自分の意見を陳述した。ここで言う「変法」は日清戦争後の「変法」とは違い、清国の伝統的な政治的体制に触れてはいなかったのである。

一八七四年一二月一〇日(同治一三年一一月二日)に、李は、「泰西各国は強いといえども、なお七万里以外にあり、日本は我が門口近くに在りて、我が虚実をうかがう。誠に中国の永遠の患である」(泰西雖強、尚在七万里以外、日本則近在戸闥、伺我虚実、誠為中国永遠大患)という有名な日本観を上奏文の中で表明した[112]。李は終始日本に脅威を抱いており、さらに日本を「中国の永遠の患」と喝破していたのである[113]。

一八七五年五月三〇日、清国政府は沈葆楨、李鴻章をそれぞれ南洋・北洋大臣に任命し、早速南北洋水師を建設せよという命令を下した。そして、毎年「海関」、「厘金」(商品の地方通過税)から四〇〇万両の銀を分配し、海軍の軍費に使うよう命令した。これに対し、南洋大臣沈葆楨は予算を南北に分散させる不利を説き、北洋水師に予算を重点配分することを主張した。清国政府は日本を仮想敵国と見なしたため、沈の意見を受け入れ、ここに北洋水師の建設が始まったのである[114]。

薄培林(二〇〇八)は、清国政府は日本と互換条款を結び、銀五〇万両を支払うという譲歩をした行動を、李鴻章の「聯日」外交思想によるものだと指摘しているが[115]、筆者は以上の考察内容から、この時点の李の行動は単なる「聯日」ではなく、「永遠の患」と認識する「防日」の一面もあったと考えている。

李は上奏文の中で海防建設や西洋式兵器の購入だけではなく、使節派遣の重要性を以下のように再び強調した。

同治十年、日本と初めて条約を議定し、臣と曾国藩は日本と締約した後、先方へ使節派遣することを奏請した（中略）昨年、条約批准書を交換したばかり、使節派遣をする暇がなかった。しかし、日本は今春に兵を率いて台湾に来た。もし日本に使節が駐在すれば、事前に議論し、派兵を阻止することができ、迅速に対処することができただろう。あるいは、派兵した後、日本の君臣と直接に議論することもでき、北京で議論するよりよいだろう。目下、出兵の事はほぼ収束した。使節派遣はこれ以上延期してはならない。（同治十年日本初議条約、臣与曾国藩均奏請該国立約後中国応派員駐箚日本（中略）上年甫経換約、未及籌弁、而該国遂於今春興兵来台、若先有使臣駐彼、当能預為辨阻、密速商弁、否則亦可於発兵之後、与該国君臣面折廷争、較在京議弁更為得勁。今台事粗定、此挙未可再緩[116]）

李は条約締結の時と同じように使節派遣の大切さを強調し、この度日本側が出兵できたのは、清国側から使節を派遣しておらず、日本の動静を把握していないことに原因があると上奏した。「もし日本に姦策がある場合、容易にその実情を探ることができ、機をみて制御することができる」（倘彼別有詭謀、無難偵得其情、相機控制[117]）と、使節を派遣することによって、機先を制することができると進言している。李の再三にわたる提言は、一八七七年の初代駐日公使何如璋の派遣により実現されることになる。

おわりに

本章では一八七四年に発生した台湾出兵における李鴻章の対応を検討した。外交交渉は主に北京で行われたが、天津にいた李鴻章は積極的に自分の意見を述べ、事件の収束に大きな影響を与えていた。また、先行研究では十分分析されなかった五〇万両という金額が算出された経緯をも追究した。本章における結論は以下のようにまとめることができる。

第一に、清国政府側は終始「賠償金」、「兵費」という名義に反対した。ゆえに、清国側にとって一〇万両はあくまでも「撫恤銀」である。さらに、李鴻章は最初に総理衙門に「撫恤銀」と「賞与」の解決策を提案したが、結果的には「撫恤銀」策が採用され、日本軍には賞与の代わりに日本が台湾に残した施設の補償金四〇万両が支払われた。李は「天津教案」と同じ金額では不得策だと主張していたが、恭親王は日清関係とイギリス公使ウェードの仲裁に配慮した結果、総額五〇万両に決した。清国ではこの解決案を高く評価し、新聞の報道を見ても、賞賛の論調が大勢を占めた。この解決案により、日清両国を決裂寸前の状態から抜け出させ、両国に国内問題を処理する時間を与えた。

第二に、李鴻章は日本との関係を決裂させないため、再び「羈縻政策」を活用し、「撫恤銀」と「賞与」の対策を提言し、上層部を納得させた。日清交渉の結果、日本側は撤兵し、日清の平和状態を保つことができた。李の対応は妥協に妥協を重ねているように見える。しかし、実際には、妥協することより、李の狙いは軍備増強のための時間稼ぎにあったと考えられよう。李は長いスパンで「自強」策を講じていたのである。

第三に、台湾出兵は「日清修好条規」が発効した翌年の出来事であり、日清関係には無論悪い影響をもたらした。結局、日清双方は収束案を見出し、表面においては友好を取り戻した。一方、李鴻章は日本を仮想敵国とし、北洋海軍の創設に着手していった。北洋艦隊はこのような契機をもとに、本格的に整備が打ちだされたのである。日清両国は、互換条款「北京専約」を締結することにより、出兵論議に終止符を打った。しかし、この後、「北京専約」の解釈をめぐり、琉球の所属が避けられない問題として浮上してきた。日清の対立は台湾出兵をもって始まり、朝鮮半島の権益や琉球の宗主権をめぐって、激化していったのである。台湾出兵の収束案は緊張が高まっていた両国関係を一時的に緩和させたが、同時に将来への紛争の種をまいてしまったのである。

（1）日本側の先行研究では琉球難民殺害事件を中心とする研究が圧倒的に多く、小田県漂流民事件が重要視されてない。拙稿（二〇一〇）「小田県漂流民事件における中国側の史料紹介」『社学研論集』（一五、早稲田大学社会科学研究科）を参照されたい。
（2）中央研究院近代史研究所檔案館「総理各国事務衙門・日本換約」史料番号〇一-二一-〇五二-〇二-〇二八。
（3）『李鴻章全集』三〇巻、五一四頁。
（4）『李鴻章全集』三〇巻、五一六頁。
（5）JACAR（アジア歴史資料センター）Ref. A03031119000、単行書・処蕃提要・第一巻（国立公文書館）。
（6）一八七三年四月一日（明治六年三月九日）副島種臣が特命全権大使として清国に派遣される際、天皇から琉球難民に害を加えた台湾原住民に対し、清国政府に厳罰を要求し、さらに殺害された琉球人の「遺族ノ者ニ若干ノ扶助金を与え」るよう、という勅令が下された。JACAR（アジア歴史資料センター）Ref. A03030996400、単行書・処蕃類纂・第一巻（国立公文書館）。
（7）『李鴻章全集』三〇巻、五四二頁。
（8）『李鴻章全集』三一巻、二二頁。
（9）『李鴻章全集』三一巻、二三頁
（10）同右。
（11）同右。
（12）ウェード（Thomas F. Wade　威妥瑪）はイギリスの外交官であり、一八七一年から公使を担当した。
（13）『籌弁夷務始末』（同治朝）九三巻、三七三四頁。
（14）『李鴻章全集』三一巻、二七、二八頁。
（15）『籌弁夷務始末』（同治朝）九三巻、三七三七-三七三八頁。
（16）『籌弁夷務始末』（同治朝）九三巻、三七四五頁。
（17）栗原純（一九八九）「洋務派と対日外交の一考察―李鴻章と台湾事件を中心として―」『老百姓の世界―中国民衆史ノート』六、中国民衆史研究会、五一頁。

(18)『李鴻章全集』三一巻、三九、四〇頁。
(19)『李鴻章全集』三一巻、五七、五八頁。
(20)同右。
(21)『李鴻章全集』三一巻、九四、一〇四頁。
(22)『李鴻章全集』三一巻、四一頁。
(23)『李鴻章全集』三一巻、七五頁。
(24)『李鴻章全集』三一巻、四九頁。
(25)『李鴻章全集』三一巻、一〇〇頁。
(26)同右。
(27)『李鴻章全集』三一巻、一〇三頁。
(28)『甲戌公牘鈔存』には一七九件の史料が収録されている。原資料は台北図書館に所蔵。本稿はこの手抄本を活字化した『台湾文献叢刊』（第三九種）を参考にした。
(29)『甲戌公牘鈔存』八三頁。
(30)同右。
(31)同右。
(32)『甲戌公牘鈔存』八四頁。
(33)「準備金は五十万円ある事、これ以上に超過しないことを西郷従道が死を以て誓つて居る」清沢洌（一九四二）『外政家としての大久保利通』、中央公論社、六〇頁。
(34)『李鴻章全集』三一巻、六七‐六九頁。
(35)『大日本外交文書』第七巻（日本国際協会、一九三九）一〇四‐一〇七頁。
(36)『籌弁夷務始末』（同治朝）九六巻、三八六四‐三八六五頁。
(37)『大日本外交文書』第七巻、一五五頁、読点筆者。
(38)『大日本外交文書』第七巻、一五七頁、読点筆者。
(39)『大日本外交文書』第七巻、一五六頁、読点筆者。

(40)『清代中琉関係檔案七編』(中国第一歴史檔案館編、中国檔案出版社、二〇〇九)六五頁。
(41)『甲戌公牘鈔存』一四一頁。
(42)『大日本外交文書』第七巻、一七一頁。
(43)『大日本外交文書』第七巻、二五八頁、読点筆者。
(44)『大日本外交文書』第七巻、二三〇頁、読点筆者。
(45)駐清イギリス公使ウェードの仲裁については、山下重一(一九九九)は詳しく考察している、(「明治七年日清北京交渉とウェード公使」『国学院法学』三七(一)国学院大学法学会)。
(46)『大日本外交文書』第七巻、二二六頁。
(47)『大日本外交文書』第七巻、二四一頁、読点筆者。
(48)「第一の譲歩は、日本軍が清国の領土に侵入したことにたいして、苦情を申し立てないことである。第二の譲歩は、殺害された琉球漂流民の遺族にたいして、補償金を支払うことである。ただし、その額はきわめて限定されたものであり、到底数百万両というような規模のものではありえない」。萩原延寿(二〇〇一)『北京交渉　遠い崖―アーネスト・サトウ日記抄』一一、朝日新聞社、二一八-二一九頁。
(49)「日本側が『両便の弁法』として具体的に考えていた解決策は、『償金の支払いを得て撤兵する』というものであり、この策は、本来、日本の基本方針であるとともに、この時点でボワソナアドの意見をヒントにし、井上毅が提案したもの」と、大久保泰甫(一九七七)『ボワソナアド　日本近代法の父』(岩波書店、八〇頁)は指摘している。
(50)『大日本外交文書』第七巻、二六九頁。
(51)同右。
(52)『大日本外交文書』第七巻、二七〇頁、読点筆者。
(53)ジョフル(Louis de Geoffroy　熱福礼)は一八七二年から一八七六年までフランス全権公使を担当した。
(54)『大日本外交文書』第七巻、二八〇頁。
(55)『大日本外交文書』第七巻、二八六頁、読点筆者。
(56)『大日本外交文書』第七巻、二九一頁。
(57)『大日本外交文書』第七巻、二九八頁、読点筆者。

(58)『対支回顧録』(上、東亜同文会編、一九六八、原書房)九三頁。
(59)後藤新(二〇〇七)「台湾出兵と琉球処分―琉球藩の内務省移管を中心として」『法学政治学論究』七二、慶応義塾大学大学院法学研究科、二二六頁。
(60)『郵便報知新聞』復刻版(四)、郵便報知新聞刊行会、柏書房、一九八九。
(61)『広辞苑』(第六版)新村出、岩波書店、二〇〇八、「賠償」二二一九頁、「撫恤」二四五二頁。
(62)『甲戌公牘鈔存』八七頁。
(63)『黄遵憲全集』(下)(陳錚編、中華書局、二〇〇五)九六八頁。
(64)同右。
(65)『李鴻章全集』三一巻、七二頁。
(66)『李鴻章全集』三一巻、七四頁。
(67)『清代中琉関係檔案七編』二〇四頁、句読点筆者。
(68)『黄遵憲全集』(下)九六八頁。
(69)『李鴻章全集』三一巻、八四頁。
(70)『李鴻章全集』三一巻、六三頁。
(71)『李鴻章全集』三一巻、三八頁。
(72)『李鴻章全集』三一巻、九八頁。
(73)『李鴻章全集』三一巻　七二頁。
(74)『李鴻章全集』三一巻、七二頁。
(75)同右。
(76)『李鴻章全集』三一巻、九三頁。
(77)『李鴻章全集』三一巻、八六頁。
(78)『李鴻章全集』三一巻、八六‐八七頁。
(79)『李鴻章全集』三一巻、一〇八頁。
(80)『李鴻章全集』三一巻、一〇八‐一一一頁。

(81)『大日本外交文書』第七巻、二三頁。
(82)『近代中日思想交流史の研究』朋友書店、二三三頁。
(83)『李鴻章全集』三一巻、八五頁。
(84)『李鴻章全集』三一巻、一〇八頁。
(85)マイヤーズ（W. F. Mayers　梅輝立）イギリス外交官、漢学者。一八五九年中国に到来し、一八七一－一八七八年漢文正使を担当した。
(86)『李鴻章全集』三一巻、一〇八頁。
(87)『李鴻章全集』三一巻、六二頁。
(88)前掲『対支回顧録』（上）八四頁。
(89)『パークス伝―日本駐在の日々』F. V. ディキンズ著、高梨健吉訳（平凡社、一九八四年）一九一頁。
(90)『大日本外交文書』第七巻、二九〇頁。
(91)『籌弁夷務始末』（同治朝）九八巻、三九四七頁。
(92)同右。
(93)『李鴻章全集』三一巻、一二〇頁。
(94)『李鴻章全集』三一巻、一一五頁。
(95)『李鴻章全集』三一巻、一二〇頁。
(96)同右。なお第一条の内容は「日本国此次所弁、原為保民義挙起見。中国不指以為不是」である。『大日本外交文書』第七巻、三一七頁。
(97)『李鴻章全集』三一巻、一〇八頁。
(98)野口真広（二〇〇五）「明治七年台湾出兵の出兵名義について―柳原前光全権公使の交渉を中心にして―」『ソシオサイエンス』一一、早稲田大学大学院社会科学研究科、一四〇頁。
(99)『李鴻章全集』三一巻、一一五頁。
(100)『黄遵憲全集』（下）九六八頁。
(101)『郭嵩燾日記』第二巻（揚堅、鐘叔河編、湖南人民出版社、一九八一）八四二頁。

(102)『清季申報台湾紀事輯録』第四冊（『台湾文献叢刊第二四七種』台湾銀行経済研究室編印、一九六八）四三七頁。
(103)『万国公報』第一巻（林楽知等編、清末民初報刊叢編之四、華文書局股分有限公司印行、華文書局、一九六八）二九五頁。
(104)『明六雑誌』三五号、一八七五、一-三頁、読点筆者。
(105) 前掲『パークス伝―日本駐在の日々』一九二頁。
(106)『李鴻章全集』三一巻、九四-九五頁。
(107)『李鴻章全集』三一巻、九五頁。
(108) 同右。
(109)『李鴻章全集』六巻、一六七頁。
(110) 清末の同治時代に前代の太平天国やアロー戦争に代表される内憂外患が一応治まり、政治や社会が比較的に安定した状態となったことをいう。
(111)『李鴻章全集』六巻、一六〇頁。
(112)『李鴻章全集』六巻、一七〇頁。
(113) 岡本隆司（二〇〇九）も「清末の対外体制と対外関係」の中で「台湾出兵が清朝の当局者に衝撃を与えたのは、何より日清修好条規でとりきめた『邦土』不可侵の約束を、日本がやぶったからである。条約の拘束力が通用しない、何をするかわからない、というのが日本に対するイメージだった。（『シリーズ二十世紀中国史』一、中華世界と近代、飯島渉・久保亨・村田雄二郎編、東京大学出版会、二八頁）。
(114) 戚其章（一九九八）『晩清海軍興衰史』人民出版社、二〇六頁。
(115) 薄培林（二〇〇八）「『北京専約』の締結と清末の『聯日』外交」『アジア文化交流研究』三、関西大学アジア文化交流研究センター。
(116)『李鴻章全集』六巻、一七〇-一七一頁。
(117) 同右。

第五章　李鴻章の対日政策の形成とブレーンからの影響

はじめに

明治初期における李鴻章の対日認識を第一章から第四章にわたり論述してきた。李は「自強」思想を終始念頭におき、外交においては中国の伝統的な羈縻政策を活用し、国内においては、西洋式兵器を製造したり、海防を整えるなど、着々と洋務運動を推し進めていた。

本章では、李の周辺にいた幕僚から代表的な人物（馮桂芬《ふうけいふん》、郭嵩燾《かくすうとう》、丁日昌《ていじっしょう》）を取り上げる。各節でこれら三人についての研究現状に言及しつつ、「日清修好条規」締結前後において、彼らが李の外交政策及び対日認識の形成にどのような影響を与えたのか、検討を試みたい。

一　馮桂芬（一八六二年から李鴻章の幕僚）

まず、馮桂芬の略歴と代表的著作をみてみたい。

馮桂芬について

馮桂芬（一八〇九―一八七四年）は字を林一、号を景亭、鄧尉山人と称した。江蘇省の出身で、一八四〇（道光二〇）年に進士となり、翰林院編修に任ぜられた。一八五三（咸豊三）年、太平天国軍が南京を占領した後、蘇州を守るため、団練（自衛組織）を組織して対抗した。六〇（咸豊一〇）年、上海に避難し、太平天国軍と戦うため、「会防局」設立（六二年一月）を実現し、外国の軍事力（常勝軍）を利用する外交交渉にあたった。それと同時に、曾国藩に援助を請い、その結果、李鴻章が淮軍を率いて上海に着任することになった。その縁から後に、馮は李鴻章の幕僚となって種々の献策を行い、李鴻章とともに洋務運動を推進した。[1] このため、馮は、「もとより曾国藩に敬重され、実に同治、光緒両時代の自強思想の先駆者であった」（素為曾国藩所敬重、実為同光自強思想的先駆者）と、高く評価されている。[2]

日本では、中国近代思想について論述する場合、概ね馮桂芬の思想に言及する。[3] また、馮桂芬を中心テーマとする研究論文もいくつかある。百瀬弘（一九四〇）は、馮桂芬の生涯及び著書に関して、詳細に紹介している。[4] 大崎美鈴（一九八七）は、馮の内政改革論と清仏戦争後における変法論との関係を分析し、馮桂芬の内政改革論は萌芽的変法論であると指摘している。[5] しかし、いずれも、彼が李鴻章の外交政策へ与えた影響については述べていない。また、岡本隆司（二〇一二）は、「内乱の時代だから、『洋務』のなかでも喫緊に必要なのは、兵器である。軍事にあたる李鴻章は、おそらく馮桂芬の提言をまつまで

馮桂芬の肖像
『顕志堂稿』より

もなく、洋式武装の利点を十二分に認識して、その普及につとめた」と軍事における馮桂芬の影響をさほど重要視しない表現をしている[6]。

中国では、馮桂芬について考察する際、中国近代思想史の変遷における彼の位置づけに着目し、研究されている。しかし、彼に対する評価は主に「洋務派[7]」、「資産階級改良派[8]」、「地主階級改革派から維新派への移行者[9]」などと分かれており、未だ統一されていない。

第一章で述べたとおり、李鴻章は上海到着早々、両江総督曾国藩に、「外においては平和を求め、内においては自強を求める」（求外敦和好、内要自強）との意見を表明した[10]。実際には、李の唱える「自強」思想は一八六二年にブレーンになった馮桂芬に影響されたと考えられ、近年、その影響を分析する研究が出てきている。例えば、成暁軍（二〇一〇）が挙げられる[11]。しかし、この影響が日清関係を処理した際、いかに反映されたのかについての考察は、未だ十分とは言いがたい[12]。

馮桂芬の代表作『校邠廬抗議』（一八六一年完成）について見てみよう。その内容は、政治、経済、社会、軍事、文化などの多岐にわたっている。具体的には「西学を採る議」（採西学議）、「経費を節約する議」（節経費議）、「西洋機械を製する議」（製洋器議）、「よく夷を馭する議」（善馭夷議）などである。友人たちから出版を勧められたが、馮がその刊行を拒絶したため、公刊は彼の没後である光緒初年まで待たなければならなかった[13]。一八九八（光緒二四）年、変法自強運動が盛んに行われた際、光緒帝は内閣に諭し、『校邠廬抗議』を増刷し、各衙門に頒布せよと命じた[14]。

一方、『顕志堂稿』は馮桂芬の文集であり、一二巻から構成される。馮の死後、彼の長子により刊行された。中には『校邠廬抗議』の一部を含め、書翰、碑文、伝記などが収録されている。その中でも特に李鴻章が執筆した「墓誌銘」、馮が李鴻章、曾国藩へ宛てた書翰は注目される。これらの書翰を読めば、彼がいかに自分の考えを李に伝え、当時の政策に影響を与えたのかが分かってくるだろう[15]。

そこで、以上のような研究状況に鑑み、本書では馮桂芬の『校邠廬抗議』、『顕志堂稿』を参考にし、彼の外交や洋務に関する論述を分析する。そして、馮の「自強」思想が、いかに李鴻章に影響を及ぼしたのかを考察する。

李鴻章の馮桂芬に対する評価

先行研究では、馮が李のブレーンとして上海で活躍した際の功績について、「江蘇減賦」と「上海広方言館」の設立との二つの事例をしばしば取り上げている[16]。前者は江蘇地方の田賦の税率が他の地方より高かったため、その削減を提言し、李の上奏を経て、朝廷に裁可された事例である。後者は外国との交渉において外国語に通じる人材養成の必要性を主張し、その学校設立を実現した事例である。しかし、この二つの事例のほか、李の外交政策にも馮の影響を窺うことができる。まず、李の馮桂芬に対する評価をみてみたい。

太平天国軍を鎮圧するため、李は淮軍を率い、上海に赴いた。到着して早々、一八六二年六月五日（同治元年五月九日）、李は上奏文を差し出し、馮桂芬（当時は五品銜候補）を自分のもとで働かせたいと要請した。『李鴻章全集』にはその上奏文が収録されている。この上奏文で、李は、「よく思いを凝らし、卓見を持っており、経世済民の道を研究している」（精思卓識、講求経済）と馮を評している[17]。六月一六日（五月二〇日）、李の要請が許可された。しかし、この段階の李の馮への認識は、彼らが同じ時期に翰林院で仕事したときの記憶や伝聞だけによるものだったと考えられる[18]。

三年経った後の一八六五年九月一一日（同治四年七月二二日）、李は以下のように上奏文を差し出した。

上海広方言館の設立の件、及び江蘇での租税削減を上請した件においては、馮の意見を多数採用した。馮は学問を好み、深く思索し、古今の事柄に精通している。さらに経世の学の研鑽に励んでいる。その長所を総じて言うならば、塩税、物資の輸送業務の仕組みと実際について最も熟知していることである。ただ、主張が徹底し過ぎていて、柔軟性を欠く場合もある。しかし洋務の骨子については、深く研究している。（於上海設立外国語言文字館及請減蘇松太等属漕糧、皆採其議居多。該員好学深思、博通今古、喜為経世之学。総其所長、於塩政、漕務尤為洞悉源流。惟持論務求刻核、不無偏倚。洋務機要、研究亦深）[19]

一八六二年の上奏文と比べれば、彼への評価はより全面的かつ詳細であることが分かる。その「洋務の骨子」についていては詳しく説明していないが、李はこの上奏文で、馮が「洋務」に関して博学であることを十分認めていたと言えよう。

一八七〇年四月二二日（同治九年三月二二日）、湖広総督を担当していた李は、皇帝に上奏文を差し出し、馮に破格の抜擢に当たる三品卿を与えるようにと推挙した。その理由として、李は以下の点を挙げている。

太平天国軍の鎮圧、江蘇の租税削減、上海広方言館の設立、いずれも馮の補佐を得たこと。また、李が捻軍（清に反抗した華北の武装勢力）を鎮圧した際、書翰で李と意見を交わし、軍事に有益な助言をしたこと、などである。[20]

しかし、李の推挙はうまく行かず、先例がないとの理由で却下された。その後、直隷総督北洋大臣の職についた李は、一八七一年一月三一日（同治九年一二月一一日）に再び同治帝に上奏し、馮を推挙した。結局、朝廷は馮に三品卿の肩書きを加賞した。[21]これは、李の再三の奏請と深く関連があると言えよう。

馮は一八七四年に死去した。馮を祀る祠堂を建てるため、李は「奏建専祠片」[22]を上奏し、それを実現した。さらに墓誌銘を自ら執筆した。その墓誌銘には次のように書かれている。[23]

君は学問においては、手を付けなかった分野がなく、しかも、その実用を志していた。天下の大計は、一日として君の胸中を占めないことはなかった。（君於学、無所不窺、而期於実用、天下大計、無日不往来於胸中）

李は馮を絶賛していた。馮は科挙で榜眼[24]の好成績を取り、また、実用の学問にも精通しており、李は心からその学識に感服していた。しかし、李の高い評価はなにより、馮の考えが李に大きな影響を与え、二人は各々の思想の中に共鳴するところがあったからに違いない。

「自強」思想の提出

アヘン戦争以降の清国政府は内憂外患に晒された。魏源は『海国図志』で、「夷の長技（得意とする技術）を師として以って夷を制する」（師夷長技以制夷）と、西洋の軍事技術を導入しつつ、西洋に対抗しようとする意見を唱えた。後に、恭親王は一八六一年一月二四日（咸豊一〇年一二月一四日）の上奏文で、「敵を知り、国境を守る」（審敵防辺）ための根本的な策は「自強」であると指摘し、さらに「自強の術は、兵の強化を第一とする」（自強之術、必先練兵）と述べている。[25]だが、もっともはやく「自強」論を提言し、詳しく論じたのは、馮の『校邠廬抗議』であると丁偉志・陳崧（一九九五）は指摘している。[26]

実際、一八六一年に完成した『校邠廬抗議』には「自強」の言葉を一一箇所も見出すことができる。それぞれ、「西洋機械を製する議」（制洋器議）と「よく夷を馭する議」（善馭夷議）に論述されているが、以下、この二つの内容に焦点をあて、馮の「自強」思想を考察したい。

①「西洋機械を製する議」（制洋器議(27)）

まず、「地球上の一大国である中国が小夷に制圧される」という不可解な現実に対して問題提起し、その原因は「天の時、地の利、物産」にあらず、「自強」に努めようとする「人材」にあると指摘している。

馮は当時の国内状況を、「聡明で智恵のある人は、すべての時間を文章、楷書などの役に立たないことに費やしている。しかし、その優劣と得失に一定の基準があるわけではない。にもかかわらず、学業をやめない理由は、朝廷がそれを重視しているからである」（聡明智巧之士、窮老尽気、銷磨於時文、試帖、楷書無用之事、又優劣得失無定数、而莫肯徙業者、以上之重之也）と批判していた。その解決策として、馮は、「その労力の半分を分けて、機械製作の道に従事させる。これに優れた者が合格であり、劣った者が不合格である。このように基準をはっきりさせて、さらに文章や楷書の優れた人と同様に評価する。そうすれば、誰が進んでその道に従事しないことがあろうか」（令分其半、以従事於制器尚象之途、優則得、劣則失、画然一定、而仍可以得時文、試帖、楷書之賞、夫誰不楽聞）と提言した。

また、各通商口で「船砲局」（西洋の軍事を学ぶ学校）を設置し、内地から人材を集め、西洋人を雇い、西洋の技術を教えること、さらに、その勉強成果を参考にし、科挙と同様な官職を与えることを提案した。具体的には、西洋技術の習得について、三段階に分けている。「まずは師にして技術を学び、続いては彼らに比肩し、最後は彼らを凌駕する」（始則師而法之、継則比而斉之、終則駕而上之）と語ったのである。

自分の論点を補強するため、馮は日本を取り上げた。「かつて、西洋人は日本の国都に押し入り、通商を求めた。日本側はこれを認めた。それからほどなく日本も蒸気船を操縦し、十数回も西洋を遊歴した。各国を訪問し、多くの条約を結んだ。西洋諸国も日本の意中を知り、これを承認した。日本は微々たる小国でありながら、なお奮発して雄国たらんとしている。そうであるのに、大国である我が国だけが永久に西洋諸国の侮りに甘んじ、恥を忍んでいくつもりなのか」（前年西夷突入日本国都、求通市、許之。未幾、日本亦駕火輪船十数徧歴西洋、報聘各国、多所要約、諸国知其意、亦許之。日本蕞爾国耳、尚知発憤為雄、独我大国、将納汙含垢以終古哉）と述べ、清国の保守的で変革しない現状を批判し、「自強」の喫緊性を呼びかけたのである。この考えは、後に総理衙門の政策作成に大きな影響を与えたと、佐々木揚（二〇〇〇）、丁偉志・陳崧（一九九五）は指摘している。[28]

②「よく夷を馭する議」（善馭夷議[29]）

馮はこの一節で、外国人を制御する方法を述べた。

まず、当今、「夷」が「賊」（農民反乱）を上回る主要問題になった原因を述べている。「賊は滅ぼすことができるが、夷は滅ぼすことができない」（賊可滅、夷不可滅）と指摘する。「一つの夷は滅んでも、百の夷はともには滅亡しない。一つの夷が滅んでも、別の夷が代わって興起するのであり、したがって滅亡しないのである」（一夷滅、百夷不俱滅也。一夷滅、代以一夷、仍不滅也）と認識していた。それゆえ、「夷を制御する方法を講じなければならない」（馭夷之道可不講乎）と主張した。

次に、「夷」は「理」を重んじる。我々も「理」で「夷」を制御すればよい。彼らにおいて、「一国が信を破った場合、百国が一斉に起ってこの国を攻め、信を守るように強制する。したがって、彼らは信を守らざるを得ないのである」（一不信而百国群起而攻之、箝制之、使不得不信）。馮ははやくも西洋諸国における条約の強制力に注目しているように見える。

さらに、列強間相互の牽制する力により、平和を保てるかどうかに関しては、「判断しがたい」（難言也）と指摘した。馮はクリミア戦争、ナポレオン戦争などを取り上げ、列強は勢力が均衡しているため、時には戦い、時には連盟する。その中では、「講和が多く、領土の併合が少ない」（講和多而兼並少）というのが現実である。それゆえ、列強は中国の領土を狙っているわけではないことが推測できる。英、仏、露、米の四カ国は互いに牽制しており、このため、我々にとって、しばらくは平和の状態が保たれる。しかし、我が国が英属植民地とロシアの領地に隣接している点は、憂慮せざるを得ないと警戒している。

以上のように考察し、馮は、「自強の政策は、片時も延ばしてはならない」（自強之道、誠不可須臾緩矣）と「自強」の喫緊性を主張した。

馮はなぜ、このような考えを持つに至ったのか。彼は一八二八（道光八）年、正誼書院で学問を修めた際、江蘇巡撫林則徐[30]に師事した[31]。また、一八四〇（道光二〇）年まで、彼は科挙試験を受け続けた。それと同時に、生計のため、何人かの幕僚になり、実務経験を積んだ。さらに、一八五一（咸豊元）年、父親が亡くなり、「父の喪に服する」（丁憂）ため出身地の江蘇に戻った。その際、魏源[32]と知り合い、親友になった。彼は科挙試験に合格する前、すでに魏源と知り合っていたのである。したがって、馮の考えは林則徐、魏源に影響されたと考えられよう[33]。

李鴻章への影響

馮は一八六二年に李のブレーンになった。李は彼の著作『校邠廬抗議』を読んだことがあり、また、馮の「自強」思想に多かれ少なかれ影響をうけたと考えられる。実際のところ、馮の「自強」思想はいかに李に影響を与えたのか。以下、四点に分けて検討する。

第一は、人材養成について考えることである。前掲のように、馮は「西洋機械を製する議」では人材養成の重要性を述べ、科挙の制度に疑問を投げかけた。一方、李は一八六四年に総理衙門へ差し出した書翰で以下のように述べた。

私は以下のように考えている。中国が自強を欲するのならば、外国の優れた機械を学ぶべきである。外国の優れた機械を学ぶなら、その機械を製造する機械を研究すべきである。その方法を学びさえすれば、そのすべてに西洋人を雇う必要はない。それら機械を製造する機械、および機械を製造する人材を求めるならば、一つの専門科目を設置し、士人をこれに採用するのも一案である。士人が一生それを富貴・功名の近道であると思うようになれば、事業は成就し、技術も精密になり、優秀な人材も集めることができる。（鴻章以為中国欲自強、則莫如学習外国利器、欲学習外国利器、則莫如覓制器之器、師其法而不必尽用其人。欲覓制器之器与制器之人、則或専設一科取士、士終身懸以為富貴功名之鵠、則業可成、芸可精、而才亦可集）[34]

李のこの論説は、馮の主張と同じような論調を持っている。李も外国の機械を学ぶ必要性を訴え、新科目の設置と人材養成を提言している。

第二は、西洋の軍事力を学ぶことに関することである。馮は西洋人を雇い、西洋の技術を教授させたいと主張したが、李もまた、一八六三年七月四日（同治二年五月一九日）、部下の潘鼎新に、「私が大金を惜しまず、一、二名の西洋軍事顧問を雇った理由は、我が軍隊の混沌状態を一新することにある」（鄙意所以不惜重価、雇一二洋兵為諸軍鑿此混沌）と、西洋の技術を取り入れる決意を表した。[35] 具体的に、李は、「西洋人数名を雇い、各軍営で教習させ、また外国人職人を募り、香港から大砲を作る器具を調達する」（現雇洋人数名、分給各営教習、又募外国匠人、由香港購弁造炮器具）と、一八六三年五月四日（同治二年三月一七日）、曾国藩への書翰で、その具体的な行動を報告した。[36]

第三は、馮が述べた「賊夷」の関係についてである。馮は「夷」は「賊」よりはるかに深刻だと認識していたが、李も同様に、「目前の患いは農民反乱にあるが、永久の患いは西洋にある」（目前之患在内寇、長久之患在西人）と認識している。[37]さらに、一八六三年四月二一日（同治二年三月四日）、李は戸部の羅惇衍に、「我々が自強することができれば、外国人は妄りに我が国を狙いはしないだろう。逆にそうできなければ、将来の禍は想像もつかないほどのものとなろう」（我能自強、則彼族尚不至妄生覬覦、否則後患不可思議也）と、西洋諸国の勢力を憂慮し、自強の重要性を語っている。[38]

第四は、両者とも隣国日本の存在に注目し、日本を手本とし、「自強」政策を進行させようと考えていたことである。前掲したように、馮は西洋の兵器や蒸気船の製造を呼びかけた際、日本の事例を取り上げた。それから三年後（一八六四年）、李も同様の論調で総理衙門への書翰において、「中国の士大夫は古典の語句解釈や細かな楷書の練習に明け暮れ、武人の多くは粗放で緻密な思考に欠けている。その結果、実際に行うことは学んだことではなく、学んだ内容は実際に行うことではなくなっている」（中国士夫沈浸於章句小楷之積習、武夫悍卒又多粗蠢而不加細心、以致所用非所学、所学非所用）と批判している。[39]一方で李は、日本について、かつて英、仏両国の国外にある倉庫であり、思う存分に搾り取られる立場から奮い立ち、自力で西洋と同様な機械製造を可能にしたという変化を認めた。その原因を追求すれば、手遅れになる前に改革を行い、とるべき方法を知っていたからに違いないと認識した。したがって、李は我が中国も日本と同様に西洋技術を学習すべきであると、主張している。[40]

李は馮と同じように、日本を例として取り上げて論じた。しかし、李鴻章は馮の思想をさらに一歩進化させ、「我々が自立すれば、日本は我々に服従して、西洋の隙を窺うであろう。しかし、逆に我々が自ら強くならなければ、日本は西洋の悪事を模倣し、西洋人と中国での利益を分割しようとするだろう」（我有以自立、則将附麗於我、窺伺西人之短長、我無以自強、則将效尤於彼、分西人之利藪）と、自国が自強できるかどうかにより、日本の対応も違ってくると認識したのである。[41]佐々木揚（二〇〇〇）は、「地方にあって最初に日本の自強に注目した官僚は李鴻章である」と、李の進歩的な一面を指摘しているが[42]、馮が李よりもはやく日本に関心を抱き、さらに、李の思想形成に影響を与えたことをここで補足しておきたい。

小括

本節は李鴻章に高く評価されたブレーンである馮桂芬に焦点をあて、彼の代表作から「自強」思想と関連がある部分をピックアップし、これらがいかに李鴻章に影響を与えたのかを考察した。彼ら二人は、いくつかの点で共通の意識を持っていることが明らかとなった。そこで、本節の結論は以下のようにまとめることができよう。

第一に、馮桂芬は李鴻章のブレーンとして、李のもとで活躍し、李に高く評価された。馮は蘇州、上海の防備に参加し、西洋軍事力の強大さを自ら体験した。それらの経験は、彼の思想形成の基盤となっていた。また、李鴻章の経験不足をも補った。

第二に、馮桂芬の「自強」思想は李鴻章に大きな影響を与えたと考える。例えば、自国の衰退と外国技術への認識など、李の考えには馮の影響があると指摘できよう。さらに言えば、李鴻章は馮桂芬の思想を発展させ、それを現実化させたとも言うことができる。

第三に、馮桂芬は李よりもはやく日本の動向に注目している。李はそれに影響され、洋務運動を推進した際、終始日本を参考にし、行動を講じたのである。

以上により、馮は李のブレーンとして、李の外交思想、とりわけ「自強」思想に大きな影響を与えたことが判明した。この「自強」思想は李の洋務思想の形成及び外交政策の策定に、理論的な方向を示したのである。

二　郭嵩燾（一八六二年から李鴻章の幕僚）

郭嵩燾（一八一八―一八九一年）は湖南湘陰の人で、字は伯琛、号は筠仙（また雲仙、筠軒、仁先）といい、晩年には玉池老人と号した。李鴻章と同じく一八四七（道光二七）年に進士となった。郭は一八六二（同治元）年に蘇松糧儲道となり、翌年に両淮塩運使に転職した。のちに、署広東巡撫となり、六六年に解職され帰郷した。日本の台湾出兵後、洋務に精通しているとの理由で李に推薦され、朝廷にあらためて起用された[43]。七五年にマーガリー事件処理の一環として、イギリスに派遣され、のち初代駐英公使に任命された[44]。郭の外交姿勢は、よく郭自身が掲げていた、「理に基づいて曲直を定める」（以理定曲直）[45]と総括されるものであった[46]。

先行研究では、中国最初の常駐外交使臣であった時代を中心にし、郭の西洋観や外交思想、或いは洋務運動史での役割を中心に論及するのが一般的である[47]。佐々木揚（二〇〇〇）は、異なる角度から郭の中国論、西洋観、日本観を分析し、「郭嵩燾は、渡英前、日本は西洋に倣って自強を進めており、また朝鮮に対する脅威であるという、当時李鴻章ら洋務派官僚の間で抱かれていた見方を共有していた」と指摘している[48]。また、張富強は「李鴻章外交思想論綱」で、郭の「理性外交」が李の外交思想に影響を与えたと指摘している[49]。しかし、郭は李のブレーン、親友として、李の外交政策にどのような影響を与えたのかに関しては、詳しい分析がなされていない[50]。

郭嵩燾の肖像
『玉池老人自叙』より

したがって、本節では郭が李のブレーンになった期間及びその前後を中心にし、彼が李の洋務思想及び対日認識に与えた影響を検討したい。

李鴻章の幕僚になる前

ここでは一八七〇年代までの郭の略歴を表6にまとめ、郭は李のブレーンになる前にどのような対外認識を持っていたのかをみてみたい。郭の対外認識についての特徴として次の点が指摘できる。

まず、中国が挙兵して外国と戦うのは不利であるという主張である。

郭が翰林院に勤務していた時期（一八五八－一八六〇年）は、ちょうど英仏連合軍が天津を攻撃していた時期でもあった。ある日、北京にいる士大夫と外国との関係について会談したとき、士大夫たちは、「戦いに専念すべきである」（一意主戦）と主張したのに対し、郭は、「必ず戦おうとするならば、事態はおさまらないだろう」（必与言戦、終無了期）と、士大夫たちとは正反対の意見を主張した[51]。また、僧格林沁と海防について意見交換した際、郭は、「西洋人は通商を重んじているから、我々はこれに応じた対策を講じなければならない。挙兵して戦うのは不得策である」（洋人以通商為義、当講求応付之方、不当与称兵）と提言した[52]。外国との関係を処理する際、「国力が強ければ、土地を千里にまで開拓することができ、戦ってもよいし、守ってもよい。しかし、和局で収束してもいけないことはない」（強則拓地千里、可以戦、可以守、而未始不可以和）と、「戦守」のほか「和局」を用い、対外関係を処理する方法を提言した[53]。

次の特徴は、長期的で一貫した戦略を講じるべきという意見である。

一八五九年二月二六日（咸豊九年一月二四日）、郭は上奏文を差し出し、海防について意見を述べた[54]。「西洋人の船は

表 6　1870 年前の郭嵩燾

年代	関連事項
1847 年	李鴻章と同期の進士となる
1855-1858 年	曾国藩に協力し太平天国軍と戦う
1858-1860 年	翰林院編修となる
1860-1862 年	引退する
1862-1863 年	李鴻章の推薦により蘇松糧儲道のち両淮塩運使となる
1863-1866 年	署広東巡撫となる

『淮系人物列伝—文職・北洋海軍・洋員』65-68 頁より

海に沿って、侵略してくる。彼らが操縦している汽船は、日に数千里も走るのであり、我々が臨時に諸軍を集めたとしても、すでに間に合わない恐れがある。しかし、兵力が十分に戦える時になれば、西洋人は却って来なくなり、軍費をただ浪費するだけになる」（夷船沿海侵擾、所駕火輪日行数千里、臨時徴集諸軍、已虞不給、迨兵力足資堵勦、而夷船不時至、坐糜餉糈）と、戦守の二つの難題を指摘した。

その解決策として、郭は、「数十年にわたる防御の大計を立て、目先の防備だけを追求しない」（籌数十年守禦之計、非務防堵一時）という長期的な防御策を提案した。また、一八五九年三月五日（咸豊九年二月一日）、アロー戦争による英、仏の天津侵入について、「以前より朝廷は内外とも定見がない。そのため、その場しのぎの議論をし、食い違いや議論の転倒を起こし、弁論すればするほど状況が悪化していく。今日の事態に至っては、一つの定見を確立すべきである（中略）事の筋道の始めから終わりまでを、その全体を通して検討する。それから一つの方策を導き出し、これを朝廷に請う。臨機応変の些細な変通といえども、この大局に立った方策の枠組みから一切逸脱すべきではない」（由中外先無主見、臨時商議、参差反覆、愈弁愈壊。今日之事、総須商量一箇定主意。（中略）轍始轍終、通盤籌算、然後斟酌一弁法、請之朝廷。臨時小小変通、大局籌弁総不外此）と、郭は場当たり的な小手先の対処を繰り返すのではなく、将来を見通した大局的方針をまず打ち立て、そこから個々の対策を導き出すべきである、という長期的、一貫した政策を提言した[55]。

さらに、締結した条約をきちんと守り、それに依拠すべきであるという意見も重要である。一八五九年三月一九日（咸豊九年二月一五日）の日記に、郭は牛荘で防備について僧格林沁と議論した際、意見が対立したことを記録した。郭は前年（一八五八年）に締結した「天津条約」を遵守すべきであり、牛荘での通商を認めた以上、西洋人を「塞き止める」（防堵）べきではないと主張した。一八六〇年に英仏連合軍が北京にまで侵入した際は、郭は未曾有の異変であると認識し[56]、次のような感想を吐露した。

正視して強気に列強と条約を結ぶべきだが、中国は一途にこれを恐れる。西洋人を決して欺いてはいけないが、中国は一途に騙す。中国は甚だ多難であるが、列強は甚だ強い。したがって、我々は、すべて理に従って物事を処理し、列強に不当な野心が萌すのを防ぎ、わずかでもその怒りに触れぬよう努めるべきだが、中国はひたすら無神経である。西洋人に対しては、情をもって推量し、理をもって屈服させるべきだ。しかし、中国はひたすら無理解である。（可以明目張胆与之画定章程、而中国一味怕。夷人断不可欺、而中国一味詐。中国尽多事、彝人尽強。一切以理自処、杜其横逆之萌、而不可稍攖其怒、而中国一味蛮。彼有情可以揣度、有理可以制伏、而中国一味蠢[57]）

郭は列強と条約を結び、堂々と外交政策をとり、「理」をもって列強に接すべきであると主張し続けている。以上のように、アヘン戦争が勃発した時に西洋軍事力の強さを体験した郭は、李のブレーンになる前に、独自の洋務思想をもっていたことが明らかである。

李鴻章の幕僚として

一八六二（同治元）年、李鴻章は淮軍六〇〇〇人を率い、四月八日（三月一〇日）に上海に到着した。上海に着いて早々、四月一三日（三月一五日）に曾国藩に書翰を差し出し、郭嵩燾を江海関道の職に推薦した。李は、「当今、私の知っている英傑の中で、洋務に通じ、政体を知っている者は、筠仙（郭嵩燾）が第一である」（当世所識英豪、於夷務相近而知政体者以筠仙為最）と、郭の洋務における能力を十分認め、さらに、自分のもとで働かせようと考えた。[58]

四月二五日（三月二七日）に李は江蘇巡撫の職に任命され、五月一三日（四月一五日）に着任した。三日後の五月一六日（四月一八日）、李は朝廷に郭嵩燾を蘇松糧道の職に推薦した。[59] それと同時に李は曾国藩に、「謹んで我が師にお願いをする、是非とも筠公（郭嵩燾）を早くこちらに遣わしてください」（敬懇我師切致筠公速来）と希望した。[60] 李は郭の協力を求めていたことが明らかである。郭は一〇月に上海に到着し、李のブレーンとして活躍することとなった。

李が郭嵩燾を登用した理由は、安徽省から上海に着任した当時はまだ自分の勢力が弱く、急いでその勢力を拡大させる必要があったからである。しかし、そのほかに、李が洋務において郭嵩燾と意気投合したことが重要な原因であろう。[61] 郭自身は自ら招かれた理由を、「少荃中丞（李鴻章）は洋務に心を砕いており、そのため私に助けを求めたのである」（少荃中丞以夷務為憂、求助鄙人也）と理解していた。[62]

郭は李の幕僚として、色々と献言し、活躍した。李は曾国藩への書翰で、「筠仙は上海に到着した後、衆望を集めており、互いに信頼し合う関係を築いている。また、その才識は多くの人を遥かに超えている」（筠仙到滬後、衆望交孚、其才識遠過凡庸）と、郭を絶賛し、彼の能力を認めた。[63]

以下、郭はどのように李を補佐したのかを概観してみる。

第一に、郭は文案起草の仕事を担当した。『郭嵩燾日記』からは、李の代筆として告示や上奏文を起草し、また曾国藩の上奏文代筆していたことが読み取れる。[64]

第二に、政策立案に関して李鴻章からの相談に乗り、さらに提言した。一八六二年一一月五日（同治元年九月一四日)、イギリス提督は、南京(当時、金陵と称した)の太平天国軍を鎮圧するために援助を申し出た。応宝時(候補知州)はこれらを受け入れ、太平天国鎮圧に協力させようと進言した。しかし、郭は李に、「西洋列強には、利益に基づいて行動する意図がある。しかし、我々には火急の苦しみがあって、形勢上あれこれ選択する余地はない。ゆえに、暫く表面だけ相手と調子を合わせ、事の実現を狙うほかない」(在彼有放利而行之心、在我有急何能択之勢、姑与透迤、以図功効)と、列強を警戒しつつも表面だけ一応話にのってみるべきと進言した。[65] 李は郭の意見を聞き入れ、西洋人と会った後、しばらく様子を見るようにしていた。この事例から、李鴻章は郭の意見を参考にしたことが窺われる。

第三に、李のために軍費調達を担当した。一八六二年一二月一六日(同治元年一〇月二五日)、郭は李鴻章に「厘務」の仕事を依頼された。[66]「厘務」とは「厘金」徴収の事務で、「厘金」とは太平天国討伐の軍費調達を名目に各地で施行された臨時徴税制度である。郭はかつて曾国藩の幕僚として軍費調達の経験を持っていたので、李からこの仕事を任されたのであろう。李は郭の実績について「存銀不及四万」という厳しい財務状況にあって、「在職わずか一ヵ月で、遅れていた軍人への俸給支払いをすべて済ませた」(在任一月、負餉全清)と、見事にその任務を果たしたことを評価した。[67]

第四に、李とともに西洋の軍事力に接し、これに関心を持っていた。一八六三年二月七日(同治元年一二月一九日)、二人は一緒に「開花砲」の演習を見た。郭は日記に、「英人士迪福立(Charles William Dunbar Staveley)は、大砲十何門を使い、旗を懸けて試し撃ちした。その大砲の撃ち方の緻密さは未だかつて見たことがない。すべて測量器を利用し、着弾の左右・高低について目印を立てて測定している。その状況に応じて大砲の照準を動かしており、真に絶妙の技である」(英酋士迪福立亦以大炮十余尊、懸旗演試。炮制之精、所未嘗見、而一以械関運用之、左右高下、立表測之、随機転動、真絶技也)と、西洋の軍事技術を体験したときの驚愕の気持ちを表し、さらにその技術を賞賛した。[68] 李も最初に西洋の兵器を見た際は、「その『落地開花炸弾』（榴弾砲）は、本当に見事な技術である」（其落地開花炸弾真神技也）と、同じく驚異の目を見張ったのである。[69] また一八六三年二月一〇日（同治元年一二月二三日）、李鴻章と一緒に洋槍隊と英軍兵士の操練を見学し、英軍兵士は洋槍隊よりさらに歩調がそろっていることに感銘を受けた。[70]

第五に、江蘇減賦、広方言館の設立に尽力した。この二つの事例については、第一節で馮桂芬の功績を紹介した箇所で、すでに言及した。実際、これらの事例の実現においては、郭の尽力も等閑視してはならない。この点に関しては佐々木揚（二〇〇〇）がすでに指摘している。[71]

一八六三年三月一一日（同治二年正月二二日）、李は広方言館設立の上奏文を提出した。李は、「我々中華の知恵と英知は西洋人より劣ることはない。もし西洋の言葉に習熟し、これを他人に伝授するようになれば、汽船、銃砲などに関するすべての技術も次第に会得できるようになる。中国の自強の道に対して有益である」（我中華智巧聡明豈出西人之下、果有精熟西文、転相伝習、一切輪船、火器等巧技、当可由漸通暁、於中国自強之道似有裨助）と、提言した。[72] 朝廷の許可を得た後、三月二八日（二月一〇日）、上海で広方言館が設立された。広方言館では西洋人を雇い、一四歳以下の少年に西洋の知識を教えた。それと同時に図書館と印刷所を設立し、科学書籍の収集にも取り組んだのである。[73]

以上、郭は李のブレーンかつ親友として、多方面にわたり李を支えていたことが明らかである。

郭は李の幕僚として軍費調達を見事に果たすと、一八六三年五月八日（同治二年三月二一日）両淮塩運使に命じられ、七月二五日に赴任にした。さらに八月一三日（六月二九日）、朝廷は郭嵩燾を広東巡撫に任命した。こうして郭は李のもとを去った。結局、郭が李のもとで働いた時間は僅か半年ぐらいに過ぎなかった。しかし、李が「別れた後は落胆して、まるでなにかを失ったかのようだ」（別後悦然、若有所失）と、述懐したように彼にとって郭の存在は大きかったと言えるだろう。[74]

李鴻章への影響

李鴻章は郭が亡くなった後、「生涯にわたり、とりわけ洋務を追究し、その得失の議論はみな深みがあり精密であった。事後にすべてその正しさが確認できた程である」（生平於洋務最為究心、所論利害皆洞入精微、事後無不徵驗）と高く評価し、[75]さらに郭の墓表を自ら執筆した。[76]一方、郭は、「生涯にわたり、李鴻章から受けた恩恵はもっとも多く、報いることはできない」（生平受合肥傅相之恵最多、而無能報之）と、李鴻章との親密な関係を語っていた。[77]

アヘン戦争が起こった時、李は進士試験の受験準備に没頭していた。アヘン戦争に関する李の反応について、岡本隆司（二〇一一）は、「進士合格を最大の目標としていた若き李鴻章にとっては、むしろさしたる関心事でなかった蓋然性のほうが高い」と指摘している。[78]また、陳敏（二〇一〇）は、アヘン戦争が起きてから一三年間が経っていたが、李鴻章の西洋に関する記述は見当たらない、李は西洋を重要視していない、と述べている。[79]

これに対し、郭は自らアヘン戦争を経験し、またアロー戦争ではその防衛に携わっていた。このため、西洋の技術や軍事力に関する認識を得たのは李より早かったことはいうまでもない。彼が李のブレーンとして活躍したとき、これらの経験や見聞を李と話し合ったことも考えられる。したがって李の認識には郭に影響された部分があるといえるだろう。以下、前掲した李の幕僚としての郭の役割を加えつつ、両者の考えにおける類似点を指摘し、郭が李に与えた影響を考えてみたい。

まず、西洋諸国が中国にやってくる目的については、二人とも商業的利益であると認識していた。郭は各国が求めているのは利益であり、領土と人民ではないと述べ、具体的には、「西洋人は広州に入り、督撫と一緒にいても、略奪をせず、天津に入り道府と一緒に居ても、略奪をしない。彼らが首都に入っても、また同じであった。彼らはもともと中国の土地、人民を奪取するつもりはないからだ」（夷人入広州、与督撫錯居、不相賊害、入天津、与道府錯居、不相賊害、其入都亦猶是也。彼固無意於中国土地民人）と、指摘している。(80)

李は一八七〇年一二月一三日（同治九年閏一〇月二一日）曾国藩へ宛てた書翰で、「西洋人が我々に求めているのは権勢と利益であり、土地を奪うのが目的ではない」（洋人所図我者、利也、勢也、非真欲奪我土也）と述べ、郭と同調した。(81)実際、このように考えた人物はほかにもいた。例えば、恭親王は一八六一年一月一三日（咸豊一〇年一二月三日）、次のように上奏した。

条約を批准して以来、夷（英、仏）は天津から退き、次々と南に向かって撤退した。彼らの要求は条約を根拠としている。これは夷人たちが我々の領土と人民を狙っていない証拠である。（自換約以後、該夷退回天津、紛紛南駛、而所請尚執条約為拠。是該夷並不利我土地人民(82)）

恭親王も列強が中国の領土と人民を狙わない以上、我々は条約を守るべきであると主張した。中国の歴史を振り返れば、外部勢力に侵攻された際、大体は国の奪取を目的にしていた。それに対し、西洋列強は侵入してきても、条約を締結したならば、約束どおりに軍隊を撤退する。この中国歴史上になかった対外関係は徐々に知識人に認知されたのである。

次に、両者とも外国に対して自国の実力を見極め、無謀な戦いには反対した。

一八六〇年に、郭は、「国が衰退している時、外国から強敵が攻めてきた場合、幸いに一回勝ったとしても、なお自立することができない（中略）国が弱い時には和局を主とするのである」（値衰弱之時、外有強敵、而僥幸一戦之功者、未有能自立者也（中略）弱則一以和為主）と語り、国の情況を理解せず、一途に戦うことを主張するのは不得策であると指摘した[83]。

一方、同じく李鴻章も、「彼の兵器は我々より強く、技術も我々より精密であれば、一時的には勝っても結局は必ず負けるものだ」（彼之軍械強於我、技芸精於我、即暫勝必終敗[84]）と述べ、中国では、「財産と人材のいずれも、いくつかの強敵と勝負することができない。我々はただ隠忍して、おもむろに後図を図らねばならない」（有貝之財、無貝之才、均未易与数強敵争較、只有隠忍徐図）と主張した[85]。白雪松・李秋生（二〇一〇）は、「李鴻章の多くの幕僚の中で、西洋との和局を直言し、李鴻章の戦争を避け、和局を主張するという思想に一番大きな影響を与えたのは、郭嵩燾である」（在李氏的諸多幕友中、最敢於直言主張与西方求和、対李鴻章避戦主和思想影響最大的便是郭嵩燾）と指摘している[86]。

さらに、条約の拘束力を信じた点も注目される。二人とも外国と条約を締結して、それをきちんと守ることによって、外国との関係を処理することを主張している。一八七一年八月三〇日（同治一〇年七月一五日）、李は総理衙門に日本との条約について、「条約はすでに完全に締結された。たとえ日本が西洋人の援助にすがろうとしても、絶対に白を転じて黒とはできない」（東約鉄案已定、縦欲倚西人為声援、断不能転白為黒）と、条約が締結された以上、誰にも干渉されないことを主張し、条約の拘束力を信じていた[87]。

以上、郭、李二人の外交思想における類似点をまとめた。このような多数の類似点があるからこそ、二人は公私ともに親しい関係となったのである。

それでは、郭の影響を受けた李は、日清関係を処理した際、どのような行動を取ったのか。以下「日清修好条規」締結前後の関連事件を中心に見てみよう。

一つ取り上げられるのは、郭の条約理念が李に影響を与えた点である。先述したとおり、二人とも条約の拘束力を信じていた。実際には、日清の外交問題を処理した際、郭は一八六二年一〇月三〇日（同治元年九月八日）の日記に、「潘季玉に日本とイギリスとの通商条約を見せられた。中国にとっては恥を増すものである」（潘季玉見示英人与日本通商条約、足増中国之愧）と記録した。[88] つまり、小国の日本でさえも西洋列強と通商条約を結び、条文で列強を互いに牽制させようとしている、との意味である。しかし、具体的にどの条約の第何条のいかなる表現を指しているのか、記録は残されていない。だが、郭は李のブレーンとして活躍し、この感想を李に伝えたのであろう。その後、一八七〇年に条約予備交渉の際、李は日本との条約締結に賛成し、さらに一八七一年、日本が使節を派遣してきた際、李は条約締結の責任者に命じられ、締結に向けて尽力した。そして、条約の拘束力により日本を牽制しようとする「日清修好条規」がついに李らの努力により、締結されたのである。

もう一つは、実力を基準に行動を選択する、とした点である。台湾出兵の際、李は積極的に抵抗を主張しなかった。それは、彼が自国の国力を冷静に判断し、外交政策で事態の収拾を図ろうとしたからである。郭は後日、出兵の終結策について、「聞くところによると、日本との一件はすでに終結した。台湾に出動した軍隊はみな本国に撤退した。わずか五〇万両で撤兵させた処置は適切であった」（聞東洋事已了、台湾屯田之兵均自撤回本国、去兵費五十万金而已、弁理尚属妥協）と述べ、郭は李の対応を称賛した。[89] 郭も日本と鋭く対立することに賛成しなかったのである。

小　括

本節では、李のブレーンかつ親友である郭嵩燾を取り上げ、彼の外交認識が李鴻章にどのような影響を与えたのかについて検討した。本節の結論は以下のようにまとめることができる。

第一に、郭嵩燾は自らアヘン戦争及びアロー戦争の防備を経験したため、西洋の軍事力に接したのは李鴻章よりも早かった。それゆえ、郭は西洋の事情に早くより関心を抱き、李鴻章のブレーン、親友として李の経験不足を補うことができた。

第二に、郭嵩燾の条約思想はその後の李鴻章の対日政策、とりわけ「日清修好条規」の締結に影響を及ぼしたと考えられる。また、郭の掲げた「条約を締結し、それを行動の基準にし、互いに牽制するとした策略」は、彼の「理に基づく外交」の一環であろう。

以上、郭嵩燾が李の日本認識、外交思想に与えた影響を見てきた。以上のほかに郭はいち早く長江水軍を設立する構想を提示したが、それは国内の反乱（太平天国軍の乱）を鎮圧するために、生み出された考えである。また、天津海防の際、郭はいろいろ活躍していた。それらの経験は、李の後日携わることになる海軍建設の参考にもなったであろう。

三　丁日昌（一八六三年から李鴻章の幕僚）

丁日昌（一八二三―一八八二年）字は雨生（禹生）、号を持静と称した。広東省の出身で、一八四三年に秀才となり、優れた文才が認められたため、李璋煜（恵潮嘉道）をはじめ、何人かの幕僚となっていた。一八六一（咸豊一一）年に曾国藩のブレーンになった。ついで一八六三（同治二）年、李鴻章に要請されて上海に滞在し、李の幕僚として西洋式兵器の製造、常勝軍の解散などに尽力した。のちに、上海道台（一八六四年）、両淮塩運使（一八六五年）、江蘇布政使（一八六七年）、江蘇巡撫（一八六八年）、福州船政大臣（一八七五年）、福建巡撫（一八七六年）などを歴任した。[90]

日本では、丁を研究対象とする先行研究はさほど多くない。山本進（一九九五）が、江蘇省の財政改革における丁の行動を考察しており、[91] 牟煥森（二〇〇六）は、福建巡撫を担当した際、中国最初の自主権を持つ台湾の電報線建設における丁の功績に触れている程度である。[92] 一方、中国でも丁に対する評価は毀誉褒貶相半ばしている。生前、丁は洋務を提唱したため「丁鬼奴[93]」と評価され、また死後、中国の改革・開放（一九七八年）後まで学界に無視されていた。[94] 現在、丁の洋務思想、外交思想を中心に考察する研究が盛んになってきたが、[95] 丁の動向に関する議論は決着がついていない。[96]

丁は、一八六三年に李鴻章の要請により李の幕僚になっていた。彼の洋務思想は李に影響を与えたと考えられる。しかし、この点においては、史料不足などの原因で十分に分析されていないようである。丁は李のブレーンになる前に、いかなる洋務思想、外交認識をもっていたのか。また、李のブレーンになった際、李の外交政策にどのような影響を与えたのか。とりわけ日本との外交問題を処理した際、丁はどのように進言したのか、などの課題は未だ解明されていない。

丁日昌の肖像
『丁日昌与自強運動』より

ここで、特筆すべき史料が二つある。『丁禹生政書』と『百蘭山館政書』である。[97] 幸い、二〇一〇年に国家清史編纂委員会により出版された『丁日昌集』に前掲した二種の史料が収録されており、またそのほかの一次史料も多数載せられている。本節は『丁日昌集』を参考にしながら、「日清修好条規」締結前後における丁日昌の思想とその動向を分析し、この課題の解明を試みたい。

丁日昌の洋務思想

李鴻章は丁日昌のことを、「洋務においても、行政においても、見事に担当し、彼に匹敵する人物はめったにない。当今の困難を解決するに十分の能力を持っている」（洋務吏治、精能罕匹、足以幹済時艱）と絶賛している。[98] それでは、具体的に丁はどのような洋務思想を持っていたのか。以下、外交、海防、西洋式兵器という三つの分野において、丁の政策を見てみよう。

① 外交政策について

丁日昌は上海道台（一八六四―一八六五年）を担当した際、一〇カ国以上の領事と交渉するなど、外交問題に携わっていた。丁は書翰「稟請仮調治」[99] の中で「イギリス領事パークスが最も交際しにくい」（尤以英領事巴夏礼為最難諧際）と、外交問題に手を焼いたことを述べている。さらに、外国の無礼な要求に対し、清国は「我慢しながら羈縻」（委曲羈縻）せざるをえないと主張した。具体的には、「（我々は）条約を守らなければならず、それによりしばらく羈縻する」（不能不遵照条約、暫事羈縻）という考えを生みだした。[100] つまり、自国の弱い立場を認めて正面から西洋列強と対立するのを避け、条約の拘束力を用いて彼らの行動を制約し、しばらく羈縻しようと主張した。

一八七〇年に天津教案が発生した。朝廷は丁を曾国藩とともに天津に派遣し、天津教案の処理を命令した。丁は、「眼前の情勢を論ずるならば、羈縻は万全の策である。事後の経営について論ずるならば、よろしく自強をその根本とすべきである」（論目前之事勢、則宜以羈縻為万全、論事後之経営、則宜以自強為根本）と述べた。[101] 丁は天津教案を処理する際、「羈縻」という対策で外交問題を取り扱い、さらに、自強を根本目標としなければならないと主張した。

清国の弱体ぶりを認識した丁は、条約によりできるだけ国家の損失を減らし、自立、自強を成し遂げるため、外交においては「羈縻」という対策を用い、平和の時間を確保しようと考えていたのである。[102]

② 海防政策について

一八六七年一二月、李鴻章は湖広総督を担当した際、総理衙門へ書翰を差し出し、丁日昌の提言も同封した。[103] 丁はこの提言書で「三洋水師」設立の構想を述べている。つまり、北洋、中洋、南洋にそれぞれ水師（海軍）を駐在させ、平時の場合は海上で安全パトロールをさせ、有事の場合は連絡し合い、対応させるという策略である。

一八六八年に丁が江蘇巡撫を担当した際、曾国藩に水師建設について二種類の提言書を提出した。「海洋水師章程」（三〇条）と「海洋水師章程別議」（六条）である。[104] 丁は、当今実施できるのは「海洋水師章程」の方であるが、将来のために実行すべきなのは「海洋水師章程別議」の方であると説明している。

「海洋水師章程」では、「内洋」、「外洋」を区別して対応することを提言し、それぞれどのように巡航するのか、いかに水師人員を選び、賞罰を実行するのかなどの問題を詳らかに論じている。

一方、「海洋水師章程別議」では、丁は将来のために、六箇条を提言している。[105]

江蘇巡撫を担当した時の丁は、すでに海軍設立をめぐり、包括的な軍事構想をもっていた。しかし、この六条の提案は当時重視されなかったのである。

一八七四（同治一三）年、日本が台湾に出兵し、朝廷は海防建設の重要性を実感した。そこで、総理衙門は、「錬兵、簡器、造船、籌餉、用人、持久」という海防を増強する六箇条の措置を上奏し、同治帝は総理衙門と沿海各省の将軍に、時宜にかなうよう企画し、海防を計画せよとの指令を下した。それに対し、丁は「海防条議」を提出し、自分の意見を陳述した[106]。李鴻章は一八七五年二月一九日（光緒元年正月一四日）、丁への書翰において、「提言した各条には解決法があり、大意は私の意見に同じようだ。そして、軍費の調達や人材の採用においては、みな私が言おうとしても、敢えて吐露しなかったことを述べてくれている」（逐条皆有切実弁法、大意似与拙作一鼻孔出気、而籌餉（中略）用人（中略）皆鴻章意中所欲言而未敢尽情吐露）と述べ、李は丁が自分に同調していること、さらに自分が考えていても敢えて言えない内容まで提言したことに感服したのである[107]。

③　西洋技術について

丁は上海道台を担当した際、西洋式兵器の製造について次のような意見を残した。

> 中国では機械を製造するには職人を使い、外国では技術者を使う。職人はその手先から技術を得るが、心にはその原理を理解できない。さらに、理解できたとしても、口で説明することができない。このため理論と現象は、ばらばらのままであり、原理と技術が一貫したものとなっていない。（中略）その根源を追究すれば、（我が国の）儒者の空言は職人の実用性には及ばない。しかし、儒者はその無用さを捨て、有用のことを学ぶのを恥だと考えている。これこそ、中国の機械製造の技術が、日進月歩で発展している西欧の技術に及ばない理由である。国の富と強さもこの技術の発展に伴うものなのである。（中国之制器也以匠人、外国之制器也以儒者。以匠人則得之於手者、不得応之於心、応之於心者、不能述之於口。理与事両不相謀、則道与芸無由一貫（中略）窮其所往、儒者之空言、卒不及匠人之実用、而又恥舍其無用而就有用、此中国制器之術所以不能如泰西之日新月異也、而富与強抑亦随之[108]）

丁は中国の製造技術が西洋より劣っている原因が「儒者」と「職人」の意思不通、とりわけ儒者が実用的な科学研究を軽視していることにある、と指摘している。

一八六八年に丁が江蘇巡撫の任についた際、汽船会社の設立を提案をした。彼は、「水師を訓練し、機械を製造することは、当今の急務であり、一刻も猶予できないことである（中略）汽船会社の創立が自強運動の嚆矢である（中略）日に日に隣国による侵略の危険性が我が国に迫っており、臥薪嘗胆せずにはいられない。長年の習慣が深く根を張っている状況に対し、従来のやり方を一変しなければならない」（習水師、製器械、当此迫不及待之時、亦属刻不容緩之挙（中略）輪船公司一挙、本属自強嚆矢（中略）隣雰日逼、不能不嘗胆臥薪、積習太深、不能不改弦易轍）と認識していた[109]。具体的には、西洋の優れた技術を導入し、才能のある人材を入念に育成すること、とくに装甲艦の製造に備えて、その製造工場の設立をも提言していた[110]。

④　対日認識について

一八六四年一〇月六日（同治三年九月六日）、李鴻章は総理衙門に差し出した書翰に、丁日昌からの「秘密の上申文」（秘稟）を同封した。丁は次のように日本に言及していた。

聞くところによると、イギリス、フランス両国は力を合わせて日本を攻め、港内の砲台をみな破壊したという。すでに講和談判したが、日本が勝利したとしても、十分我々の将来の憂いになる。日本が負けたとしても、現在の我々にとって有利ではない。近年の日本は、船の購入と機械の製造に専念している。その船や機械の性能はほとんど西欧各国のものと同程度である。ただ、西欧諸国ほど熟練していないだけである。それにもかかわらず、西欧に勝つことができないのだ。そうであれば、およそ大砲、船において日本と同じ程度、或いは日本ほどではない国々は、また大胆に自強の術を求めるべきである。（頃聞英、法二国、合攻日本、尽燬其港内砲台、業与議和、然日本勝、固足為我他日之憂、即日本敗、亦非我目前之利、

近年日本、専心致志、購船造器、幾及泰西之精能、但不如泰西之嫻熟、然猶不能以之制勝、則凡砲船之類於日本並不如日本者、亦可皇然謀所以自強之術矣(111)

丁は日本と英、仏との不和を取り上げた。この不和とは、幕末に長州藩と、イギリス・フランス・オランダ・アメリカの列強四国との間に起きた武力衝突事件（下関戦争）を指しているのであろう。丁は日本がよく西洋技術を学ぶことに関心を示し、日本の勝敗にかかわらず、何より清国自身が自強の術を求める大切さを提起した。

一方、丁は隣国と「連絡」しようと主張していた。一八六七年の総理衙門への書翰で、以下のような認識を示した。

沿海附近の各国とは予め連絡をつけておくべきである。日本は西洋人と通商して以来、自強を目指し、兵士を訓練し、部署を設けて船や大砲を入念に製造してきた。現在、汽船を操縦し、艦長・管鑪（動力機関管理者）から水夫まで、西洋人を雇用する必要がない。税関においても西洋人に税務を管理させる必要がない。近年、ライフルを多数購入し、中国が購入した小銃はみな日本が選択した後の残りものである。（中略）日本は何をしようと狙っているのか。そもそも現在の日本は明代の倭寇であり、うわべは柔順だが、腹黒く知恵に長けており、我々とは朝に発てば夕方には着くような近距離にある。西洋人は日本を野放しにしており、中国の弱点を利用し、日本と中国との関係を悪くさせ、漁夫の利を狙っていないとは言えない。そこで、密かに人員を日本に派遣し、商人を装わせ、その動静をうかがうべきである。或いは、沿海の官員に命令し、日本と関係を持たせ、友好を装いながら、裏では日本への備えを設けるべきである。（沿海附近各国、宜預為連絡。査日本自与西人通商之後、立意自強、訓練士卒、並設局精造船砲。現在駕駛輪船、自船主管鑪以至水手、皆無須雇用西人、関口亦無須西人管其税務、近年収買来福槍砲以千万計、中国所買槍砲、皆日本選余之物。（中略）其志果何為哉。夫今之日本、即明之倭寇、陰柔而有遠謀、其於我也可以朝発夕至。難保西人不縄以中国之弱、使鷸蚌相持、而坐収漁人之益。宜密遣妥員、佯為経商、伺其挙動。抑或由沿海疆臣、与為連絡、陽為之好、而陰為之備(112)

丁はいち早く日本と連絡をもち、表面は友好的関係を維持しながら、裏では人を秘密裡に派遣し、商人を装わせ、日本の動静を視察させたほうがよいと主張していた。

さらに、一八七〇年、天津教案を処理した時、丁は内外情勢を勘案し、以下のような上奏文を送った。

ヨーロッパ諸国は好戦的である。船と大砲がみな日進月歩で進歩しつつある。我が国の西、北、南の三面は彼らと境を接しており、東は悪賢くて我が国と西洋諸国との不和に乗じ行動する日本が存在する。我々はもし旧習を取り除いて官吏の治績を糺し、緑営兵制を変えて精兵を訓練することをしなければ、問題は次から次へと生ずることだろう」（泰西各国、専以戦闘為業、船与砲皆有日新月異之勢。西北南三境、皆将与我接壌、東又有日本狡然伺釁而動。我若不破除因循積習、以飭吏治、更改緑営兵制、以錬精兵、則一波未平、一波又起[113]）。

この書翰から、丁は日本に警戒感を抱き続けていたことが確認できる。

李鴻章の幕僚として

一八六三（同治二）年の正月、李は西洋式兵器を製造するため、丁日昌を上海に派遣するようにと上層部に要請した。また同年一〇月二日（八月二〇日）に上奏文を差し出し、再び丁の上海への派遣を要請した。朝廷は李の要請を認め、丁に急遽上海に行くよう命じた[114]。

丁は、李のブレーンになる前の一八六二（同治元）年、太平天国軍の鎮圧に没頭している江蘇巡撫の李に、書翰を差し出し、時局対策に関して意見を述べていた。

もっとも重要なのは優れた人材を求め補佐させること。次は東南の数省に熟議させ、その管轄地域の枠を外して、どうしても争うべき地を選んで（太平天国軍と）戦わせ、争っても争わなくてもよいところを選んで守らせることである。さらに、その次は夷人の長所を取り入れることである。その際、夷人の方法を模倣すれば、夷人は必ずしも雇わなくてすむだろう。（尤要在於求賢才相為佐理、次則東南数省熟商会議、不分畛域、択必争之地以戦、可争可不争之地以守、次則師夷人之長技、効其法而不必用其人）[115]

丁は李のブレーンになる前から、李と手紙で意見を交換していたことが明らかである。丁は外国の技術に対し、その技術を研究してもよいが、外国人を使ってはならないと主張した。李は一八六四年に総理衙門への書翰にも、「その方法を学んでもよいが、その人を使わなくてもよい」（師其法而不必尽用其人）と述べ、丁の提言に同調したのである[116]。

また、同じ書翰（注(115)史料）で、丁は外国の軍隊を雇うのに大金を費やしている問題を指摘している。「兵にとって重要なのは将軍で、兵器ではない。勝敗にとって重要なのは士気であり、軍の制度ではない。我々の将軍を選択し、彼らの兵器を学ばせれば、軍の指図も思いどおりにできる。そうすれば、第一に派遣して指図を聞かない憂いもなければ、第二に勢力が大きくなり制御し得なくなる心配もない」（兵在将不在器、勝負在気不在法、択我之将、師彼之器、可指揮如意、其始也不致有調遣不遵之患、其継也不致有尾大不掉之憂）と、丁は外国の軍隊に頼らない必要性とその可能性を指摘している。李鴻章は丁に影響されたと考えられるが、とうとう常勝軍を解散したのである。ちなみに、丁は常勝軍の解散に尽力していた人物である[117]。

丁は李のブレーンとして、彼自身の考えを李に進言しただけではなく、李のかわりに文案起草もしていた。『丁日昌集』に収められている「代李宮保復総署書」（李鴻章の代わりに総理衙門への返翰）という書翰がその一例である[118]。

一方、丁からの協力に対し、李は「（丁が）上海に来て一年あまり経つが、事情に精通しており、声望も日増しに高くなってきている」（到滬年余、情形愈熟、声望日孚）と、高く評価している。[119] 丁の協力を得た李は、上海製造砲局の設立や西洋式兵器の製造・運用[120]・購入、留学生の派遣[121]などを着々と実行したのである。

一八七一年、丁は母が死去したため、退職した。一八七四年、台湾出兵後、李は丁に書翰を書き送り、「私は最近精力が衰弱してきた。国内で洋務に関していえば、公（丁日昌）のほかに、私は誰に従えばよいのだろうか」（鄙人精力、近大衰減。海内談洋務者、舎公其誰与帰）と、丁の復帰を求めていた。[122] また、この書翰からは、丁の洋務思想に深く感銘を受けている李の様子も窺われる。

李鴻章への影響

先述したとおり、丁は李の思想形成や政策作成に多大な影響を与えた。具体的に丁が李の対日認識にどのような影響を与えたのかに関しては、以下のようにまとめられよう。

まず、外国との関係を処理する際、両者ともに「羈縻」という対策を持ち出し、活用しようとした点である。先述したように、丁も上海道台の職（一八六四－一八六五年）についた際、外交問題に手を焼き、「羈縻」するのが良策であると提言した。一方、第二章で論述したとおり、李は北洋大臣になったとき、外交問題に対処するには「羈縻政策」を活用すべきであると主張していた。また台湾出兵が発生した際、李鴻章は、「国内においては天朝の辺夷を包容する度量を失わず、外国に対しては羈縻を絶やさない心を示すのである」（内不失聖朝包荒之度、外以示羈縻勿絶之心）と主張し[123]、対応策を講じていた。丁も一八七四年に書いた「海防条議」で、日本に対し「暫く羈縻して、現在の関係を決裂させないようにする。我々の陸軍、海軍がすべて精鋭となった後であれば、日本が我が国のすきを狙う意思は自然に消えるだろう」（暫事羈縻、使目前不致絶裂、俟我水陸各軍均已精練、自可潜消其窺伺之心）と述べた。[124] 両者とも当時の中国の弱体ぶりを十分認識し、ひとまず「和局」を維持し、その間に「自強運動」を成し遂げようと考えた。具体的に李は、「羈縻政策」を掲げ、上層部を納得させ対外政策を取り、国内においては洋務運動を推し進めていた。

次に、丁は李よりも早く海防認識をもっていた点である。先述したように、一八六七年に李が湖広総督を担当した際、丁は北洋、中洋、南洋にそれぞれ近代海軍を作ろうと提言した。李は丁の提言を上奏文に同封したが、朝廷には重視されなかった。一方、『李鴻章全集』を読めば、李の海防に関する論述は彼が北洋大臣になった後、多くなっていることがわかる。例えば、一八七〇年八月二一日（同治九年七月二五日）、李は直隷総督の職についた後、丁への書翰で、「長江では砲台を基礎とし蒸気船の軍艦を運用するという、貴君の論より良策はない」（長江以炮台為経、輪船為緯、無逾尊議之善）と、丁が一八六七年に提出した意見に同調した。[125] その後、一一月一八日（一〇月二六日）、上奏文で「軍官を選び、兵を訓練し、海防を準備するのが、当今のもっとも重要な任務である」（選将、練兵、籌備海防一節、尤為目今要務）と、海防の重要性を再び主張した。[126] 李は通商大臣になった後も海防の大切さを叫び続け、さらに台湾出兵後の海防大討論の際、李は「塞防論」（国防の重点を内陸の辺境部におく）より「海防論」（国防の重点を沿海部におく）が重要だと主張し続けた。海防のため、無駄な出費を全部停止し、それらを海防の費用にさせようと提言した。[127] 李は丁の影響を受けつつ、海防への認識も徐々に深めていたのである。後日に李が作成した「籌議海防摺」[128] 及び北洋艦隊の設立などの考えも、このような認識の延長線上にあるものであろう。

さらに、日本を警戒していた二人は日本へ人員を派遣する必要を考えていた点である。丁は一八六七年にひそかに人員を日本に派遣し、商人を装わせ、日本の行動を監視させることを提案した。実際、日本と条約締結の際に、李は使節を日本に派遣し、日本の行動を監視し、日本から情報を得ることは最も重要だと主張していた。一八七七年に初代使節何如璋が日本に派遣され、この提言はようやく実現したのである。

小括

本節では李のブレーンであった丁日昌を検討した。丁は一八六三年に李の要請により、李の幕僚になって以来、海防、洋務など多方面にわたり、尽力し、さらに李に大きな影響を及ぼしたことを明らかにした。本節の結論は以下のようにまとめることができる。

丁日昌が西洋の技術や軍事力に接したのは李鴻章より早かった。これらの経験や認識が李に高く評価され、重要視されていた。

また、外交問題を考える際、両者はともに「羈縻」という方策を主張していた。とりわけ、李は日本との関係を処理する際、第二章で論じた通り「羈縻政策」を掲げ、これを実行したのである。

その上、丁は李よりいち早く海防問題に注目していた。彼の主張していた「三洋思想」や海防認識が李鴻章に受け入れられ、後日の李の海防建設に多大な影響を与えたものと思われる。

おわりに

本章は「日清修好条規」締結前後を中心にして、李鴻章の対日認識に大きな影響を与えた人物——馮桂芬、郭嵩燾、丁日昌――を取り上げ、分析した。三者とも李鴻章より早く西洋の強大な軍事力に接し、李の外交認識、対日政策に多大な影響を与え、また李の経験不足を補っていたことが判明した。とりわけ、三者の特徴的な論点については以下のようにまとめることができよう。

第一に、馮桂芬は李よりも早く「自強」という理念を持ち、李の主張していた洋務運動の趣旨に大きな影響を与えた。また、「自強」理念が李鴻章の外交政策の大前提ともなっており、彼の対日政策に深く影響を及ぼしたのである。

第二に、郭嵩燾は「理に基づく外交」を主張しつつ、条約の拘束力を重視した。李は日本との間に条約の形で関係を保とうとしたが、それには郭から受けた影響があるであろう。しかも、盲目的な戦いをせず、「和局」を維持しながら、計画的に行動を講じる、という思想が両者の共通点となっていた。

第三に、丁日昌は外国との関係を処理する際、いち早く「羈縻」という対策を持ち出した。丁に影響された李は日清関係を処理する際、この対策を活用していた。また丁は人員派遣の重要性を説き、李はそれを実現させるように再三進言した。さらに、李の掲げた海防政策を語る際、丁から受ける影響も看過できないだろう。

本章では李のブレーンとして、以上の三人を取り上げて分析したが、無論この三人のほか、李の外交政策及び対日観に影響を与えた人物は枚挙に遑がない。例えば、王凱泰（一八六三年に李鴻章の幕僚になる、以下同）、馬建忠（一八七〇年）、盛宣懐（一八七〇年）、薛福成（一八七五年）、呉汝綸（一八七六年）などが挙げられる。李の周辺にこれらの日本に関心をもっていたブレーンたちが存在したからこそ、李は近代初期の対日関係を処理した際、「自強」思想、「羈縻政策」を持ちながら、条約を締結することにより両国関係を定着させることができた。さらに、いち早く海防問題に関心を抱き、中国近代海軍の創設に着手できたのである。李のどの政策においてもブレーンたちからの影響を窺うことができ、その役割は十分評価に値するであろう。

（1）一八六四（同治三）年、馮桂芬は上海から蘇州に戻った。『馮桂芬評伝』熊月之（二〇〇四）中国思想家評伝叢書、南京大学出版社、一五八頁。
（2）『現代中国思想家』第一輯（王暁波編、一九七八、巨人出版社）一八三頁。
（3）小野川秀美（一九六九）『清末政治思想研究』みすず書房、西順蔵（一九七七）『洋務運動と変法運動』原典中国近代思想史、第二冊、岩波書店、野村浩一ら（二〇一〇）『新編原典中国近代思想史』第一、二巻、岩波書店、などが挙げられる。
（4）百瀬弘（一九四〇）「馮桂芬と其の著述について」『東亜論叢』二、東京文求堂、その後、改訂された著書『明清社会経済史研究』（研文出版　一九八〇）に収録された。
（5）大崎美鈴（一九八七）「馮桂芬の内政改革論と変法論との関係についての一考察」『史窓』四四、京都女子大学文学部史学会。
（6）岡本隆司（二〇〇一）『李鴻章―東アジアの近代』岩波新書、七七頁。そのほか、工藤早恵（一九九八）「清代中葉期における『説文解字篆韻譜』研究について―『四庫全書総目提要』から馮桂芬まで」『比較文化研究』三九、日本比較文化学会、夏井春喜（一九八一）「一九世紀中葉蘇州の一租桟における収租情況―同治減租とそれに至る過程」『史学雑誌』九〇（七）、公益財団法人史学会、がある。
（7）王栻（一九五六）「馮桂芬是不是一個具有資産階級民主思想的改良主義者」『南京大学学報』、一九五六年三期。
（8）陳旭麓（一九六二）「論馮桂芬的思想」『学術月刊』、一九六二年三期。
（9）劉研（二〇〇七）「従『校邠廬抗議』一書論馮桂芬的思想属性」『牡丹江教育学院学報』、二〇〇七年五期。
（10）『李鴻章全集』二九巻、八八頁。
（11）成暁軍（二〇一〇）は三段階に分けて述べている。①馮桂芬の「乞師書」（援軍を求める書）は李鴻章の上海派遣、またその洋務思想の誕生、形成によい機会を与えた。②馮桂芬の著作『校邠廬抗議』は、李鴻章による上海広方言館の設立など洋務実践運動に大きな影響を与えた。③馮桂芬は蘇州の税金削減を呼びかけ、李の協力を得て、それが実現することにより、地方官吏の管理、階級矛盾の緩和に大きな貢献をした。「論馮桂芬対李鴻章的影響」『貴州文史叢刊』二〇一〇年三期。
（12）そのほか、周輔成（一九五八）は「馮桂芬的思想」で馮桂芬の「自強」思想に言及したが、李への影響については述べていない。

『中国近代思想史論文集』上海人民出版社。
(13) その刊本には、光緒初年校邠廬初刊本及び光緒一八年蘇州の潘氏校刊本・武昌経心精舎重刻本等がある［前掲百瀬弘（一九四〇）一一一頁］。本稿は光緒二四年武昌経心精舎版を参照した。
(14)『清史列伝』中華書局、一九二八、六四巻、孫家鼎傳、二八頁。
(15)『顕志堂稿』第五巻に「公啓曾協揆」「啓李宮保論減賦」「再啓李宮保」「三啓李宮保」「啓粛毅伯李公論清丈書」「与曾揆帥書」「致李伯相書」などがある。
(16) 前掲百瀬弘（一九四〇）、成暁軍（二〇一〇）などが挙げられる。
(17)『李鴻章全集』一巻、二二、二四頁。
(18) 馮桂芬は一八四〇年から一八五〇年までの間、七年間翰林院で勤めた。李鴻章は一八四七年から一八五三年までその職にいた。
(19)『李鴻章全集』二巻、一八〇頁。
(20)『李鴻章全集』四巻、四五頁。
(21)『李鴻章全集』四巻、二三一-二三二頁。
(22)『顕志堂稿』崇祀録四-五頁。
(23)『顕志堂稿』に収録、また同じ内容は『李鴻章全集』三七巻、二九-三一頁にも収録されている。
(24) 榜眼とは進士試験の次席で、つまり「一甲第二名」で合格した人のことである。ちなみに李鴻章は二甲一三名であった。
(25)『籌弁夷務始末』（咸豊朝、中華書局、一九七九）七二巻、二七〇〇頁。
(26) 丁偉志・陳崧（一九九五）『中西体用之間』中国社会科学出版社、五一頁。
(27)『校邠廬抗議』（下）四-九頁。
(28) 佐々木揚（二〇〇〇）『清末中国における日本観と西洋観』東京大学出版会、一四頁、前掲丁偉志・陳崧（一九九五）五四頁。
(29)『校邠廬抗議』（下）一〇-一二頁。
(30) 林則徐（一七八五-一八五〇年）清末の政治家、福建省侯官の人である。字は少穆、謚は文忠。欽差大臣となりアヘン流入の根絶を期したが、アヘン戦争の敗北によって失脚した。
(31) 前掲熊月之（二〇〇四）四五、四六頁。
(32) 魏源（一七九四-一八五六年）清の学者・思想家。邵陽（湖南省）の人である。公羊学を通して、経世実用の学に努めた。林則徐の依頼で『海国図志』を編纂し、この著作は日本の幕末開国論に影響を与えた。
(33) 前掲熊月之（二〇〇四）七二―七三頁、前掲丁偉志・陳崧（一九九五）五一―五五頁。
(34) 『李鴻章全集』二九巻、三一三頁。
(35) 『李鴻章全集』二九巻、一三三頁。
(36) 『李鴻章全集』二九巻、二一七頁。
(37) 『李鴻章全集』二九巻、一六二頁。
(38) 『李鴻章全集』二九巻、二一二頁。
(39) 『李鴻章全集』二九巻、三一三頁。
(40) 同右。
(41) 同右。
(42) 前掲佐々木揚（二〇〇〇）一一頁。
(43) 曾永玲（一九八九）『郭嵩燾大伝』遼寧人民出版社、一九一頁。
(44) 郭廷以（一九七一）『郭嵩燾先生年譜』中央研究院近代史研究所専刊（一九）を参照した。
(45) 『郭嵩燾日記』（湖南人民出版社、一九八一）第一巻、四〇一頁。
(46) 汪栄祖（二〇〇六）『走向世界的挫折―郭嵩燾与道咸同光時代』中華書局。
(47) 例えば、鐘叔河（一九八四）「論郭嵩燾」『歴史研究』湖南人民出版社、一九八四年一期、劉振華（二〇〇五）「郭嵩燾的日本認識述析」『黔南民族師範学院学報』二〇〇五年五期、などが挙げられる。その他、王興国（二〇〇九）『郭嵩燾研究著作述要』（湖南大学出版社）には多数の先行研究が挙げられている。
(48) 前掲佐々木揚（二〇〇〇）一六二頁。
(49) 張富強（一九九二）「李鴻章外交思想論綱」『社会科学戦線』一九九二年四期、一九三頁。
(50) 郭に関する著書や論文に関しては、前掲王興国（二〇〇九）を参照されたい。
(51) 『玉池老人自叙』一〇頁、読点筆者。
(52) 『玉池老人自叙』八頁、読点筆者。
(53) 『郭嵩燾日記』第一巻、三九三頁。

(54)『四国新檔』英国檔（下）（中央研究院近代史研究所編、一九六六）八五四-八五五頁。
(55)『郭嵩燾日記』第一巻、二一八頁。
(56)『郭嵩燾日記』第一巻、四〇三頁。
(57)『郭嵩燾日記』第一巻、四六九頁。
(58)『李鴻章全集』二九巻、七六頁。
(59)『李鴻章全集』一巻、七頁。
(60)『李鴻章全集』二九巻、八七頁。
(61)前掲曾永玲（一九八九）一二六-一二七頁。
(62)『養知書屋文集』巻一〇、一五頁。
(63)『李鴻章全集』二九巻、一四八頁。
(64)『郭嵩燾日記』第二巻、六五、七〇、七三、八一頁、また『李鴻章全集』二九巻、一八七頁。
(65)陸宝千（二〇〇五）『郭嵩燾先生年譜　補正及補遺』中央研究院近代史研究所専刊（八九）、中央研究院近代史研究所、一三五頁。
(66)『郭嵩燾日記』第二巻、七四頁。
(67)『玉池老人自叙』「合肥李鴻章臚陳事実疏」二頁。
(68)『郭嵩燾日記』第二巻、八二頁。
(69)『李鴻章全集』二九巻、八三頁。
(70)『郭嵩燾日記』第二巻、八二-八三頁。
(71)前掲佐々木揚（二〇〇〇）七九-八〇頁。
(72)『李鴻章全集』一巻、二〇九頁。
(73)竇宗一（一九六八）『李鴻章年（日）譜—近代中国血涙史実紀要』友聯書報発行公司、五一頁。
(74)『李鴻章全集』二九巻、二七四頁。
(75)『玉池老人自叙』「合肥李鴻章臚陳事実疏」四頁。
(76)『玉池老人自叙』「合肥李鴻章兵部侍郎郭公墓表」九-一一頁。
(77)『玉池老人自叙』二〇頁。

(78) 前掲岡本隆司(二〇一一)二三頁。
(79) 陳敏(二〇一〇)「李鴻章の思想形成についての一考察―教育が彼の思想に与えた影響」『立命館文学』六一五、一九六頁。
(80) 『郭嵩燾日記』第一巻、四〇三頁。
(81) 『李鴻章全集』三〇巻、一三七頁
(82) 『籌弁夷務始末』(咸豊朝)七一巻、二六七四頁。
(83) 『郭嵩燾日記』第一巻、三九三頁。
(84) 『李鴻章全集』六巻、一六〇頁。
(85) 『李鴻章全集』三〇巻、二三一頁。
(86) 白雪松・李秋生(二〇一〇)「李鴻章幕友対其洋務思想的影響」『廊坊師範学院学報』社会科学版、二〇一〇年四期、六〇頁。
(87) 『李鴻章全集』三〇巻　二八四頁。
(88) 『郭嵩燾日記』第二巻、六六頁。
(89) 『郭嵩燾日記』第二巻、八四二頁。
(90) 『丁日昌集』(上海古籍出版社、二〇一〇)年表(一六三九-一六四四頁)を参照した。
(91) 山本進(一九九五)「清代後期江浙の財政改革と善堂」『史学雑誌』一〇四(一二)、公益財団法人史学会。
(92) 牟煥森(二〇〇六)「中国電報局の創設」『科学史研究』第Ⅱ期、四五(二三九)、日本科学史学会。
(93) 『洋務運動』(一)中国史学会編、上海人民出版社、一九六一、一三一頁。
(94) 趙春晨(一九八七)は「建国後三〇余年の中、中国学界では丁を中心とする論文は一本もなかった」と指摘している。(「従『海防条議』看丁日昌的洋務思想」『汕頭大学学報』人文科学版、一九八七年一期)。
(95) 前掲趙春晨(一九八七)、呉忠民(一九八七)「論丁日昌的洋務思想」『汕頭大学学報』人文科学版、一九八七年三期、鄧亦兵(一九八七)「試論丁日昌的洋務思想」『史学月刊』一九八七年二期、呉福環(一九八八)「論丁日昌的国防近代化思想」『軍事歴史研究』一九八八年三期、季雲飛(一九九六)「丁日昌台湾防務思想与実践之探析」『台湾研究』一九九六年一期、成暁軍・範鉄権(二〇〇〇)「近二〇年来丁日昌研究概述」『湘潭大学学報』社会科学版、二〇〇〇年二期、高如民(二〇〇六)「論丁日昌在近代首批幼童留学中的歴史作用」『河南大学学報』社会科学版、二〇〇六年四期、などが挙げられる。
(96) 前掲成暁軍・範鉄権(二〇〇〇)は、丁の取った外交行動は主権を守るものか、それとも国を売るものか、とりわけ天津教案を

処理した際、丁の行動は降伏政策だったのか、それとも国権を守るための政略だったのか、それらに関する議論は学界では未だ統一されていないと指摘している。

(97)『丁禹生政書』は丁の上奏文や書翰をまとめた著作集である。広東省社会科学院図書館に所蔵されており、元来は写本であるが、一九七五年台湾文海出版社により出版された。この資料集は丁の職歴を区切りにし、『巡滬公牘』（一八六四年上海道台）、『淮鹺摘要』、『淮鹺公牘』（一八六五年両淮塩運使）、『藩呉公牘』（一八六七年江蘇布政使）、『撫呉奏稿』（一八六八年江蘇巡撫）、『撫閩奏稿』（一八七五年福州船政大臣）の六部、三六巻からなっている。刊行した本には脱落や誤りが若干存在しており、また、印刷数が少ないため、利用するのに不便があった（『丁日昌集』六-七頁を参照した）。

范海泉（一九八六）は『丁禹生政書』を分析し、論文「従『丁禹生政書』看丁日昌」（『学術研究』一九八六年六期）を執筆し、各段階における丁日昌の考えや行動を考察した。しかし、日本認識に関する分析は不十分である。『百蘭山館政書』は広東中山図書館に所蔵されており、一四巻八冊から構成されている。一八五四年から丁が死去する前日に至るまでの書翰、外交照会、上奏文など、全部で二九二篇が収録されており、丁と同時代の李鳳苞、王韜により校訂されたものである。この史料は『丁禹生政書』と互いに補い合い、より全面的に丁の政治思想や行動などを理解するには、貴重な史料である。一九四〇年にようやく刊行されたが、広く知られていなかったようである（趙春晨「丁日昌『百蘭山館政書』簡析」、『清史研究』二〇〇四年一期、を参照した）。

(98)『李鴻章全集』三一巻、二四〇頁。

(99)『丁日昌集』（上）二五七-二五八頁。

(100)『丁日昌集』（上）二七一頁。

(101)『丁日昌集』（上）九五頁。

(102)この点については、成暁軍が『風雨晩清―曾国藩与他的精英們』（団結出版社、二〇〇九）の中ですでに指摘している。

(103)『籌弁夷務始末』（同治朝）五五巻、二二六三-二二七〇頁。

(104)『丁日昌集』（上）六〇六-六一二頁。

(105)第一条、「専ら巨大な軍艦を採用し、またこれを操縦する人を募集する」（専用大兵輪船、及招募駕駛之人）。丁は現今使っている船は運送のための船（通信之船）に過ぎず、軍用船（兵輪船）ではない。この状況に対し、丁はまず外国から装甲艦を二三隻購入し、兵士たちに装甲艦で練習させる。次に、中国人の中から操縦できる者を募集する。さらに、学校を多く開設し、西洋人に船を操縦する方法などを教授させるべきである、と提言した。

第二条、「沿海地の要衝を選び、砲台を築く」（沿海択要修築炮台）。丁は道光時代以来何回かの海戦を経験しており、清国の砲台が、戦闘中にほぼすべて破損した状況を指摘し、その原因は、砲台が役に立たないのではなく、できた砲台が時宜に合わないからであることを説いた。その対策として、西洋列強により築造された砲台を模倣し、沿海水師を補完できる砲台を造らなければならないと主張した。

第三条、「陸兵を精選し、訓練する」（選練陸兵）。水師を訓練すると同時に、水師の中から優秀な人材を選び陸軍として訓練させる。

第四条、「沿海地方の官員には、気力がある有能・熟達の者を登用し、その者たちに対する賞罰を厳格にする」（沿海地方官宜精択風力幹練之員而重其賞罰）。丁は本当に使える者を抜擢せよ、と主張している。

第五条、「北、東、南の三洋を一つに連結する」（北、東、南三洋聯為一気）。山東から直隷までは天津を中心に北洋提督を、浙江から蘇州までは呉淞を中心に東洋提督を、広東から福建までは台湾を中心に南洋提督をそれぞれ設置すべしという。これは一八六七年の「三洋水師」構想を具体化したものである。

第六条、「機械局の設立を綿密に行い、体用（機械の原理とその応用）ともに備えさせる」（精設機械局俾体用兼備）。丁は水師設立と機械製造が互いに表裏となり、両者のどちらにも偏ってはならないと認識していた。三洋ではそれぞれ製造局を設置させ、造船場、兵器工場、耕作機械及び織機を造らせ、有能な経験者にこれを管理させることを主張している。これは研究した科学的な原理を実用にし、また実践して得たことを実際の仕事で活用するという「体」と「用」が兼備できる方法である。

(106)『丁日昌集』（上）一九〇-一九九頁。
(107)『李鴻章全集』三一巻、一七六頁。
(108)『丁日昌集』（上）二六一頁。
(109)『丁日昌集』（上）五一七頁。
(110)『丁日昌集』（上）七一二頁。
(111)『海防檔』（丙、機器局）中国近代史資料彙編、中央研究院近代史研究所編、一九五七、五頁。
(112)この書翰は、前掲した李が一八六七年一二月三一日に総理衙門に差し出した書翰に同封したものである。『籌弁夷務始末』（同治朝）巻五五、二二六九頁。
(113)『籌弁夷務始末』（同治朝）七五巻、三〇二八頁。

(114)『李鴻章全集』一巻、三四六-三四七頁。
(115)『丁日昌集』(下) 八七六頁。
(116)『李鴻章全集』二九巻、三一三頁。
(117)『籌弁夷務始末』(同治朝) 二五巻、一一〇二-一一〇四頁。
(118)『丁日昌集』(下) 八七八、八七九頁。
(119)『籌弁夷務始末』(同治朝) 三二巻、一三八六頁。
(120) 一八七一年九月に『槍砲操法図説』を編集し、李が淮軍に配布した。
(121)『籌弁夷務始末』八二巻、三三三二頁。
(122)『李鴻章全集』三一巻、八七、八八頁。
(123)『李鴻章全集』三一巻、八四頁。
(124)『丁日昌集』(上) 一九一頁。
(125)『李鴻章全集』三〇巻、九〇頁。
(126)『李鴻章全集』四巻、一〇八頁。
(127)『李鴻章全集』六巻、一六四頁。
(128)『李鴻章全集』六巻、一五九-一六七頁。

終章

本研究は「日清修好条規」締結前後の日中関係、とりわけ直隷総督北洋大臣李鴻章の対日認識・対日政策を中心に考察してきた。外交の第一線で活躍した李鴻章は、中国の伝統的な羈縻政策から独自の「羈縻政策」を生み出し、近代日中関係を構築する際に活用した。この「羈縻政策」を利用することは、上層部や周辺の官僚たちを納得させる効果があった。それと当時に、この「羈縻政策」に基づいた対日政策（外交）は、客観的に洋務運動（内政）のために都合のよい環境を提供しており、清国の対外関係の認識を「華夷秩序」から「近代外交」へ移行させる一歩を導いたようにも見える。

日清両国は対等条約の締結により、近代日中関係が始まった。以下、本研究の結論をまとめた上で、李鴻章の活用した「羈縻政策」を整理してみたい。

一　本研究の総括

第一章では、「日清修好条規」締結前の李鴻章を考察した。李は一八六二年に上海に着任し、千歳丸、健順丸の上海来航を経験した。李は健順丸が来航した際、日本との通商貿易を一時的に認めた。この行動は、のちの正式な通商貿易及び条約締結に対し、布石を打つものと考えられよう。つまり、条約締結における李鴻章の対日観を解明するには、一八六〇年における日本船の上海来航から分析する必要がある。また、太平天国軍を鎮圧するとき、西洋の先進的な軍事力に出会った李は、自国でもそれらの技術を取り入れ、洋務運動を推し進めようと考えた。さらに、清国の上層部に存在する根強い保守的な思想や勢力と立ち向かうため、李は日本を洋務運動の参考例として取り上げていた。その後、李は直隷総督になり天津教案を処理した際、自ら西洋列強の連合を経験し、これに悩まされていた。このような状況のなか、修好を求めてきた日本に対し、李は日本と連合し、日本を自国の外援にさせたいという対日認識を抱きはじめた。

第二章では、「日清修好条規」締結時の李鴻章を検討した。条約の草案作成及び本交渉の際、陳欽、応宝時が李の補佐として活躍した。この時期の李は「聯日」という考えのみならず、日本からの脅威、とりわけ当時の朝貢国朝鮮への脅威についても考慮していた。一八六〇年代の考えを一歩前進させ、李は「聯日」の言論もすれば、場合によっては「防日」の言論もしたのである。この一見矛盾する対日観の背後には「自強」政策が存在していた。清国を強国化させるための時間・平和的な環境・情報が必要である。近隣でありながら雄国たらんとする日本に対し、まずは条約を締結し、さらに日本に使節を派遣することが日本を牽制する有力な対処法であった。そのため、李は「羈縻政策」を掲げ、条約締結に反対する勢力を納得させ、日中関係を条約の形で定着させた。

第三章では、「日清修好条規」批准書の交換時における李鴻章を分析した。天津で外務卿副島種臣と交渉した際、李鴻章は一年前に発生したマリア・ルス号事件をうまく利用し、「日清修好条規」の批准書を順調に交換した。李の勘案した日清関係がついに条約の形で現れ、発効したのである。のちに副島種臣が北京で同治帝への謁見を交渉した際、天津にいた李が側面で援助した事実も見逃してはならないだろう。その原因として、マリア・ルス号事件のほかに、清国側が「日清修好条規」を守ること、日本側に「争いの口実」を提供したくないこと、孫士達の果たした役割、などの原因を提示し分析した。さらに副島の単独謁見の成功は従来上層部をはじめ多くの人々が持っていた「天朝上国」思想を崩壊させる一つのきっかけとなった。この謁見を李は側面から援助していた事実がある。ここから李が「自強」のために、副島の謁見を利用してあえて「天朝上国」思想の崩壊を意図していた可能性も指摘した。

第四章では、台湾出兵における李鴻章の対日認識を分析した。李鴻章は日本との関係を決裂させないため、正面から戦わないように進言した。清国側は交渉した際、終始「賠償金」、「兵費」という名義に反対した。李鴻章は最初に総理衙門に「撫恤銀」と「賞与」の解決策を提出したが、「撫恤銀」策だけが採用された。ゆえに、清国から支払った五〇万両のうち、一〇万両は「撫恤銀」として難民の遺族に、四〇万両は台湾に残した施設の補償金として日本政府に支払った。さらに、李の解決案を参考にした総理衙門は、日本との間に互換条款「北京専約」を締結することにより、事態を収束させた。この際、李は再び「羈縻政策」を利用し、日清両国の平和状況を一時的に保つことができた。実際には「自強」のための時間稼ぎが李の真の狙いであった。一方、台湾出兵は「日清修好条規」が発効した翌年の出来事であり、日清関係に悪影響をもたらした。その後、李鴻章は日本を「仮想敵国」と見なし、北洋海軍の創設に着手していった。

第五章では、李の対日政策に大きな影響を与えたブレーン（馮桂芬、郭嵩燾、丁日昌）を取り上げて、考察した。そのうち、①馮桂芬の掲げた「自強」思想は李の推進した洋務運動、外交政策の大前提となったこと、②郭嵩燾による条約の拘束力を重視し盲目的な戦争を避ける方策は、李の対日政策に影響したこと、③丁日昌の羈縻政策の提言、海防政策がそれぞれ李の「羈縻政策」の形成と北洋海軍の建設に示唆を与えたこと、以上の事実が判明した。ゆえにこの時期の李鴻章の対日認識、対日政策を語る際、ブレーンたちの役割を見逃してはならないだろう。

それでは、外交における「羈縻政策」(外交)は洋務運動(内政)にどのような影響をもたらしたのか。李鴻章は自ら「羈縻することをとおして、自強の道を求める」(於羈縻中求自強之道)と、「羈縻」と「自強」との関連を語っている(『李鴻章全集』三一巻、三二七頁)。そのほかに中国における伝統的な対外関係を崩壊させ、新たな近代外交を開始させたという点も注目される。具体的には、以下の三点を指摘することができよう。

第一に、一八七一年に締結された「日清修好条規」は近代中国におけるはじめての対等条約である。それ以前の条約は、戦争に敗北した後締結させられた条約であり、いわゆる不平等条約である。一方、「日清修好条規」は日清双方が対等な立場に立ち、西洋諸国を介入させない状況のもとで締結されている。換言すれば、清国は自発的に「華夷秩序」から一歩踏み出し、国際法に基づいた近代的日清関係を構築しようとしたのである。その後、一八七二年にマリア・ルス号事件が発生し、それを契機として、一八七四年に清国・ペルー間に中国の出稼ぎ人を保護する対等条約が結ばれた。

第二に、一八七三年に外務卿副島種臣は同治帝に謁見した際、中国の伝統的な「三跪九叩」の礼に反対し、初めて立礼のみで謁見した。この謁見問題の結果から、思想、礼儀作法の両面において清国における「華夷秩序」の崩壊の兆候が顕れてきた。

第三に、一八七四年、日本は台湾出兵を起こし、李は日本との決裂を避けるため積極的にその解決策を提言した。その後、清国内部では海防をめぐり論議が行われ、近代海軍の創設も決定された。

以上、清国は思想面、法律面、政治面、礼儀作法及び軍事面のいずれにおいても、客観的にみて元来の「華夷秩序」から近代的な外交関係へ一歩踏み出した。これらをうまく促進させたのは、本論のキーパーソン「李鴻章」であったのである。

二　今後の課題

最後に、本論で扱わなかったその後の外交事件及び李鴻章研究について、今後の課題を簡単に記しておきたい。

第一に、「日清修好条規」が近代日中関係において果たした役割についてである。本論では一八七四年までの日中関係を考察してきたが、台湾出兵の収束状況から見てみれば、この条約の法的拘束力は十分に機能していなかったのである。それ以降、特に一八九四年日清戦争が勃発するまでの間に、琉球問題、朝鮮問題も次々と浮上してきたが、「日清修好条規」は、どれぐらいの拘束力を持っていたのか。日中の間にこのような対等条約があったにもかかわらず、なぜ日清戦争にまで至ったのか、などの疑問に関しては再検討する必要があるように思われる。

第二に、李鴻章の「羈縻政策」についてである。李鴻章は、台湾出兵以後の日清関係を処理した際、どのような行動をとったのか。例えば、琉球処分問題や朝鮮関連問題、ベトナムの所属をめぐる清仏関係において、その「羈縻政策」をいかに活用し、或いは変容していったのか。

第三に、李鴻章の対日認識と対欧米認識との差異についてである。本論では主に李鴻章の対日認識を中心に検討してきた。実際には当時の内外関係は非常に複雑で変化に富んでおり、対欧米認識については本論の第三章、第四章で若干触れたにとどまり、未だ十分とは言えない。したがって、今後においては日本語、中国語の史料だけではなく、幅広く各国の関係文書を解読し、その中から清国側の対応や李鴻章の外交行動をより全面的に考察する必要がある。

第四に、引き続き李鴻章のブレーンを検討することである。本論では、「日清修好条規」締結前後を研究対象にし、李のブレーンとして三人だけを考察した。そのほか、朝鮮との関係を処理した際に馬建忠、洋務運動を推進した際に盛宣懐らが活躍していた。これらの人物が李の外交政策、対日認識にどのような影響を与えたのかに関しては、さらに検討を深めていく必要があると思われる。

以上が残された今後の研究課題である。

参考文献

《未公刊史料》

「入清議約概略」大蔵卿伊達宗城、早稲田大学所蔵、一八七一、請求番号イ14_a0680

「太政類典」（第二編・明治四年-明治十年・第九四巻・外国交際三七）国立公文書館所蔵、請求番号本館-二A-〇〇九-〇〇・太〇〇三一六一〇〇、件名番号〇二〇

JACAR（アジア歴史資料センター）Ref. A03031119000、単行書・処蕃提要・第一巻（国立公文書館）

JACAR（アジア歴史資料センター）Ref. A03030996400、単行書・処蕃類纂・第一巻（国立公文書館）

JACAR（アジア歴史資料センター）Ref. A01100298300、公文録・明治一八年・第二百二巻・明治二年-七年・使清締約始末（一）（国立公文書館）

「日清往復外交書翰文」（二）陳福勲、品川忠道、長崎歴史文化博物館所蔵、一八七三、史料番号一四-九二-三-二

「使清日記」（中）明治三年　識別番号三五八三五、宮内庁書陵部所蔵

「六年使清日記」国立公文書館所蔵　請求番号　二七一-〇四一三

「副島種臣関係文書」国立国会図書館憲政資料室所蔵、史料番号六六

「総理各国事務衙門・日本、挪威、瑞典請求通商・日本商人擬来滬貿易事」中央研究院近代史研究所檔案館所蔵、史料番号〇一-二一-〇二二-〇一

「総理各国事務衙門・日本、挪威、瑞典請求通商・瑞、那、日本来華請求設領通商事」中央研究院近代史研究所檔案館所蔵、史料番号〇一-二一-〇二二-〇二

「総理各国事務衙門・日本、挪威、瑞典請求通商・日本請求通商貿易事」中央研究院近代史研究所檔案館所蔵、史料番号〇一-二一-〇二二-〇三

「総理各国事務衙門・日本立約」中央研究院近代史研究所檔案館所蔵、史料番号〇一-二一-〇二三-〇一

「総理各国事務衙門・日本立約」中央研究院近代史研究所檔案館所蔵、史料番号〇一-二一-〇二四-〇一

「総理各国事務衙門・日本換約」中央研究院近代史研究所檔案館所蔵、史料番号〇一-二一-〇五〇-〇一

「総理各国事務衙門・日本換約」中央研究院近代史研究所檔案館所蔵、史料番号〇一-二一-〇五一-〇一

「総理各国事務衙門・日本換約」中央研究院近代史研究所檔案館所蔵、史料番号〇一-二一-〇五二-〇一

「総理各国事務衙門・日本換約」中央研究院近代史研究所所蔵、史料番号〇一-二一-〇五二-〇二

「皇清誥授栄禄大夫直隷津海関道陳君墓誌銘」舟山博物館所蔵

《日本語資料》

一次史料

『大日本外交文書』外務省調査部編纂、第一巻、日本国際協会、一九三六

『大日本外交文書』外務省調査部編纂、第三巻、日本国際協会、一九三八

『大日本外交文書』外務省調査部編纂、第四巻、日本国際協会、一九三八

『大日本外交文書』外務省調査部編纂、第六巻、日本国際協会、一九三九

『大日本外交文書』外務省調査部編纂、第七巻、日本国際協会、一九三九

『明治文化全集』第一一巻、外交篇、日本評論新社、一九五六

『明六雑誌』三五号、一八七五

『郵便報知新聞』復刻版（四）、郵便報知新聞刊行会、柏書房、一九八九

『新聞集成明治編年史』第二巻（中山泰昌編著、新聞集成明治編年史編纂会編纂、一九三五

参考図書

飯島渉・久保亨・村田雄二郎編（二〇〇九）『シリーズ二十世紀中国史』一、中華世界と近代、東京大学出版会

伊笠碩哉（一八九五）『李鴻章』嵩山房

石井孝（一九八二）『明治初期の日本と東アジア』有隣堂

閻立（二〇〇九）『清末中国の対日政策と日本語認識　朝貢と条約のはざまで』東方書店

海島隆（一九七七）『マリア・ルーズ号事件—奴隷船解放始末記』ノンフィクション全集（二〇）国土社

大久保泰甫（一九七七）『ボワソナアド　日本近代法の父』岩波書店

岡田宏二（一九九三）『中国華南民族社会史研究』、汲古書院

岡本隆司（二〇〇七）『馬建忠の中国近代』京都大学学術出版会

岡本隆司（二〇〇八）『世界のなかの日清韓関係史—交隣と属国、自主と独立』講談社

岡本隆司（二〇一一）『李鴻章—東アジアの近代』岩波新書

岡本隆司・川島真編（二〇〇九）『中国近代外交の胎動』東京大学出版会

小野川秀美（一九六九）『清末政治思想研究』みすず書房

神村忠起（一八八〇）『李鴻章伝』梶田那雄吉

清沢洌（一九四二）『外政家としての大久保利通』中央公論社

金城正篤（一九七八）『琉球処分論』沖縄タイムス社

陸羯南（一九一〇）『羯南文集』蟠竜堂

宮内庁編（一九六九）『明治天皇紀』（第二）吉川弘文館
早乙女貢（一九六八）『僑人の檻』講談社
佐々木揚（二〇〇〇）『清末中国における日本観と西洋観』東京大学出版会
信夫清三郎（一九四二）『近代日本外交史』中央公論社
島善高（二〇〇四）『副島種臣全集』一　慧文社
島善高（二〇〇七）『副島種臣全集』三　慧文社
島善高（二〇〇九）『律令制から立憲制へ』成文堂
徐興慶（二〇〇四）『近代中日思想交流史の研究』朋友書店
早田玄洞（一九〇二）『李鴻章』大学館
武田八州満（一九八一）『マリア・ルス号事件―大江卓と奴隷解放』有隣堂
陳舜臣（二〇〇一）『江は流れず―小説日清戦争』集英社
東亜同文会編（一九六八）『対支回顧録』原書房
外山軍治（一九四七）『太平天国と上海』高桐書院
ドナルド・キーン著、角地幸男訳（二〇〇一）『明治天皇』（上）新潮社
西順蔵（一九七七）『洋務運動と変法運動』原典中国近代思想史、岩波書店
野村浩一ら（二〇一〇）『新編原典中国近代思想史』（一、二）、岩波書店
萩原延寿（二〇〇一）『北京交渉　遠い崖―アーネスト・サトウ日記抄』一一、朝日新聞社
F・V・ディキンズ著、高梨健吉訳（一九八四）『パークス伝―日本駐在の日々』平凡社
坂野正高（一九七〇）『近代中国外交史研究』岩波書店
坂野正高（一九七三）『近代中国政治外交史』東京大学出版会
坂野正高（一九八五）『中国近代化と馬建忠』東京大学出版会
堀敏一（一九九三）『中国と古代東アジア世界』岩波書店
丸山幹治（一九三六）『副島種臣伯』大日社
毛里和子（一九九八）『周縁からの中国』東京大学出版会
毛利敏彦（一九九六）『台湾出兵―大日本帝国の開幕劇』中央公論社
毛利敏彦（二〇〇二）『明治維新政治外交史研究』吉川弘文館
森田朋子（二〇〇五）『開国と治外法権―領事裁判制度の運用とマリア・ルス号事件』吉川弘文館
吉澤誠一郎（二〇一〇）『清国と近代世界―一九世紀』岩波書店
吉田宇之助（一九〇一）『李鴻章』民友社
劉傑（二〇一三）『中国の強国構想―日清戦争後から現代まで』筑摩選書
梁啓超著　張美慧訳（一九八七）『李鴻章―清末政治家悲劇の生涯』久保書店
若尾正昭（一九九七）『清朝・大官の幻影』透土社
『日本大百科全書』（第二版）小学館、一九九四

論文

秋月望（一九八四）「朝中貿易交渉の経緯―一八八二年、派使

駐京問題を中心に」『九州大学東洋史論集』一三、九州大学文学部東洋史研究会
浅古弘（一九八七）「日清修好条規に於ける観審の成立」『東洋法史の探求』（島田正郎博士頌寿記念論集）汲古書院
安養寺信俊（二〇〇五）「明治六年の対清交渉にみる『副島外交』の検討」『岡山大学大学院文化科学研究科紀要』二〇、岡山大学大学院文化科学研究科
伊藤一彦（一九九六）「近代における東アジア三国関係の再構築―日清修好条規締結交渉を中心に―」『宇都宮大学国際学部研究論集』創刊号、宇都宮大学
閻立（二〇〇八）「清朝同治年間における幕末期日本の位置づけ―幕府の上海派遣を中心として」『大阪経大論集』五九（一）、大阪経大学会
大崎美鈴（一九八七）「馮桂芬の内政改革論と変法論との関係についての一考察」『史窓』四四、京都女子大学文学部史学会
大山梓（一九七七）「マリア・ルース号事件と裁判手続」『政経論叢』二六（五）、広島大学
小野信爾（一九五七）「李鴻章の登場―淮軍の成立をめぐって」『東洋史研究』一六（二）　東洋史研究会
小野泰教（二〇一二）「咸豊期郭嵩燾の軍費対策―仁政、西洋との関連から見た―」『中国―社会と文化』二六、中国社会文化学会
笠原英彦（一九九六）「マリア・ルス号事件の再検討―外務省『委任』と仲裁裁判」『法学研究』六九（一二）、慶応義塾大学法学研究会
勝田政治（二〇〇一）「大久保利通と台湾出兵」『国士舘大学文学部人文学会紀要』三四、国士舘大学文学部人文学会
川島真（二〇〇三）「江戸末期の対中使節への新視角―総理衙門檔案からの問い」『中国研究月報』五七（五）、一般社団法人中国研究所
川畑恵（一九九〇）「台湾出兵についての一考察」（『沖縄文化研究』一六、法政大学沖縄文化研究所
河村一夫（一九五七）「李鴻章について」（上）（中）（下）『歴史教育』五（一）（二）（三）、日本書院
河村一夫（一九六六）「李鴻章の親露政策とその日本への影響」（一）（二）『歴史教育』一四（一二）、一五（一）、日本書院
河村一夫（一九六七）「李鴻章の親露政策とその日本への影響」（三）『歴史教育』一五（二）、日本書院
河村一夫（一九九〇）「洋務運動関係一史料―李鴻章の京都大津間鉄道敷設工事への関心について」（明治初期極東アジアの軍事と外交）『政治経済史学』二九六、日本政治経済史学研究所
工藤早恵（一九九八）「清代中葉期における『説文解字篆韻譜』研究について―『四庫全書総目提要』から馮桂芬まで」『比較文化研究』三九、日本比較文化学会
久保田善丈（一九九三）「李鴻章北上をめぐる諸対応―清末中国の中央地方関係とイギリスの対中政策」『史潮』三三・三

四、弘文堂
栗原純（一九八九）「洋務派と対日外交の一考察—李鴻章と台湾事件を中心として—」『老百姓の世界—中国民衆史ノート』六、中国民衆史研究会
黄栄光（二〇〇三）「〈史料紹介〉幕末期千歳丸・健順丸の上海派遣等に関する清国外交文書について—台湾中央研究院近代史研究所所蔵「総理各国事務衙門新檔」（一八六二-一六八年）」『東京大学史料編纂所研究紀要』一三、東京大学
纐纈厚（二〇〇五）「台湾出兵の位置と帝国日本の成立—万国公法秩序への算入と日本軍国主義化の起点」『植民地文化研究』四、植民地文化研究会
古結諒子（二〇一一）「日清戦後の対清日本外交と国際関係—李鴻章の政治的後退と三国干渉の決着」『お茶の水史学』五四、読史会
後藤新（二〇〇七）「台湾出兵と琉球処分—琉球藩の内務省移管を中心として」『法学政治学論究』七二、慶応義塾大学大学院法学研究科
佐々木揚（一九八四）「同治年間における清朝官人の対日観について—日清修好条規締結に至る時期を中心として」『佐賀大学教育学部研究論文集』三一（二）（一）、佐賀大学教育学部
佐々木揚（一九八五）「同治年間後期における清朝洋務派の日本論—李鴻章の場合を中心として」『東洋史研究』四四（三）、東洋史研究会
佐藤三郎（一九七二）「文久二年に於ける幕府貿易船千歳丸の上海派遣について—近代日中交渉史上の一齣として」『山形大学紀要人文科学』七（三）、山形大学
重松保明（一九九五）「李鴻章の対日観—同治時代を中心として」『人文論究』四五（二）、関西学院大学
重松保明（一九九七）「李鴻章の対日観—光緒時代前期を中心として」『人文論究』四七（一）、関西学院大学
島善高（二〇〇八）「近代日中関係史の曙—副島種臣と李鴻章」『書法漢学研究』二、アートライフ社
徐越庭（一九九四）「『日清修好条規』の成立」（一）、（二）『大阪市立大学法学雑誌』四〇（二）、（三）、大阪市立大学法学会
徐興慶（一九九七）「明治初期における日中外交関係の一考察—長崎県立図書館所蔵の『日・清往復外交書翰文』を中心に—」『歴史研究者交流事業（招聘）研究成果報告書集』（上）交流協会日台交流センター、二〇〇三
谷渕茂樹（二〇〇〇）「清末外交史から見た日清修好条規の研究」『史学研究』二二九、広島史学研究会
谷渕茂樹（二〇〇一）「日清修好条規の清朝側草案よりみた対日政策」『史学研究』二三一、広島史学研究会
谷渕茂樹（二〇〇六）「日清開戦をめぐる李鴻章の朝鮮政策—李鴻章の朝鮮認識と日本」『史学研究』二五三、広島史学研究会
田保橋潔（一九二九）「明治五年の『マリア・ルス』事件」『史

学雑誌』四〇（二-四）、史学会
田保橋潔（一九三三）「日支新関係の成立―幕末維新期に於ける―」（一）、（二）『史学雑誌』四四（二）、（三）、史学会
趙軍（二〇〇二）「李鴻章と近代中国対日政策の決定―一八七〇年代を中心にして」『千葉商大紀要』三八（四）、千葉商科大学国府台学会
張啓雄（一九九二）「日清互換條約において琉球の帰属は決定されたか―一八七四年の台湾事件に関する日清交渉の再検討―」『沖縄文化研究』一九、法政大学沖縄文化研究所
陳敏（二〇〇〇）「李鴻章の教育改革について―洋務運動期の人材育成を中心に」『立命館文学』五六五、立命館大学人文学会
陳敏（二〇〇二）「清末の中国人米国留学の派遣と撤退―李鴻章が果した役割を中心に」『立命館言語文化研究』一二（四）、立命館大学国際言語文化研究所
陳敏（二〇〇七）「清朝末の中国外交と李鴻章」『立命館国際研究』二〇（一）、立命館大学国際関係学会
陳敏（二〇一〇）「李鴻章の思想形成についての一考察―教育が彼の思想に与えた影響」『立命館文学』六一五、立命館大学
トーマス・ケネディ著、細見和弘訳（二〇一〇）「江南製造局―李鴻章と中国近代軍事工業の近代化（一八六〇-一八九五）」（一）、（二）『立命館経済学』五九（一）（三）（四）、立命館大学経済学会
トーマス・ケネディ著、細見和弘訳（二〇一一）「江南製造局―李鴻章と中国近代軍事工業の近代化（一八六〇-一八九五）」（三）（四）（五）（六）立命館経済学』六〇（一）（二）（三）（四）、立命館大学経済学会
トーマス・ケネディ著、細見和弘訳（二〇一二）「江南製造局―李鴻章と中国近代軍事工業の近代化（一八六〇-一八九五）」（七）『立命館経済学』六〇（五）、立命館大学経済学会
長井純市（一九八七）「日清修好条規締結交渉と柳原前光」『日本歴史』四七五、日本歴史学会
永野嘉子（一九八四）「マリア・ルス号事件に関する一考察」慶応義塾大学文学部通信課程卒業論文、神奈川県立史料館所蔵
夏井春喜（一九八一）「一九世紀中葉蘇州の一租桟における収租情況―同治減租とそれに至る過程」『史学雑誌』九〇（七）、公益財団法人史学会
波平恒男（二〇〇九）「『琉球処分』再考―琉球藩王冊封と台湾出兵問題」『政策科学・国際関係論集』一一、琉球大学法文学部
鳴野雅之（一九九九）「清朝官人の対日認識―日清修好条規草案の検討から」『史流』三八、北海道教育大学史学会
西里喜行（一九九〇）「洋務派外交と亡命琉球人―琉球分島問題再考―」（一）（二）『琉球大学教育学部紀要』第一部・第二部（三六）（三七）、琉球大学教育学部
西敦子（二〇〇八）「台湾出兵にみる琉球政策の転換点」『史

論』六一、東京女子大学史学研究室
野口真広（二〇〇五）「明治七年台湾出兵の出兵名義について―柳原前光全権公使の交渉を中心にして―」『ソシオサイエンス』一一、早稲田大学大学院社会科学研究科
白春岩（二〇〇九）「明治初期における李鴻章の対日観」『社学研論集』一四、早稲田大学社会科学研究科
白春岩（二〇一〇）「一八七三年における清国皇帝への謁見問題―李鴻章と副島種臣との外交交渉―」『ソシオサイエンス』一六、早稲田大学社会科学研究科
白春岩（二〇一〇）「小田県漂流民事件における中国側の史料紹介」『社学研論集』一五、早稲田大学社会科学研究科
白春岩（二〇一一）「一八七一年における日本政府の琉球政策―清国使節と維新慶賀使の邂逅をてがかりにして」『社学研論集』一八、早稲田大学社会科学研究科
白春岩（二〇一一）「一八七四年の台湾出兵と清国の対応―『撫恤銀』問題を手がかりにして」『社学研論集』一七、早稲田大学社会科学研究科
白春岩（二〇一二）「李鴻章の対日観―『日清修好条規』締結までの経緯を中心に―」『ソシオサイエンス』一八、早稲田大学社会科学研究科
白春岩（二〇一三）「李鴻章の『自強』思想―馮桂芬からの影響を中心にして―」『ソシオサイエンス』一九、早稲田大学社会科学研究科
薄培林（二〇〇六）「東アジア国際秩序の変容における対日新関係の模索―日清修好条規交渉時の清朝官僚の『聯日』論」『法政研究』七二（四）、九州大学
薄培林（二〇〇八）「『北京専約』の締結と清末の『聯日』外交」『アジア文化交流研究』三、関西大学アジア文化交流研究センター
薄培林（二〇〇九）「略論李鴻章早期対日外交中的『聯日』思想」『関西大学東西学術研究所紀要』四二、関西大学
林和生（二〇〇六）「下関談判と李鴻章―李鴻章の評価をめぐって」『常磐国際紀要』一〇、常磐大学国際学部
春名徹（一九八七）「一八六二年幕府千歳丸の上海派遣」『日本前近代の国家と対外関係』、吉川弘文館
坂野正高（一九六七）「同治年間（一八六二―一八七四年）の条約論議」『東洋文化』四二、東京大学東洋文化研究所
平岩昭三（一九八六）「『遊清五録』とその周辺―幕府交易船千歳丸の上海渡航をめぐって」『日本大学芸術学部紀要』一六、日本大学芸術学部
藤村道生（一九六六）「明治維新外交の旧国際関係への対応―日清修好条規の成立をめぐって―」『名古屋大学文学部研究論集』四一、名古屋大学文学部
藤村道生（一九六七）「明治初年におけるアジア政策の修正と中国―日清修好条規草案の検討―」『名古屋大学文学部研究論集』四四、名古屋大学文学部
布和（二〇〇一）「一八七四年の台湾事件における清国琉球政策の変化」『桜花学園大学研究紀要』三、桜花学園大学

布和（二〇〇三）「李鴻章と日清修好条規の成立―一八七〇年代初めの清国対日政策の再検討」『桜花学園大学人文学部研究紀要』五、桜花学園大学
三浦徹明（一九七九）「日中修好通商条約考―近代日中非友好関係史の原点として―」『海外事情』二七（一）、拓殖大学海外事情研究所
毛利敏彦（一九九四）「『条規』という用語」『日本通史』月報五、一六、岩波書店
毛利敏彦（一九九五）「副島種臣の対清外交」『大阪市立大学法学雑誌』四一（四）、大阪市立大学
百瀬弘（一九四〇）「馮桂芬と其の著述について」『東亜論叢』二、東京文求堂
森田三男（一九九二）「マリア・ルズ号事件と日露関係」『創価法学』二一（二・三）、創価大学法学会
森田吉彦（二〇〇二）「日清修好条規締結交渉における日本の意図―一八七〇―一八七二年―藤村道生説へのいくつかの批判」『現代中国研究』一一、中国現代史研究会
森田吉彦（二〇〇四）「幕末維新期の対清政策と日清修好条規―日本・中華帝国・西洋国際社会の三角関係と東アジア秩序の二重性―一八六二―一八七一年―」『国際政治』一三九、日本国際政治学会
森田吉彦（二〇〇九）「日清関係の転換と日清修好条規」『中国近代外交の胎動』岡本隆司・川島真編、東京大学出版会
牟煥森（二〇〇六）「中国電報局の創設」『科学史研究』第Ⅱ期、四五（二三九）、日本科学史学会
柳田利夫（一九九〇）「スペイン外務省文書館所蔵日本関係文書について―マリア・ルス号に関する一史料の紹介」『史学』五九（四）、慶応義塾大学
安井達弥（一九七七）「『日清修好条規』締結の外交過程」『学習院大学法学部研究年報』一二、学習院大学法学会
山口忠士（二〇〇五）「明治新政府と『人権問題』―ハワイ出稼人召還、日本人小児買取とマリア・ルス号事件」『日本大学大学院総合社会情報研究科紀要』五、日本大学大学院総合社会情報研究科
山下重一（一九九九）「明治七年日清北京交渉とウェード公使」『国学院法学』三七（一）、国学院大学法学会
山城智史（二〇一一）「日清琉球帰属問題と清露イリ境界問題―井上馨・李鴻章の対外政策を中心に―」『沖縄文化研究』三七、法政大学沖縄文化研究所
山本進（一九九五）「清代後期江浙の財政改革と善堂」『史学雑誌』一〇四（一二）、公益財団法人史学会
葉偉敏（二〇〇九）「清朝官僚の日本認識及びその特徴―一八七四年『台湾出兵』時期を中心として―」『東アジア近代史』一二、東アジア近代史学会
横山宏章（二〇〇二）「文久二年幕府派遣『千歳丸』随員の中国観―長崎発中国行の第一号は上海で何をみたか」『県立長崎シーボルト大学国際情報学部紀要』三、国際情報学部紀要委員会

李啓彰（二〇〇六）「日清修好条規成立過程の再検討―明治五年柳原前光の清国派遣問題を中心に―」『史学雑誌』一一五（七）、公益財団法人史学会、山川出版社
李啓彰（二〇〇八）「近代日中外交の黎明―日清修好条規の締結過程から見る」東京大学博士論文、甲第二四〇二三号

《中国語資料》

一次史料

『史記』［漢］司馬遷、中華書局、一九五九
『旧唐書』［後晋］劉昫ら、中華書局、一九七五
『籌弁夷務始末』（咸豊朝）中華書局、一九七九
『籌弁夷務始末』（同治朝）李書源整理、中華書局、二〇〇八
『晩清洋務運動事類匯鈔』中華全国図書館文献縮微複製中心、一九九九
『甲戌日本侵台始末』全二冊、台湾文献叢刊第三八種、台湾銀行経済研究室編印
『清季申報台湾紀事輯録』台湾文献叢刊第二四七種、台湾銀行経済研究室編印、一九六八
『甲戌公牘鈔存』、王元穉、台湾文献叢刊第三九種、台湾銀行経済研究室編印、一九五九
『華工出国史料匯編』第一輯（三）陳翰笙主編、中華書局、一九八五
『清史稿』趙爾巽等編、中華書局、一九七七
『清実録』（五一）『穆宗毅皇帝実録』（七）中華書局、一九八七
『清代起居注冊』（同治朝）聯合報文化基金会国学文献館整理、一九八三
『乾隆英使覲見記』馬戛爾尼著、劉復訳、台湾学生書局、一九七三
『異辞録』劉体智、中華書局、一九八八
『清代中琉関係檔案七編』中国第一歴史檔案館編、中国檔案出版社、二〇〇九
『清史列伝』中華書局、六四巻、孫家鼎伝、早稲田大学古典籍資料室所蔵、請求番号　リ〇八〇四九九四、一九二八
『四国新檔』英国檔（下）中央研究院近代史研究所編、一九六六
『洋務運動』（一）、中国史学会編、上海人民出版社、一九六一
『海防檔』（丙、機器局）中央研究院近代史研究所編、中国近代史資料彙編、一九五七
『李鴻章全集』国家清史編纂委員会、顧廷竜、戴逸主編、安徽教育出版社、二〇〇八
『李文忠公事略』呉汝綸、三省堂書店、一九〇二
『曾国藩全集』岳麓書社、二〇一一
『丁日昌集』国家清史編纂委員会・文献叢刊、趙春晨編、上海古籍出版社、二〇一〇
『郭嵩燾日記』第一、二巻、揚堅、鐘叔河編、湖南人民出版社、一九八一
『養知書屋文集』郭嵩燾、東洋文庫所蔵、請求番号ＩＶ-二一-Ｆ-

三三二、一八九二
『玉池老人自叙』郭嵩燾、出版地不明、早稲田大学中央図書館所蔵、請求番号　文庫一一-D〇三二五、一八九三
『黄遵憲全集』（下）陳錚編、中華書局、二〇〇五
『校邠廬抗議』馮桂芬、武昌経心精舎重刊本、東洋文庫所蔵、請求番号　Ⅱ-一五-G-二三、一八九八
『顕志堂稿』馮桂芬、出版地不明、早稲田大学古書史料庫所蔵、請求番号　イ〇九〇〇二八九、一八七七
『申報』中国史学叢書、呉相湘主編、一九六五
『上海新報』林楽知、傅蘭雅主編、近代中国史料叢刊三編、第五九輯、文海出版社有限公司印行、一九九〇
『教会新報』（五）清末民初報刊叢編之三、林楽知等、京華書局、一九六八
『万国公報』林楽知等、清末民初報刊叢編之四、華文書局股分有限公司印行、華文書局、一九六八

参考図書

尹福庭（一九九一）『李鴻章』軍事科学出版社
苑書義（一九九一）『李鴻章伝』人民出版社
韋息予（一九三一）『李鴻章』近百年中国名人伝、中華書局
王瑛（二〇一一）『李鴻章与晩清中外条約研究』湖南人民出版社
汪衍振（二〇一〇）『李鴻章発迹史』上海錦繍文章出版社
汪栄祖（二〇〇六）『走向世界的挫折—郭嵩燾与道咸同光時代』中華書局
王家倹（二〇〇八）『李鴻章与北洋艦隊—近代中国創建海軍的失敗与教訓』三聯書店
王開璽（二〇〇九）『清代外交礼儀的交渉与論争』人民出版社
王吉庠・張守勤（一九八三）『売国賊李鴻章』山東人民出版社
王興国（二〇〇九）『郭嵩燾研究著作述要』湖南大学出版社
王興国（二〇一一）『郭嵩燾評伝』南京大学出版社
王暁秦（二〇〇八）『鉄血残陽李鴻章』朝華出版社
王暁波（一九七八）『現代中国思想家』第一輯、巨人出版社
王芸生（一九七九）『六十年来中国与日本』生活・読書・新知三聯書店
王承仁・劉鉄君（一九九八）『李鴻章思想体系研究』武漢大学出版社
王紹坊（一九八八）『中国外交史—鴉片戦争至辛亥革命時期一八四〇-一九一一』河南人民出版社
王承仁・劉鉄君（一九九八）『李鴻章思想体系研究』武漢大学出版社
王璽（一九八一）『李鴻章与中日訂約』中央研究院近代史研究所
王天奨・李国俊（一九七六）『尊孔派和売国賊—曾国藩、李鴻章、張之洞、袁世凱』人民出版社
王培根（二〇〇六）『李鴻章出使欧米真相』華文出版社
王明皓（二〇〇二）『一八九五—李鴻章』実学社出版公司
王林（二〇〇九）『李鴻章』雲南教育出版社

翁飛（二〇〇一）『李鴻章官場芸術与人際権謀』陝西師範大学出版社
欧陽躍峰（二〇〇一）『人材薈萃―李鴻章幕府』岳麓書社
郭廷以（一九七一）『郭嵩燾先生年譜』中央研究院近代史研究所専刊（二九）中央研究院近代史研究所
喬光耀（二〇〇二）『李鴻章伝』遠方出版社
牛貫傑（二〇〇六）『原来李鴻章』重慶出版社
牛秋実・範展・高順艶（二〇〇五）『李鴻章幕府』中央広播電視出版社
熊月之（二〇〇四）『馮桂芬評伝』中国思想家評伝叢書、南京大学出版社
故浜（一九五五）『売国賊李鴻章』新知識出版社
黄漢昌（二〇一一）『李鴻章家族百年縦横』崇文書局
高鴻志（二〇〇八）『李鴻章与甲午戦争前中国的近代化建設』安徽大学出版社
高翠蓮（二〇〇七）『落日孤臣―李鴻章』団結出版社
高陽（二〇〇八）『李鴻章』黄山書社
国超（二〇一〇）『円経―李鴻章為人秘訣』華夏出版社
呉維健（二〇〇一）『李鴻章絶学―官場富貴学解秘』時代文芸出版社
呉成平主編（二〇〇一）『上海名人辞典』上海辞書出版社
呉福環（一九九五）『清季総理衙門研究』新彊大学出版社
史哲（二〇〇三）『李鴻章乗機図謀権勢韜略』中国致公出版社
司馬志（二〇一〇）『李鴻章的成事之道』中国言実出版社
謝世誠（二〇〇六）『李鴻章評伝』南京大学出版社
朱叢兵（二〇〇六）『李鴻章与中国鉄路―中国近代鉄路建設事業的艱難起歩』群言出版社
章回（一九六二）『李鴻章』中華書局
蒋廷黻（一九三九）『中国近代史』商務印書館
（英）約翰・濮蘭徳著、張啓耀訳（二〇〇八）『李鴻章伝』天津人民出版社
成暁軍（一九九五）『洋務之夢―李鴻章伝』四川人民出版社
成暁軍（二〇〇九）『風雨晩清―曾国藩与他的精英們』団結出版社
戚其章（一九九八）『晩清海軍興衰史』人民出版社
戚其章（二〇〇一）『国際法視角下的甲午戦争』人民出版社
石斎（二〇〇九）『曾国藩秘伝李鴻章』中国城市出版社
銭鋼（二〇〇四）『大清海軍与李鴻章』中華書局（香港）有限公司
曾永玲（一九八九）『郭嵩燾大伝』遼寧人民出版社
宋路霞（二〇〇九）『細説李鴻章家族』上海辞書出版社
孫志芳（一九八二）『李鴻章与洋務運動』安徽人民出版社
中外関係史学会編（一九九一）『中外関係史論叢』第三輯、世界知識出版社
中国歴史大辞典編纂委員会編（二〇〇〇）『中国歴史大辞典』上海辞書出版社
中国社会科学院近代史研究所（一九九二）『日本侵華七十年史』中国社会科学出版社

趙焔（二〇〇七）『晩清有個李鴻章』広西師範大学出版社
張梅煊（二〇〇三）『李鴻章』民族出版社
張家昀（二〇〇九）『功過難断―李鴻章』ＩＮＫ印刻文学生活雑誌出版有限公司
張杜生（二〇〇九）『絶版李鴻章』文匯出版社
趙凡禹、孫良珠（二〇一一）『李鴻章全伝―従刀筆小吏到第一重臣』華中科芸大学出版社
陳斌（二〇一一）『李鴻章―甲午之殤』陝西師範大学出版社
丁偉志・陳崧（一九九五）『中西体用之間』中国社会科学出版社
鄭傑・劉文鵬（二〇〇二）『李鴻章外交之道』陝西師範大学出版社
田川（二〇一一）『李鴻章外交得失録』訳林出版社
竇宗一（一九六八）『李鴻章年（日）譜―近代中国血涙史実紀要』、友聯書報発行公司
董叢林（二〇〇八）『李鴻章的外交生涯』団結出版社
范文瀾（一九五五）『中国近代史』（上冊）人民出版社
馬昌華（一九九五）『淮系人物列伝―李鴻章家族成員・武職』黄山書社
馬昌華（一九九五）『淮系人物列伝―文職・北洋海軍・洋員』黄山書社
馮天瑜（二〇〇一）『「千歳丸」上海行―日本人一八六二年的中国観察』商務印書館
羅斌・王海山（二〇一〇）『李鴻章全伝』内蒙古文化出版社
雷頤（二〇〇八）『李鴻章与晩清四十年―歴史漩渦里的重臣与帝国』山西人民出版社
李鴻章著、舒郷・李小聖編（一九九九）『李鴻章処世芸術』吉林撮影出版社
李鴻章著、婧妍・天舒編（二〇〇一）『李鴻章為官芸術』理芸出版社
李鴻章著、鄧曙光編（一九九四）『李鴻章家書』中国華僑出版社
李鴻章著、翁飛・董叢林編（一九九六）『李鴻章家書』黄山書社
李楠（二〇一〇）『李鴻章落日孤臣』吉林大学出版社
李金山（二〇一〇）『李鴻章―「裱糊匠」的慷慨与悲涼』中国発展出版社
李陽泉（二〇〇三）『名相李鴻章』時代文芸出版社
陸宝千（二〇〇五）『郭嵩燾先生年譜　補正及補遺』中央研究院近代史研究所専刊（八九）、中央研究院近代史研究所
陸方・李之渤（一九九三）『晩清淮系集団研究―淮軍、淮将和李鴻章』東北師範大学出版社
劉学慧（二〇一〇）『李鴻章』安徽人民出版社
劉岳兵（二〇一二）『近代以来日本的中国観』第三巻（一八四〇―一八九五）楊棟梁主編、江蘇人民出版社
劉華明・鄭長興（二〇〇一）『李鴻章全伝』印刷工業出版社
梁啓超（二〇〇〇）『李鴻章伝』百花文芸出版社
劉広京・朱昌崚（一九九五）『李鴻章評伝―中国近代化的起始』

上海古籍出版社
劉申寧（二〇〇八）『評説李鴻章』安徽人民出版社
呂実強（一九八七）『丁日昌与自強運動』中央研究院近代史研究所
梁思光（一九五一）『李鴻章売国史』知識書店

論文

王開璽（一九九四）「従清代中外関係中的『礼儀之争』看中国半殖民地化的歴史軌跡」『北京師範大学学報』社会科学版、一九九四年二期
王開璽（二〇〇三）「同治朝覲見礼儀的解決及現実的思考」『中州学刊』二〇〇三年五期
王義康（二〇一〇）「唐代羈縻府州研究評述」『中国史学』朋友書店
王栻（一九五六）「馮桂芬是不是一個具有資産階級民主思想的改良主義者」『南京大学学報』一九五六年三期
王魁喜（一九八一）「近代中日関係的開端—従一八七一年『中日修好条規』談起」『東北師大学報』一九八一年一期
王暁秋（一九八九）「幕末日本人怎様看中国—一八六二年『千歳丸』上海之行研究」『日本学』第一輯、北京大学日本研究中心
王士皓（二〇〇九）「瑪也西号船事件及其国際影響」『史学月刊』二〇〇九年五期
王鉄軍（二〇〇六）「瑪利亜・路斯号事件与中日関係」『日本研究』二〇〇六年二期
王芳（二〇一〇）「李鴻章教育思想及実践研究」修士論文、河北師範大学
王如絵（一九九八）「論李鴻章対日認識的転変　一八七〇—一八八〇」『東岳論叢』一九九八年五期
翁飛（二〇〇二）「淮系集団与晩清政治—以李鴻章為中心的研究」博士論文、中国人民大学
汪林茂（二〇〇〇）「中外関係史上的重要突破和転折—一八七三年外使向清帝面逓国書交渉事件簡論」『史学集刊』二〇〇〇年三期
欧陽躍峰・李玉珍（一九九八）「李鴻章与近代唯一的平等条約」『安徽師大学報』哲学社会科学版、一九九八年二期
季雲飛（一九九六）「丁日昌台湾防務思想与実践之探析」『台湾研究』一九九六年一期
冀満紅（一九九八）「淮系集団研究」博士論文、中国人民大学
曲暁璠（一九九一）「李鴻章与一八七一年中日首次締約交渉」『社会科学輯刊』一九九一年一期
胡連成（二〇〇四）「一八七二年馬里亜老士号事件研究—近代中日関係史上的一件往事」『曁南学報』人文科学与社会科学版、二〇〇四年六期
黄河（二〇〇八）「陳君墓志銘考説」『舟山文博』二〇〇八年四期
高如民（二〇〇六）「論丁日昌在近代首批幼童留学中的歴史作用」『河南大学学報』社会科学版、二〇〇六年六期

呉忠民（一九八七）「論丁日昌的洋務思想」『汕頭大学学報』人文科学版、一九八七年三期
呉文星（一九七八）「中日修好条約初探」『大陸雑誌』五七（一）台北、大陸雑誌社
呉福環（一九八八）「論丁日昌的国防近代化思想」『軍事歴史研究』一九八八年三期
朱海伍（二〇一〇）「李鴻章洋務思想研究」博士論文、吉林大学
周瑾（二〇〇〇）「李鴻章与中国教育早期現代化」博士論文、華東師範大学
周輔成（一九五八）は「馮桂芬的思想」『中国近代思想史論文集』上海人民出版社
邵建東（一九九八）「李鴻章与一八七四年日本侵台事件」『安徽史学』一九九八年二期
鐘叔河（一九八四）「論郭嵩燾」『歴史研究』湖南人民出版社、一九八四年一期
秦国経（一九九二）「清代外国使臣観見礼節」『故宮博物院院刊』一九九二年二期
成暁軍・範鉄権（二〇〇〇）「近二〇年来丁日昌研究概述」『湘潭大学学報』（社会科学版）二〇〇〇年二期
成暁軍（二〇一〇）「論馮桂芬対李鴻章的影響」『貴州文史叢刊』二〇一〇年三期
曹雯（二〇〇八）「日本公使観見同治帝与近代早期的中日交渉」『江蘇社会科学』二〇〇八年六期
宋慧娟（二〇一〇）「近代日本打開朝鮮国門的戦略歩驟探析」『吉林省教育学院学報』二〇一〇年九期
宗成康（一九九二）「近代外国使節観見清帝問題交渉述論」『歴史教学』一九九二年一〇期
趙春晨（一九八七）「従『海防条議』看丁日昌的洋務思想」『汕頭大学学報』人文科学版、一九八七年一期
趙春晨（二〇〇四）「丁日昌『百蘭山館政書』簡析」、『清史研究』二〇〇四年一期
張富強（一九九二）「李鴻章外交思想論綱」『社会科学戦線』一九九二年四期
陳旭麓（一九六二）「論馮桂芬的思想」『学術月刊』一九六二年三期
杜継東（一九九〇）「外国人観見清帝的礼儀之争」『歴史教学』一九九〇年七期
鄧亦兵（一九八七）「試論丁日昌的洋務思想」『史学月刊』一九八七年二期
白春岩（二〇一二）「一八七三年日使観見同治帝的礼儀之争—李鴻章与副島種臣的外交交渉—」『南開日本研究』南開大学日本研究中心
白春岩（二〇一三）「馬厘亜・老士号事件与『中日修好条規』」『曁南学報』哲学社会科学版、二〇一三年五期
白雪松・李秋生（二〇一〇）「李鴻章幕友対其洋務思想的影響」『廊坊師範学院学報』社会科学版、二〇一〇年四期
範海泉（一九八六）「従『丁禹生政書』看丁日昌」『学術研究』

一九八六年六期
付玉旺（二〇〇二）「中日一八七一年立約述評」『西南交通大学学報』社会科学版、二〇〇二年四期
房国風（二〇一〇）「対一八七一年中日立約実質及其影響的解析」『延辺教育学院学報』二〇一〇年六期
馬鉦（一九九九）「中日第一個条約簽訂始末」『文史精華』、一九九九年六期
万明（二〇一〇）「李鴻章『和戎』外交思想探源」『学理論』三六
葉偉敏（二〇〇七）「浅析一八七一年李鴻章、曾国藩対中日締約意見之異同」『史学集刊』二〇〇七年五期
李啓彰（二〇一一）「近代中日関係的起点―一八七〇年中日締約交渉的検討」『中央研究院近代史研究所集刊』七二、中央研究院近代史研究所
李志茗（二〇〇一）「晩清幕府研究―以陶、曾、李、袁幕府為例」博士論文、華東師範大学
李静（二〇〇五）「従跪拝到鞠躬―清代中外交往的礼儀冲突」『文史雑誌』二〇〇五年一期
李理・趙国輝（二〇〇七）「李仙得与日本第一次侵台」『近代史研究』二〇〇七年三期
劉妍（二〇〇七）「従『校邠廬抗議』一書論馮桂芬的思想属性」『牡丹江教育学院学報』、二〇〇七年五期
劉振華（二〇〇五）「郭嵩燾的日本認識述析」（『黔南民族師範学院学報』二〇〇五年五期
劉中寧（一九九六）「李鴻章的対日観与晩清海防戦略」『第三届近百年中日関係研討会論文集』（上冊）中央研究院近代史研究所編
劉世華（一九九七）「李鴻章与『中日修好条規』的簽訂」『社会科学戦線』一九九七年一期

その他

T. F. Tsiang 蒋廷黻 *Sino-Japanese Diplomatic Relations. 1870-1894* Chinese Social and Political Science Review. XVII（1933）
Mary Clabaugh Wright *The Last Stand of Chinese Conservatism-The Tung-Chih Restoration, 1862-1874* Stanford University Press 1957『同治中興―中国保守主義的最後抵抗　1862-1874』房徳隣ら訳　中国社会出版社　二〇〇二年
Hosea Ballou Morse *The International Relations of the Chinese Empire* Longmans, Green, and Company. 1910『中華帝国対外関係史』張匯文ら訳　上海書店出版社　二〇〇〇年

付録

①条約締結までの各草案

柳原前光草案（柳原前光作成　一六款）

大日本国欲与大清国比隣往来、厚修永久無渝之誼、両国通商、確立公正不抜之法、大日本従三位守外務卿清原朝臣宣嘉、従四位守外務大輔藤原朝臣宗則等、准旨派委出使従四位行外務権大丞兼文書正藤原朝臣前光、正七位守外務権少丞藤原朝臣義質、従七位守文書権正鄭永寧等前来、今与大清欽命二品頂戴大理寺卿稽査左翼覚羅学事務大臣、総理各国事務大臣、署三口通商大臣兼管天津等関成林、公同較論、起稿定款、送至本国、請旨定奪、為両国各派欽差全権大員鈐印施行之地、所有擬稿如左

茲

大清国皇帝、大日本国天皇、切冀尋其旧誼、以敦隣交、訂立条約、人民往来、均獲裨益、是以大清国皇帝特派某官某、大日本国天皇特派某官某、各依所奉勅旨、全権公同較訂、倶得允当、今経両国御筆批准、一体遵守、永世無替、所有条款開列於左

第一款

一、嗣後大清国、大日本国往来友好、与天壌無窮。

第二款

一、大清国皇帝、大日本国天皇、准依盟約常規、両国随意派委全権大臣、駐箚京師、亦可携帯眷属随員、或長行居住、或随時往来内地各処、其在京内京外、与内閣大学士、尚書、及各省督撫等大憲文移会晤、総以両国比肩之礼、画一粛敬、租定地基、建設公館、及一切応弁事宜、均照准予泰西各国優礼無異、大清国派出欽差大臣駐箚大日本東京時、亦与此無異。

第三款

一、大清国准開通商各口

上海県　江蘇松江府
鎮江府　江蘇省
寧波府　浙江省
九江府　江西省
漢口　湖北省漢陽府
天津県　直隷天津府
牛荘城　在盛京
芝罘港　山東省登州府

広州府　広東省
汕頭港　広東省潮州府
瓊州府　広東省
福州府　福建省
厦門島　同上
台湾府　同上
淡水庁　台湾府
以上十五口、准作大日本人民往来、住居、通商之地。
大日本国准開通商各口
横浜 東海道武蔵州神奈川県管轄
大阪 畿内摂津州大阪府管轄
神戸 同上兵庫県管轄
長崎 西海道肥前州長崎県管轄
箱館 北海道渡島州開拓使管轄
新潟 北陸道越後州新潟県管轄
夷港 同上佐渡州佐渡県管轄附於新潟
築地 東海道武蔵州東京府管轄現称開市場
以上八口、准作大清人民往来、住居、通商之地。

第四款

一、大清国准開通商各口、由大日本設立領事官、弁理本国商民交渉事件、領事官与道台同品、其属僚等、与知府同品而視、凡会晤文移均用平礼、大清国領事官居住大日本国准開通商各口時、亦与各該大員平礼相待、両国無爵紳士及商民等、倶用稟呈。

第五款

一、因両国人往来各口居住、所有領事責任応弁、諸如戸口、産業、詞訟、交渉、関提逋逃等事、悉照与外国所立通商総例弁理、其人民所有関渉逋債事件、其該官長雖加経理、両国決不代償。

第六款

一、両国各口所住商民、倘無本国官員駐箚管轄、均可由地方官約束照料、或有犯案、一如本民、按照地方本律科断、至管束之経費、課該商民設法徴収。

第七款

一、大日本国商民、准聴持照前往内地各処、遊歴、通商、其応発給執照、及地在百里当大日本国十二里有半期在三五日内者、毋庸請照等事、総照准予外国成例弁理、准聴大清国商民逍遥大日本国内地界限、亦照准与外国成例履行、所有界限、附列於左
東京 由新利根川至金町、又沿水戸大路至千住駅、又遡隅田川至古谷上郷、又由小室高倉小矢田萩原宮寺三木田中等諸村落至六郷川上日野渡頭為限。
横浜 東以六郷川為限、余可旁行十里。
大阪 南由大和川口至川橋村、又経教興寺村、至佐太画線為限、惟和泉州堺之一市、雖在画線以外、准聴遊歩。
神戸 進京之路、距西京十里前為限、余可旁行十里。
長崎 周囲所有該県管轄之地為限。
箱館 旁行十里。
新潟 旁行十里。
夷港 通行佐渡全州。
以上十里距離、均由該府県庁前起程、大日本之一里、約当大清八里、如有出此範囲越界限者、罰墨斯哥銀一百元、

再犯当重罰二百五十元。

第八款

一、両国船隻、碰壊遭難、由地方官照料護送、或被強盗搶刧、亦須追贓給還等事、一体照例弁理、以敦隣誼。

第九款

一、両国船隻、如到約内未准地方、私做買売、即将船貨一併入官。

第一〇款

一、両国貨幣、較准秤両、程色通用、以便買売各貨、或用同盟外国各等貨幣、亦無交碍。

第一一款

一、両国商船、所有進出各口、上下貨物、納税買売、運輸別口、出入内地、及禁其出入之物、或犯事罰没等、一応則例、倶不掲載於此、以両国従前与泰西各国定約、歴有成例、均可遵照故也、両国人民於買売時、或生異議、即照各国条約及貿易定則裁断、可無遺漏。

第一二款

一、天主耶蘇等教、大日本国固所厳禁、如大清人敢有哄誘大日本人入教者、即交大清政府公正懲弁、不許其人再来、従教之大日本人、処以国典。

第一三款

一、鴉片土膏、大日本国厳禁人民吸食、雖係細微、不許大清商民帯来吸食、犯者即交大清政府公正懲弁、不許在大日本各口居住、倘大日本商民有吸食者、不論其在国内国外、立拿正法。

第一四款

一、両国民人、希図私利、或在此国誘結居民、共謀有礙彼国法度之事、倘由彼国差人提拿、或此国地方官察出、均当緝捕、各審其情、公正処治。

第一五款

一、両国通信通商、既経換約准行後、有別外諸国、或沾異数殊典増損章款、両国無不照弁、以獲其美。

第一六款

一、大日本国文書、副以翻訳漢文一件、便於達其辞意、俟後大清国亦有通暁大日本国語理句法者、不配漢文。

「総理各国事務衙門・日本立約」中央研究院近代史研究所檔案館所蔵

史料番号　〇一-二一-〇二三-〇一-〇二五

（句読点筆者、以下同）

備稿（原擬）（陳欽作成　一八条）

大清国、大日本国向敦睦誼、歴久弗渝、茲議立通商章程、俾両国商民往来貿易均獲裨益、是以、大清国欽差特簡某官某、大日本国欽差特簡某官某、各遵所奉敕旨公同会議、訂立条規、俟御筆批准、一体遵守、永遠弗替、所有議定各款、開列於左

第一条

一、嗣後大清国、大日本国、倍敦睦誼、与天壌無窮。

第二条

一、両国所属邦土、嗣後均宜篤念前好、以礼相待、不可稍有侵越、俾獲安全。

第三条

一、両国既経通商、彼此均可酌派秉権大臣、並携帯眷属随員、駐箚京師或長行居住、或随時往来、所有費用、均係自備、其租賃地基房屋、作為大臣等公館、並行李往来、及沿海専差送文等事、均一律妥為照料。

第四条

一、中国准開通商各口

上海口　隷江蘇松江府上海県
鎮江口　隷江蘇鎮江府丹徒県
寧波口　隷浙江寧波府鄞県
九江口　隷江西九江府徳化県
漢口鎮　隷湖北漢陽府漢陽県
天津口　隷直隷天津府天津県
牛荘口　隷奉天府海城県
芝罘口　隷山東登州府福山県
広州口　隷広東広州府南海県
汕頭口　隷広東潮州府潮陽県
瓊州口　隷広東瓊州府瓊山県
福州口　隷福建福州府閩県
厦門口　隷福建泉州府厦門庁
台湾口　隷福建台湾府台湾県
淡水口　隷福建台湾府淡水庁

以上十五口、准作日本商民往来、住居、通商之地。

一、日本国准開通商各口

横浜　東海道武蔵州神奈川県管轄
箱館　北海道渡島州開拓使管轄
大阪　畿内摂津州大阪府管轄
新潟　北陸道越後州新潟県管轄
神戸　同上　兵庫県管轄
夷港　同上　佐渡州佐渡県管轄附於新潟
長崎　西海道肥前州長崎県管轄
築地　東海道武蔵州東京府管轄現称開市場

以上八口、准作中国商民往来、住居、通商之地。

第五条

一、両国通商各口、彼此均可設理事官、約束本国商民、並弁理交渉事件、中国理事官、与日本四品官員平行、日本理事官、与中国道府平行、其余品位同者、会晤、文移、均用平行之礼。

第六条

一、両国理事官、在通商各口、均准雇用本処民人服役、各宜随時約束、責令循分守法、不得偏聴服役人等私言、致生事端。

第七条

一、両国理事官、駐通商各口地方、凡本国商民、交渉財産詞訟案件、皆帰審理、各按本律核弁、至両国商民、彼此互相控訴、倶用稟呈、惟理事官応先為勧息、使不成訟、如或不能、即行照会、公平訊断、其窃盗逋欠等案、両国地方官只能比追、不能代償。

第八条

一、両国各口人民、倘無本国官員駐劄管轄、均可由地方官約束照料、或有犯案、一如本国人民按照地方本律科断、至管束之経費、即向該商民設法籌款、惟不得勒派苛斂。

第九条

一、両国人民、理応各守法度、共保睦誼、如有此国人民、在彼国聚衆滋擾、数在十名以外、及誘結通謀彼国人民、作害地方情事、或由彼国徑行緝拿、或由此国随時査捕、審実即照各本律、就地正法。

第一〇条

一、両国人民、有犯本国律例、或隠匿公署商船、及越境潜逃両国内地各処者、一経本国官査明、照会、即応設法査拿、送交、彼此均不得徇庇袒縦。

第一一条

一、両国禁令、各有異同、商民互相往来、居住、理宜随地、一律遵守、不得誘惑土人、稍有違犯。

第一二条

一、両国商民、在通商各口欲往内地遊歴、中国以周行八十里為界限、日本以周行十里為界限当中国之八十里、均准両国商民前往遊歴、所有程里、均自通商埠頭計起、如越此界限、一体照罰墨斯哥銀一百元、再犯者、重罰二百五十元。

第一三条

一、両国商船、遭風収口、均由該処地方官照料、交本国官安置、或在洋面被刧、亦由該地方官設法厳緝、起獲贓物、送交本国官、給還原主、倘未能緝獲贓犯、均照本例処分、不能代償。

第一四条

一、両国商船、進出各口、上下貨物、完納税課、転運別口、及夾帯走私、一切応行罰没等事、悉照両国各口旧定章程弁理、不得稍有異議。

第一五条

一、両国税則、各按各口旧章弁理、毋庸重訂刊刻、以帰簡易。

第一六条

一、両国税項、応各按各口旧章収納、其成色、秤両、亦随地照章輸交、以期便商。

第一七条

一、両国船隻、如到不准通商口岸、私作買売、或在准通商各口岸、販運違禁貨物、均将船貨一併入官。

第一八条

一、両国往来公文、均以漢字為憑、如用本国文字如満蒙文日本文之類、均須副以翻訳漢文、以便易於通暁、仍不能以本国文字為主。

『晩清洋務運動事類匯鈔』上冊、四五〇-四五四頁

会商条規備稿（李鴻章・陳欽作成 一八条）

大清国、大日本国向敦睦誼、歴久弗渝、茲議立通商章程、俾両国商民往来貿易、均獲裨益、是以大清国欽派特簡某官某、大日本国欽派特簡某官某、各遵所奉敕旨公同会議、訂立条規、俟御筆批准、一体遵守、永遠弗替、所有議定各款、開列於左

第一条

一、嗣後大清国、大日本国、倍敦睦誼、与天壌無窮。

第二条

一、両国所属邦土、嗣後均宜篤念前好、以礼相待、不可稍有侵越、俾獲安全。

第三条

一、両国既経通商、彼此均可酌派秉権大臣、並携帯眷属随員、駐箚京師或長行居住、或随時往来、所有費用、均係自備、其租賃地基房屋、作為大臣等公館、並行李往来、及沿海専差送文等事、均一律妥為照料。

第四条

一、中国准開通商各口

上海口　隷江蘇松江府上海県
鎮江口　隷江蘇鎮江府丹徒県
寧波口　隷浙江寧波府鄞県
九江口　隷江西九江府徳化県
漢口鎮　隷湖北漢陽府漢陽県
天津口　隷直隷天津府天津県
牛荘口　隷奉天府海城県
芝罘口　隷山東登州府福山県
広州口　隷広東広州府南海県
汕頭口　隷広東潮州府潮陽県
瓊州口　隷広東瓊州府瓊山県
福州口　隷福建福州府閩県
厦門口　隷福建泉州府厦門庁
台湾口　隷福建台湾府台湾県
淡水口　隷福建台湾府淡水庁

以上十五口、准作日本国商民往来、住居、通商之地。

一、日本国准開通商各口

横浜　東海道武蔵州神奈川県管轄
箱館　北海道渡島州開拓使管轄
大阪　畿内摂津州大阪府管轄
新潟　北陸道越後州新潟県管轄
神戸　同上　兵庫県管轄
夷港　同上　佐渡州佐渡県管轄附於新潟
長崎　西海道肥前州長崎県管轄
築地　東海道武蔵州東京府管轄現称開市場

以上八口、准作中国商民往来、居住、通商之地。

第五条

一、両国通商各口、彼此均可設立事官、約束本国商民、並弁理交渉事件、中国理事官、与日本正従三四位官員平行、日本理事官、与中国道府平行、其余品位同者、会晤、文移、均用平行之礼。

第六条
一、両国理事官、在通商各口、均准雇用本処民人服役、各宜随時約束、責令循分守法、不得偏聴服役人等私言、致生事端。
第七条
一、両国理事官、駐通商各口地方、凡本国商民、交渉財産詞訟案件、皆帰審理、各按本律核弁、至両国商民、彼此互相控訴、倶用稟呈、惟理事官応先為勧息、使不成訟、如或不能、即行照会、公平訊断、其窃盗逋欠等案、両国地方官只能追比、不能代償。
第八条
一、両国各口人民、倘無本国官員駐箚管轄、均可由地方官約束照料、或有犯案、一如本国人民按照地方本律科断、至管束之経費、即向該商民設法籌款、惟不得勒派苛斂。
第九条
一、両国人民、理応各守法度、共保睦誼、如有此国人民、在彼国聚衆滋擾、数在十名以外、及誘結通謀彼国人民、作害地方情事、或由彼国径行緝拿、或由此国随時査捕、審寔即照各本律、就地正法。
第一〇条
一、両国人民、有犯本国律例、或隠匿両国公署商船、及越境潜逃両国内地各処者、一経本国官査明、照会、即応設法査拿、送交、彼此均不得徇庇袒縦。
第一一条
一、両国禁令、各有異同、商民互相往来、居住、理宜随地、一律遵守、不得誘惑土人、稍有違犯。
第一二条
一、両国商民、在通商各口欲往内地遊歴、中国以周行八十里為界限、日本以周行十里為界限当中国之八十里、均准両国商民前往遊歴、所有程里、均自通商埠頭計起、如越此界限、一体照罰墨斯哥銀一百元、再犯者、重罰二百五十元。
第一三条
一、両国商船、遭風収口、均由該処地方官照料、交本国官安置、或在洋面被劫、亦由該地方官設法厳緝、起獲贓物、送交本国官、給還原主、倘未能緝獲贓犯、均照本例処分、不能代償。
第一四条
一、両国商船、進出各口、上下貨物、完納税課、転運別口、及夾帯走私、一切応行罰没等事、悉照両国各口旧定章程弁理、不得稍有異議。
第一五条
一、両国税則、各按各口旧章弁理、毋庸重訂刊刻、以帰簡易。
第一六条
一、両国税項、応各按各口旧章収納、其成色、秤両、亦随地照章輸交、以期便商。
第一七条
一、両国船隻、如到不准通商口岸、私作買売、或在准通商各口岸、販運違禁貨物、均将船貨一併入官。

第一八条

一、両国往来公文、均以漢字為憑、如用本国文字如満蒙文日本文之類、均須副以翻訳漢文、以便易於通暁、仍不能以本国文字為主。

「総理各国事務衙門・日本立約」中央研究院近代史研究所檔案館所蔵

史料番号　〇一-二一-〇二四-〇一-〇二〇

曾国藩・応宝時・涂宗瀛案（応宝時・涂宗瀛作成　二四条）

大清国、大日本国向敦睦誼、歴久弗渝、茲議立通商章程、俾両国商民往来貿易、均獲裨益、是以大清国欽差特簡某官某、大日本国欽差特簡某官某、各遵所奉敕旨公同会議、訂立条規、俟御筆批准、一体遵守、永遠弗替、所有議定各款、開列於左

第一条

一、嗣後大清国、大日本国、倍敦睦誼、与天壌無窮。両国属邦、亦各以礼相待、俾獲永久安全。

第二条

一、両国既経通商、彼此均可酌派秉権大臣、並携帯眷属、随員、駐箚京師或長行居住、或随時往来、所有費用、均係自備、其租賃地基房屋、作為大臣等公館、並行李往来、及沿海専差送文等事、均一律妥為照料。

第三条

一、中国准開通商各口

上海口　隷江蘇松江府上海県

寧波口　隷浙江寧波府鄞県

広州口　隷広東広州府南海県

厦門口　隷福建泉州府厦門庁

天津口　隷直隷天津府天津県

以上五口、准作日本商民往来、住居、通商之地。

一、日本国准開通商各口

横浜　東海道武蔵州神奈川県管轄

箱館　北海道渡島州開拓使管轄

大阪　畿内摂津州大阪府管轄

長崎　西海道肥前州長崎県管轄

築地　東海道武蔵州東京府管轄現称開市場

以上五口、准作中国商民往来、往居、通商之地。

第四条

一、両国通商各口、彼此均可設理事官、約束己国商民、凡交渉財産詞訟案件、皆帰審理、按律核弁、至両国商民、彼此互相控訴、倶用稟呈、惟理事官応先為勧息、使不成訟、如或不能、即行照会地方官、会同公平訊断、其窃盗逋欠等案、両国地方官、只能査拿追弁、不能代償。

第五条

一、両国各口人民、倘無己国理事官駐箚管轄、可由該口地方官約束照料、或有犯事、一体査拿、一面将所犯案情知会駐箚別口之該管理事官、按律科断。

第六条

一、両国人民、理応各守法度、共保睦誼、如有此国人民、在

彼国聚衆滋擾、数在十名以外、及誘結通謀彼国人民、作害地方情事、或由彼国径行緝拿、或由此国随時査捕、審実即按律懲弁、其有情罪重大、律応正法者、即在犯事地方処決。

第七条

一、両国人民、如有犯事、或隠匿両国公署商船行棧、及越境潜逃両国内地各処者、一経査明、由官照会、即応設法査拿送交、沿途給予衣食、不可凌虐、彼此均不得庇縦。

第八条

一、両国商民、在通商各口、欲往内地遊歴、中国以周行六十里為界限、日本以周行十里為界限（当中国之六十里）、均准両国商民前往遊歴、所有程里、均自通商埠頭計起、如越此界限、一体拿送該管理事官懲罰。

第九条

一、両国商船、遭風収口、均由該処地方官照料、交理事官安置、或在洋面被刧、亦由該地方官設法厳緝、起獲贓物、送交理事官、給還原主、倘未能緝獲贓犯、均各照例処分、不能代償、如有此船碰損彼船者、査明断賠、地方官亦不代償。

第一〇条

一、両国商船、進出各口、上下貨物、報関納税等事、現経另訂税則関章、彼此遵守、秤碼丈尺、公同較准、定税銀色、随地照各関定章輸納、不得異議。

第一一条

一、両国船隻、如到不准通商口岸、私作買売、准該処地方官査拿、即将船貨一併入官、仍知照該管理事官査核。

第一二条

一、両国往来公文、均以漢字為憑、如用洋文、必須副以翻訳漢文、俾易通暁。

第一三条

一、両国官位、均有定品、彼此品位相等者、会晤文移、均用平行之礼、位卑者与長官相見、則行客礼、公務則照会品級相等之官転申、無須逕達、如相拝会、則各用官位名帖、初到者須将己国印文送験、以杜假冒。

第一四条

一、両国官民、在准通商各口、租賃地基、須由地方官査勘、無碍民居墳墓方向、詢明業戸、情愿出租、公平議価、立契由地方官蓋印交執、不准私租強租、其内地及不通商之処、不得租地造屋、私開行棧。

第一五条

一、両国官民、由地方官租定地基後、蓋造房屋、或作居住、或開行棧、地方官可以随時往看、不准設立砲台、以及一切武備、亦不得収蔵軍火、致有火患。

第一六条

一、両国兵船、往来通商各口、係為保護己国商民起見、凡沿海不准通商之処、以及内地河湖支港、概不准駛入、違者截留議罰、在船兵勇水手、厳加約束、不准携帯刀械、登岸滋事、商船水手亦同、如有違犯、准地方官査拿、会同理事官懲弁、刀械入官、倘一船之中有両三人不帯刀械、登岸遊玩買物者、船主各給腰牌佩帯、以便稽査。

第一七条

一、両国官商、在通商各口、均准雇用本地民人、襄弁工作、管理貿易等事、如有犯案、由地方官査拿訊弁、雇主不得庇護、並由雇主随時約束、勿任倚勢欺人、尤不可聴信妄言、致生事端、違者将雇主議罰。

第一八条

一、両国官民、在通商各口、無非弁理通商事務而已、彼此往来、各宜友愛、不得携帯刀械、違者議罰、刀械入官、商民身家、悉由己国理事官管轄、以期永久相安。

第一九条

一、両国民人、往来通商各口、総須自己情愿、倘有中国人及日本人将中国人逼勒、帯往日本国、或転運別国、並中国人及日本人将日本人逼勒、帯入中国、或転運別国、均照例治罪。

第二〇条

一、両国政事禁令、各有不同、彼此均不得代謀干預、強請開弁更改、凡文芸語言、各可派人互相学習、但不得入籍考試、如中国人住居日本国通商各口、不得即作日本国属民、倘日本国人住居中国通商各口、亦不得即作中国属民、均仍聴両国理事官各自管束、並不准改換衣冠。

第二一条

一、両国通商各口、商船雲集、凡泊船必覓寛闊処所、以免碰撞生事、倘別国与日本国不睦、或至争戦、別国与日本国均不得在中国管轄洋面、及通商口岸争闘、奪貨、刧人、中国与別国不睦、亦均不得在日本国管轄洋面及通商口岸、有争奪之事。

第二二条

一、両国各口収税官員、凡有厳防偸漏之法、随時相度機宜、設法弁理、各商皆応遵行。

第二三条

一、両国通商各口理事官、毎口如設両員、則一正一副、倘設一員、則為正理事、若因彼口商民較少、不設理事官、令此口理事官帯管、均聴両国酌弁、至翻訳語言文字、或設一官、或延士商弁理、各従其便、理事官需用一切、皆応自備、常年経費、由両国国家自行撥給、倘抽取所管商民貨釐、必先稟請該管上司、核准挙行、不准私向商民勒派苛斂、亦不得向地方官需索供応、如理事官弁公不善、徇私枉法、即由該管上司参撤另換、遇有事故、随時改派接弁。

第二四条

一、両国兵民、在通商各口、有勾結本地強徒、為盗為匪、或潜入内地、搶刧、擄掠、放火、殺人、拒捕者、均准格殺勿論、如拿獲到案、在通商口岸者、地方官会同理事官審弁、倘係内地、即有地方官審実、在犯事地方按律懲弁、仍将案情知照該管理事官備査。

「総理各国事務衙門・日本換約」中央研究院近代史研究所檔案館所蔵

史料番号　〇一－二一－〇五一－〇一－〇一六　より整理

議訂日本議約条規（李鴻章作成　二〇条）

大清国与大日本国向敦睦誼、歴久弗渝、茲議立通商章程、俾両国商民往来貿易、均獲裨益、是以、大清国欽派某官某、大日本国欽派某官某、各遵所奉勅旨公同会議、訂立条規、俟両国御筆批准、一体遵守、永遠勿替、所有議定各款、開列於左

第一条

一、嗣後大清国、大日本国、倍敦睦誼、与天壌無窮。即両国所属邦土、亦各以礼相待、俾獲永久安全。

第二条

一、両国既経通商、彼此均可派秉権大臣、並携帯眷属、随員、駐箚京師或長行居住、或随時往来通商各口、所有費用、均係自備、其租賃地基房屋、作為大臣等公館、並行李往来、及沿海専差送文等事、均一律妥為照料。

第三条

一、中国准通商各口

上海口　隷江蘇松江府上海県
寧波口　隷浙江寧波府鄞県
広州口　隷広東広州府南海県
厦門口　隷福建泉州府厦門庁
天津口　隷直隷天津府天津県

以上五口、准日本商民往来、居住、通商。

日本国准通商各口

横浜　東海道武蔵州神奈川県管轄
神戸　北陸道兵庫県管轄
大阪　畿内摂津州大阪府管轄
長崎　西海道肥前州長崎県管轄
築地　東海道武蔵州東京府管轄現称開市場

以上五口、准中国商民往来、居住、通商。

第四条

一、両国通商各口、彼此均可設理事官、約束己国商民、凡交渉財産詞訟案件、皆帰審理、各按本国律例核弁、両国商民、彼此互相控訴、倶用稟呈、惟理事官応先為勧息、使不成訟、如或不能、即行照会地方官、会同公平訊断、其窃盗逋欠等案、両国地方官、祇能査拿追弁、不能代償。

第五条

一、両国官位、均有定品、如彼此品位相等、会晤文移、均用平行之礼、位卑者与長官相見、則行客礼、遇有公務則照会品位相等之官転申、無須逕達、如相拝会、則各用官位名帖、凡両国官員初到通商各口弁事、須将印文送験、以杜假冒。

第六条

一、両国官民、准在議定通商各口、租賃地基、須由地方官査勘、無礙民居墳墓方向、詢明業戸、情愿出租、方可公平議価、立契由地方官蓋印交執、不得私租強租、其内地及不通商之処、不得租地造屋、開設行桟。至現准通商各口、租定地基後、蓋造房屋、或作居住、或開行桟、地方官可以随時往看、不准設立砲台、以及一切武備、亦不得収蔵軍火、致有火患。

第七条

一、両国官商、在通商各口、均准雇用本地民人、襄弁工作、管理貿易等事、如有犯案、准由各地方官査拿訊弁、雇主不得庇護、並由雇主随時約束、勿任倚勢欺人、尤不可聴信妄言、致生事端、違者将雇主議罰。

第八条

一、両国通商各口貿易人民、倘有未経設立理事官駐箚管轄処所、可由該地方官約束照料、或有犯事、一体査拿、一面将所犯案情知照駐箚附近別口之理事官、按律科断。

第九条

一、両国人民、理応各守法度、共保睦誼、如有此国人民、在彼国聚衆滋擾、数在十人以外、及誘結通謀彼国人民、作害地方情事、或由彼国巡行緝拿、或由此国随時査捕、審実即按律懲弁、其有情罪重大、律応正法者、即在犯事地方処決。如有勾結本地強徒、為盗為匪、或潜入内地、搶刼、擄掠、放火、殺人、拒捕者、均准格殺勿論、如拿獲到案、在通商口岸者、地方官会同理事官審弁、如在内地、即由地方官審実、在犯事地方按律懲弁、仍将案情知照該管理事官備査。

第一〇条

一、両国人民、如有犯事、或隠匿両国公署商船行桟、及越境潜逃両国内地各処者、一経査明、由地方官照会理事官、即応設法査拿送交、沿途給予衣食、不可凌虐、彼此均不得庇縦。

第一一条

一、両国商民、在通商各口、彼此往来、各宜友愛、不得携帯刀械、違者議罰、刀械入官、両国商民身家、悉由己国理事官管轄、以期永久相安。

第一二条

一、両国政事禁令、各有異同、彼此均不得代謀干預、強請開弁更改、所有通商口岸、居住各商民、不准誘惑土人稍有違犯、凡文芸語言、各可派人互相学習、但不得入籍考試、如中国人住居日本通商各口、不得即作日本国属民、日本人住居中国通商各口、亦不得即作中国属民、均仍聴両国理事官各自管束、並不准改換衣冠、以免冒混滋事。

第一三条

一、両国兵船、往来通商各口、係為保護己国商民起見、凡沿海不准通商之処、以及内地河湖支港、概不准駛入、違者截留議罰、在船兵勇水手、厳加約束、不准携帯刀械、登岸滋事、商船水手亦同、如有違犯、准地方官査拿、会同理事官懲弁、刀械入官、倘一船之中有両三人不帯刀械、登岸遊玩買物者、船主各給腰牌佩帯、以便稽査。

第一四条

一、両国通商各口、商船雲集、凡泊船必覓寛闊処所、以免碰撞生事、倘別国与日本国不睦、或至争戦、別国与日本国均不得在中国所管轄洋面、及通商口岸争闘、奪貨、刼人、中国与別国不睦、亦均不得在日本国管轄洋面及通商口岸、有争奪之事。

第十五条

一、両国商民、在通商各口、欲往内地遊歴、中国以周行六十里為界限、日本以周行十里為界限、均准両国商民前往遊歴、所有程里、均自通商埠頭計起、如越此界限、拿送該管理事官懲罰。

第十六条

一、両国商船、遭風収口、均由該処地方官照料、送交理事官安置、或在洋面被劫、亦由該地方官設法厳緝、起獲贓物、送交理事官、給還原主、倘未能緝獲贓犯、均各照例処分、不能代償、如有此船碰損彼船者、査明断賠、地方官亦不代償。

第十七条

一、両国商船、進出通商各口、上下貨物、報関納税等事、現経另訂税則、関章、彼此遵守、秤碼、丈尺、公同較准、完税銀色、随地照各関定章輸納、不得異議。

第十八条

一、両国船隻、如到不准通商口岸、私作買売、准該処地方官査拿、即将船貨一併入官、仍知照該管理事官査核。

第十九条

一、両国各口収税官員、凡有厳防偸漏之法、随時相度機宜、設法弁理、各商皆応遵行。

第二〇条

一、両国来往公文、均以漢字為憑、如用洋文、必須附以翻訳漢文、俾易通暁。

『晩清洋務運動事類匯鈔』上冊　四五五-四五九頁

清国最終案（陳欽作成　一八条）

中国日本国修好条規

第一条

一、嗣後大清国、大日本国倍敦睦誼、与天壌無窮。即両国所属邦土、亦各以礼相待、不可稍有侵越、俾獲永久安全。

第二条

一、両国既経通好、自必互相関切、若他国偶有不公、及軽藐之事、一経知照。必須彼此相助、或従中善為調処、以敦友誼。

第三条

一、両国政事禁令、各有異同、其政事応聴己国自主、彼此均不得代謀干預、強請開弁、其禁令亦応互相為助、各飭商民、不准誘惑土人稍有違犯。

第四条

一、両国均可派秉権大臣、並携帯眷属随員、駐剳京師或長行居住、或随時往来、所有費用、均係自備、其租賃地基房屋、作為大臣等公館、並行李往来、及専差送文等事、均須妥為照料。

第五条

一、両国官位、均有定品、如彼此品位相等、会晤文移、均用平行之礼、位卑者与長官相見、則行客礼、遇有公務則照会品位相等之官転申、無須逕達、如相拝会、則各用官位名帖、凡両国派往官員初到任所、須将印文送験、以杜假冒。

第六条

一、両国来往公文、均以漢文為憑、如用本国文字如満洲文日本文之類均須副以翻訳漢文、以便易於通暁。

第七条

一、両国既経通好、所有沿海各口岸、彼此均応指定処所、准聴商民来往貿易、並另立通商章程、以便両国商民、永遠遵守。

第八条

一、両国指定各口、彼此均可設理事官、約束己国商民、凡交渉財産詞訟案件、皆帰審理、各按己国律例核弁、両国商民、彼此互相控訴、倶用稟呈、理事官応先為勧息、使不成訟、否則照会地方官、会同公平訊断、其窃盗逋欠等案、両国地方官、祇能査拿追弁、不能帯償。

第九条

一、両国指定各口、倘未設理事官、其貿易人民均帰地方官約束照料、如犯罪名、准一面査拿、一面将案情知照附近別口理事官、按律科断。

第一〇条

一、両国官商、在指定各口、均准雇用本地民人、服役工作、管理貿易等事、其雇主応随時約束、勿任藉端欺人、尤不可偏聴私言、致令生事、如有犯案、准由各地方官査拿訊弁、雇主不得徇庇。

第一一条

一、両国商民、在指定各口、彼此往来、各宜友愛、不得携帯刀械、違者議罰、刀械入官、並須各安本分、無論居住久暫、均聴己国理事官管轄、不准改換衣冠、入籍考試、致滋冒混。

第一二条

一、此国人民因犯此国法禁、隠匿彼国公署商船行棧、及潜逃彼国各処者、一経此国官査明照会、彼国官即応設法査拿、不得徇縦、其拿獲解送時、沿途給予衣食、不可凌虐。

第一三条

一、両国人民、如有在指定口岸勾結強徒、為盗為匪、或潜入内地、放火、殺人、搶刧、敢行拒捕者、均准格殺勿論、其拿獲到案者、在各口由地方官会同理事官審弁、在内地、即由地方官自行審弁、倘此国人民在彼国聚衆滋擾、数在十人以外、及誘結通謀彼国人民、作害地方情事、無論在各口及在内地、応聴彼国官径行査拿、審時即在犯事地方正法。

第一四条

一、両国兵船、往来指定各口、係為保護己国商民起見、凡沿海未経指定口岸、以及内地河湖支港、概不准駛入、違者截留議罰。

第一五条

一、両国嗣後、倘有与別国用兵情事、応防各口岸、一経布知、便応暫停貿易、及船隻出入、免致誤有傷損、其平時日本人、在中国指定口岸、及附近洋面、中国人在日本指定口岸、及附近洋面、均不准与不睦之国互相争闘、搶劫。

第一六条

一、両国理事官、均不得兼作貿易、亦不准兼摂無約各国理事、如弁事不合衆心、確有実拠、彼此均可行文知照、秉権大臣査明撤回、免因一人債事、致傷両国友誼。

第一七条

一、両国船隻旗号、各有定式、倘彼国船隻、仮冒此国旗号、私作不法情事、船貨均罰入官、如査係官為発給、即行参撤、至両国書籍、彼此如願誦習、応准互相採買。

第一八条

一、両国議定条規、均係予為防範、俾免偶生嫌隙、以尽講信修睦之道、応俟両国御筆批准互換後、即刊刻通行各処、使彼此官民、咸知信守、永以為好。

「総理各国事務衙門・日本換約」中央研究院近代史研究所檔案館所蔵

史料番号　〇一-二一-〇五〇-〇一-〇四五

②贈物目録

大清欽差大臣弁理通商事物署両江総督漕運総督部堂張、為備文致謝事、案照秘魯国船私在中国澳門地方拐帯民人二百余名、行至東洋、経貴国査出扣留該船、将被拐之人尽収上岸、蘇松太道因鄭少記到署知照、稟経前任欽差大臣何、飭派運同銜侯補知県陳令、偕同鄭少記前赴横浜、会同査弁、已将被拐華民全行帯回、送交原籍、給属収領、査該華民等被拐出洋、経貴国官員救護得慶生還、而陳令未経接収以前一切用項、又由貴国支銷、不須送還、出力出資、極敦隣誼、欣感無似、前任欽差大臣何、未及弁竣卸事、茲本署大臣欽承簡命、於同治十一年十一月二十七日行抵江宁、接署篆務、現将弁理案情形、并貴国在事各官格外出力縁由、即日詳晰具奏至貴国柳原大丞諸位処、業飭沈道一并備物致送酬労、所有貴大臣総理主持、保護一切、頃准欽命総理各国事物衙門来函、深承雅意、由本署大臣備文致謝、為此照会貴大臣、希即査照附送中国土産、数種不腆微物、聊以将意并祈査收施行、須至照会者。

　計送礼物単一件

右照会

大日本外務卿大臣副島

同治十一年十二月十六日

録明治六年一月二十八日会署送来南洋通商大臣公文一件

　致送礼物単

寧綢　両端

線縐　両端

摹本　両端

湖縐　両端

端硯　一方

摺扇　一柄

徽墨　二匣

湖穎　二匣

　公文来礼物単一月二十八日接到

沈秉成

青青大丞閣下、同治十一年九月二十一日、陳司馬回沪賚到環章備聆壱是敬譪、勲猷茂集、聞望日隆至為欣抃、瑪也西船拐帯一案、華民二百余人得慶生還、実頼貴国内外寅僚終始獲持、該華民等到滬、無不感頌大徳洋洋乎、義声溢於万国矣、当将一切情形転稟、本国欽差大臣極為嘉佩、奉諭此次被拐華民、仰頼貴国保護之力、深愧無以酬労、飭由本道査明出力各官、備物致送、以表感激之意等因、遵即備具菲物、開単函致、即祈察收、分別存送、戔戔将意、自慚菲薄、至貴国外務卿大臣処、現由通商大臣備文致謝、交品川領事転呈矣、并以附及順頌勲綏。

　并抄礼単五紙

柳原大丞
　線縐　二端
　湖縐　二端
　端硯　一方
　徽墨　二匣

権令大江
　時花蟇本緞　二端
　散花杭寧綢　二端
　歙硯　一方
　湖穎　二匣

県典事林道三
　湖縐　一端
　抗紗　一疋
　徽墨　二匣
　牋紙　四匣

鄭少記
　寧綢　二端
　湖縐　二端
　摺扇　一柄
　牋紙　八匣

品川領事忠道
　時花蟇本緞　二端
　散花杭線縐　二端
　湖穎　二匣
　摺扇　一柄

　一月二十八日会署送到、道署来函物件并抄

品川忠道

　啓者適間、大駕恵臨殊労尊趾、謝謝、并蒙督憲及道憲公文、恵贈多珍、本不敢当、惟既荷感情、本領事応照単暫領、加封随寄敝国、転呈外務大臣及柳原大丞酌奪示遵、至本領事所蒙道憲厚賜多端、却則不恭、受而有愧、且亦未敢擅専、応一并寄呈外務大臣、以申明道憲一番盛意也、除俟奉到来札、再行粛函申謝外、合先泐函嘱謝、請煩貴分府代為転稟道県、致謝為荷、順頌歳喜。

　一月二十八日当発覆信

「日清往復外交書翰文」長崎歴史文化博物館所蔵
史料番号一四-九二三-二、二六-三三頁。

「マリヤルズ」船一件処分ノ礼謝トシテ清国ヨリ物品ヲ寄贈ス

副島外務卿伯

客歳秘魯国マリヤルズ船一件及所分候ニ付、此度支那人ヨリ別幅一軸拙者へ被差贈候間差出申候、御一覧ノ上、御返却有之度候也。

六年八月十三日

官員

大江神奈川県令伺

先般秘魯国マリヤルーツ船一件取扱候儀ニ付、此度支那人ヨリ危難救助ノ儀ヲ頌賛セル数首ノ詩ヲ金箔ニテ書写致シ候、紅色滑綾地ノ一大軸、当港支那会館董事ヨリ総名代トシテ寄贈有之候、右ハ受容仕不苦儀ニ候哉、此段相伺申候、以上。

八月五日

官員

伺之通

六年八月一三日

外交申牒

支那人ヨリ贈物受容ノ儀ニ付、神奈川県権令大江卓ヨリ伺出候所、先例モ有之儀ニ付、御許可相成可然奉存候、仍テ御指令案、左ニ奉伺候也。

六年八月十日

官員

大清欽差大臣弁理通商事務署両江総督漕運総督部堂張、書面ヲ以テ礼謝申入ルタメノ事、秘魯国ノ船私ニ中国澳門地方ニ於テ、民人二百余名ヲ拐帯《カトアカシ》シ、夫ヨリ東洋ニ至リテ、貴国ノ査出《シラヘタシ》ヲ経、其船ヲ引留シテ、被拐《カトアカサレシ》ノ者共ヲ尽シ引取リ、上陸為致有之趣、鄭少記蘇州太沈道役所へ入来為知ニ因リ、右沈道ヨリ前任欽差大臣何へ申立、運内衛候補知県陳令へ出役申達、鄭少記同道ニテ横浜へ出張出会ヒ取調候、其被拐ノ者共不残連帰リ、本籍へ引渡シ、其所属へ為受取有之候一件ニ付、取調候所、右人民共拐サラレテ船出セシヲ貴国官員ノ救護ヲ経テ、無事ニ生還ヲ得、且陳令ニテ右引受以前ノ入用諸勘定、迚モ貴国ヨリ仕払有之儘、払戻シニ不及トノ事、労儀ノミナラス、其入用マテ出方相成候段、実以隣誼ノ敦キ、ソノ程如何計欣ヒ感シ候、前任欽差大臣何右扱済ニ及ハスシテ、退任ニ相成リ、今般本署大臣簡命ノ上意ヲ承リ、同治十一年十一月二十七日江寧ニ来着、其公務ヲ引請ケ代理イタシ居候ニ付テハ、此度右一件取計手続キ並貴国ニテ一件掛リノ諸官員格別労儀ノ訳柄等、即日夫々巨細奏聞ニ及候、貴国柳原大丞其外衆へハ、已ニ沈道へ一同ニ品物取揃へ、酬労トシテ差送リ候様申達置候、尤貴大臣ニハ彼是ノ御主裁ニテ保護玉ハリシ、総テノ次第ニ付、此節欽命総理各国事務衙門ノ来函ニ深ク厚意ヲ承ケタルトテ、本署大臣由リ、書面ヲ仕立礼謝及ヒ候様トノ趣聞届ケ、其為メ貴大臣へ掛合及ヒ貴意得度存候、将又中国《ワガクニ》産物数種相添差出候、軽微ノ品ナカラ聊謝意ノ験マテニ候、夫々御収納有之度候、此段掛合及ヒ候也。

同治十一年十二月十六日

贈物目録一紙添

右

大日本外務卿大臣副島へノ掛合

贈物目録

寧綢　二端
線縐　二端
摹本緞　二端
湖縐　二端
端硯　一方
摺扇　一柄
徽墨　二匣

青々大丞閣下、同治十一年九月二十一日陳司馬上海へ帰着、貴翰伝達委曲承り候ニ、閣下御勤前益御栄勝、御聞望モ日々ニ隆ナル由、敬承欣喜ノ至ニ存候、瑪也西船拐帯一件ノ華民《ワガタミ》二百余人無事ニ生還ヲ得タルハ、実以貴国内外官員衆ニテ其始末トモ、都合克手当給ハリシ儀ニコソ可有之存候、其者共上海へ到着ノ上、其大徳ノ程ミチ々テ、義声万国ニモ聞へ及ハントコソ、何レモ感頌罷在候、早速右一切ノ事柄当国欽差大臣へ申立候所、格別ノ訳ニ被思候テ、其達ヲ承リタル趣ニ拐セラレシ、華民ノ儀ハ貴国ニテ保護給ハリシ、ソノ程ニコソ頼ルヘキニ、何トテソノ労ニ酬ユヘキモナク深ク愧入ルトテ、本道ヨリ労儀相掛候諸官員衆取調へ品物取揃へ、感謝ノ験マテニ差送候様トノ事ニ付、其趣ニ従ヒ、早速其分取揃へ些少ノ品柄ニ候へ共、目録ノ通リ書翰相添へ差出候付、御受取ノ上無御捨夫々御分配被下度、聊ノ謝意軽微ノ程愧入候、貴国外務卿大臣へハ、此節通商大臣ヨリ書面ヲ以礼謝被及候付、其分ハ品川領事へ相渡候、同氏ヨリ伝達可相成候、乍序御安否相伺候也。

柳原大丞

線縐　二端
湖縐　二端
端硯　一方
徽墨　両匣

権令大江

時花摹本緞　二端
散花杭寧綢　二端
歙硯　一方
湖穎　両匣

鄭少記永寧

寧綢　二端
湖縐　二端
摺扇　一柄
牋紙　八匣

品川領事忠道

時花摹本緞　二端
散花杭線縐　二端
湖穎　両匣
摺扇　一柄

県典事林道三
湖縐　一端
抗紗　一疋
徽墨　両匣
牋紙　四匣

「太政類典」（第二編・明治四年―明治十年・第九十四巻・外国交際三十七）国立公文書館所蔵、請求番号本館-二A-〇〇九-〇〇・太〇〇三一六一〇〇、件名番号〇二〇

③陳欽墓誌銘（舟山博物館所蔵）

皇清誥授栄禄大夫直隷津海関道陳君墓誌銘

賜進士出身、翰林院編修、誥授資政大夫、総督倉場戸部侍郎、加二級、記録十次、年愚弟游百川頓首拝撰
賜進士及第、誥授奉政大夫、記名御史、翰林院検討、武英殿総纂、国史館協修、随帯加二級、愚弟黄自元頓首拝書
賜進士出身、賞戴花翎、道員用記名繁缺知府、京畿道監察御史、稽査順天府五城事務、随帯加十級、年愚弟孫紀雲篆額

国家自咸豊中葉以後、華夷之分疆不計也、於是赫徳又有免粤海関進口税之説、而君駁之、澳門為海隅要区、法夷仮之久矣、赫徳、瑪斯妥議請中国以銀易之、謂将大有利於中国也、君一一預破其将来侵欺挾制之術、而夷人之語塞、庚申和約之定、事出倉卒、已而英夷復有酌減税重貨物之説、君乃議減時辰表胡椒等税、而議増洋薬、湖絲等税、及歳計所收贏於減之数者且三之二矣、而夷人之謀絀、同治紀元後、由主事遷擢郎中、五年、丁母憂、終其喪、不預外事、八年、截取知府、以御史用、九年、以海関道用、是年七月、随某尚書赴天津襄弁教案、議且麤定矣、而夷人必欲戮天津守令以快其意、君請以獨騎、従二僕、往諭之、夷酋聞君至、被戎服、左右陳機器、盛気出迎、君徐歩入、譲之曰、我大皇帝加恵汝等亦至矣、今復有此無厭之請者何也、汝必欲戮此二人者、不過以懲一儆百者、為異日計耳、我百姓蓄怨怒久矣、将致死於汝、汝能当之乎、如必欲快其志者、何不即撃我、声色倶厲、於是夷酋投機器、皆免冠謝、而議遂定、使相曽公国藩、謂君正而不迂、介而有為、理勢并審、体用兼全、乃請授君天津府、辞未就、又請授君天津道、会朝議新設津海関道、而以天津道併之、使相李公鴻章謂、値裁並、更張之、始非得人如陳君者未易治也、乃請以君署津海関道、越一年、実授、加按察使銜、十一年、加二品銜、賞戴花翎、津関附近、神京為中外交渉最要之区、英、法、美、布、秘魯諸夷酋、頒斌而至者、日不暇給、君乃益厲其気、而力持正議以折之、悉就約束、而議論往復、惟日本為最久、初日本遣其臣伊達宗城、柳原前光等来議約、有必欲自同於泰西者、君詰責再三、乃不復争、十一年、日本復欲易約、君責以、甫立約、旋易約、無以信将来也、乃不果易、十二年、値換約之期矣、而其約本所載国主之言、輒鈐用太政官印、太政官者、殿名也、君従容謂其副使鄭永寧曰、爾国書副本声明鈐用国璽、

爾領事等勅書亦用国璽、何軽重顛倒乃爾乎、於是鄭永寧等皆大慙、非惟不敢復有所争、且兢兢焉、惟恐約本内不得以璽易印而趨承之不遑焉、先是柳原前光来津、衣冠皆古処、後附西人、易洋服、而謬為大言曰、我国易洋服亦猶行古之道也、中国先之矣、以趙武霊王為辞、君直詰之曰、趙武霊胡服、其意欲併胡耳、君亦計及此耶、柳原大驚、曰、不敢、不敢、自是諸酋之気益沮、故自同治九年至十二年、議約換約更歴四載、無一毫牽率苟且於其間、而相国長白文公謂、君有挽千鈞之力者、非虚語也、君既専且久於夷務、毎当紛紜轇轕之会、往復弁論、長官至形誚譲、而同列或詰之曰、国事独君当之乎、乃謝曰、吾思辱国也、平居発憤、則曰、吾生平所深恨者有二、同治二年、俄使来換約、称其主大皇帝、吾力與之争、俄使将屈矣、会疾作在告、而俄人竟称大皇帝、又嘗與俄人辨西北地界、吾力持之、乃以他変、故不果行、此二者、吾之所深恨也、意気慷慨、至侘傺不能自已、此亦可知素所蓄積矣、而世不察、或且以志雖大、而不切於用少之、嗟乎、士之所以奮発乎事業、而参立乎両間者、亦惟其志之所立焉而已、志定而識生、識定而気生、気定而才生、人有分於処、処有分於地、惟深識乎中国之分、則中国之外、皆非所識矣、増規則不圓、易矩則不方、惟深識乎孔孟之道、則孔孟之外、皆非所識矣、同而後可以見天異、而後可以見人、惟深識乎吾君、吾父之尊無與並、則吾君、吾父之外、皆非所識矣、於是発而為仁、其仁可以斉萬類、蘊而為智、其智可以営八表、激而為勇、其勇可以震讐乎絶域、而鞭撻乎鬼、方衆人域、域又烏足與語、宇宙之方圓、天人之同異哉、抑又思之、君既専且久於夷務矣、而於世所謂一切洋学□《破損》未嘗一語及之、夫豈無意乎、蓋道者□《破損》萬物者也、農精於田、而不過為田師、工精於器、而不過為器師、有精於道者焉。

ま

や

ら

(2)　人名索引

た

な

は

人名索引

著者紹介

白 春 岩（はく しゅんがん）

1981 年　中国瀋陽に生まれる

2004 年　大連外国語大学日本語学部卒業

同　年　来日

2013 年　早稲田大学社会科学研究科修了、博士（学術）

　　　　専門、近代日中関係史

2012 年　早稲田大学社会科学総合学術院助手

現　在　早稲田大学社会科学総合学術院助教

李鴻章の対日観――「日清修好条規」を中心に

2015 年 5 月 20 日　初版第 1 刷発行

著　者　白　春　岩

発行者　阿　部　耕　一

〒 162-0041　東京都新宿区早稲田鶴巻町 514

発行所　株式会社　成　文　堂

電話 03（3203）9201（代）　FAX03（3203）9206

http://www.seibundoh.co.jp

製版・印刷　三報社印刷　　製本　弘伸製本

ISBN 978-4-7923-7104-3 C3022

定価（本体 6000 円＋税）